SANJIN SHIHUA CONGSHU

《三晋史话》丛书

三晋史话·阳泉卷

主编 杨永生

山西出版传媒集团
山西人民出版社
三晋出版社

《三晋史话》丛书编委会

编委会主任　胡苏平
编委会委员　李高山　王　蕾　杜学文
　　　　　　刘英魁　尹天五　董晓林
　　　　　　朱新才　吕芮宏　王宇鸿
　　　　　　梁宝印　琚林勇　陈河才
　　　　　　马　斌　陈义青　张敬平
　　　　　　黄耀春　杨永生　王辅刚
　　　　　　张志仁　黄翠莲　于　波
编　　务　　崔　力　武献民　谢振中
　　　　　　高小勇　赵　玉

丛书总主编　胡苏平

《三晋史话》丛书学术顾问

渠传福　山西博物院研究员
赵瑞民　山西大学历史文化学院教授
李书吉　山西大学历史文化学院教授
王灵善　山西出版传媒集团重点出版工程办公室主任、编审
降大任　山西省社科院研究员、三晋文化研究会特聘专家
高春平　山西省社科院历史研究所副所长、研究员
巨文辉　中共山西省委党史办公室副主任、研究员

《三晋史话·阳泉卷》编委会

主　编　杨永生
副主编　史玉宝　郭玉珠
编　委　尚俊杰　韩秀梅
撰　稿　刘玉林　苏小平　石景云　王胜瑞　魏志清
　　　　王振杰　石壮志

总 序

中共山西省委常委、宣传部长

胡苏平

近年来，越来越多的人走进山西，领略表里山河的壮美风光，感受一脉相承的历史文化。山西这块古老而厚重的土地，充满了神奇。如何为这些远道而来的客人们提供帮助，给他们留下一个简要、生动而又难忘的记忆，这就促使我们萌发了编撰一套介绍山西历史文化丛书的想法。

经过大家的努力，《三晋史话》丛书终于和读者见面了。这套书总体成套、分体成册，图文并茂，好看、好记、好用也好带，能够把山西最具历史文化价值、最想告知读者的精华展示出来，让朋友们能够在较短的时间里对山西的历史文化有一个大致的了解。

参与编撰的各位作者和专家以严谨认真的态度，对历史负责、对民族文化负责的精神，精心设计，反复研讨，认真修改，完成了这套12卷200余万字的丛书。这是我省文化建设的又一重要成果，也是向社会宣传介绍山西悠久历史与文化贡献的珍贵典藏。

在此，我向参与丛书编撰、出版工作的同志们表示由衷的感谢！

山西表里山河，物华天宝，历史悠久，人文荟萃，是中华文明的重要发祥地。省委书记王儒林同志将山西历史文化的特色概括为"三个一"：一是"一缕曙光"，即距今约4500万年前，山西垣曲就有被专家称之为"类人猿亚目黎明时的曙光"的曙猿存在，它不仅证实了人类远祖很有可能起源于中国，并且把类人猿出现的时间向前推进了1000多万年；二是"一堆圣火"，大家知道火的使用是人类历史的开端，而距今约180万年前，山西芮城西侯度就出现了古人类活动的身影，先民们在这里点燃了第一把圣火，留下了中国最早的人类用火遗迹；三是"一座都城"，近40年的考古探明，距今4300年左右，尧帝在山西襄汾陶寺建都，陶寺就是尧都，山西南部所在的"中土之国"是"最早的中国"，"古中国"正是从这里走来！

在中华文明发展的历史进程中，山西作为中原农耕文明的核心区域，早在人类揖别洪荒之初，神农炎帝就在晋东南高平羊头山一带播五谷、尝百草，实现了从渔猎到农耕、从游牧到定居的重大历史转折，开创了延续几千年灿烂的农耕文明。尧都平阳、舜都蒲坂、禹都安邑凸显出"古中国"的遥远和厚重；夏县及周边丰富的夏文化遗存、垣曲及周边确凿的商文化遗存，生动展示了夏商时期河东大地在文化演进中扮演的不可替代的角色。西周春秋时期，晋国延续600余年，对推进华夏文明的进程发挥了主导和引领作用。战国时期，韩、赵、魏都源出山西，胡服骑射、围魏救赵、长平之战等重大事件，都直接影响着中国的发展进程。秦汉以降，山西始终发挥着民族熔炉的作用，谱写了中华民族大融合的辉煌篇章。宋元时期,山西新的经济、文化发展元素不断滋生,杂剧演出繁荣兴旺,成为中华戏曲的摇篮。明清时期,晋商把山西人的智慧与勇气推向了极致,让世人认同了"无西不成商"的历史事实。抗日战争时期,党领导的八路军三大主力在山西创立晋察冀、晋绥、晋冀鲁豫三大敌后根据地,成为全国抗战的重要战略支点,为民族解放和新中国的诞生,建立了不朽功绩。

山西历朝历代的杰出人物灿若星辰,影响深远。炎黄二帝、尧舜禹等英雄先祖,奠定了中华民族的人文精神与基本价值体系。后世山西,名人辈出,诸如称霸中原的晋文公,胡服骑射的赵武灵王,抗击匈奴的卫青、霍去病,经营西域的班超,忠义仁勇的武圣关云长,推行改制的冯太后,杰出女皇武则天,再造大唐的郭子仪,精忠报国的杨家将……仅闻喜裴氏一门就有宰相59人,大将军59人,正史立传者600余人,名垂后世者不下千余人,七品以上官员多达3000余人。还有狄仁杰、司马光、杨继宗、傅山、于成龙、陈廷敬、栗毓美、祁寯藻、徐继畲等一大批廉吏能臣,卫夫人、法显、王通、王绩、王勃、王维、王之涣、王昌龄、王翰、柳宗元、白居易、卢纶、温庭筠、米芾、马远、元好问、关汉卿、郑光祖、罗贯中等名垂青史的文化名人。

山西多样性的历史文化具有不断变革和进步的鲜明特色,许多影响中华文明的改革,首先是在山西地区孕育、展开,进而推动了社会进步。著名的"曲沃代翼",为晋国的全面发展掀开了崭新篇章;"郭偃之法",为晋国称霸中原提供了思想源泉;三家分晋、李悝变法、魏文侯改革,顺应了历史潮流。以子夏、荀子为代表的儒家,以李悝、韩非子为代表的法家,以吴起、尉缭子为代表的兵家,以公孙龙、惠施为代表的名家,以苏秦、张仪为代表的纵横家,在中国思想史上写下了浓墨重彩的篇章。秦汉以后,均田制及全面"汉化"的政策,从根本上改变了天下政治的格局和发展方向。隋唐以后的一些著名政治人物如柳宗元、司马光等,致力于社会改革与改良运动,为中华文明进程的延续提供了动力,也为后人留下深刻印记。

山西这块土地上留存着多姿多彩的文化遗产,是观瞻5000年中华文明的"金色名片"。目前,山西境内已发现各类不可移动文物5万余处,其中有五台山、平遥古城、云冈石窟3处蜚声中外的世界文化遗产。全国重点文物保护单位有452处,数量居全国第一。旧石器文化遗址有464处,早、中、晚期自成序列,为全国仅有。新石器时期各种文化类型在我省都有发现。最值得注意的是,全省现存各类古建筑共计28000余处,时代连续,品类齐全,全国仅有的四座唐代木结构建筑都在山西,元以前的木结构建筑占到全国存量的75%左右,素有"中国古代建筑博物馆"之称。全省现存古壁画24000余平方米,彩塑12000余尊,素有"东方艺术博物馆"美誉。全省现存大小石窟石刻1112处,东汉以来各类碑碣5万多通,在全国占有重要地位。全省现存古民居、古城池9300余处,高平中庄村元代姬氏民居是我国现存最早的民居实例,襄汾丁村民居、灵石王家大院、祁县乔家大院、太谷曹家大院及定襄阎锡山旧居等,集中反映了我国明、清和民国时期北方民居的建筑艺术特色。全省现存历代长城1400多公里,涉及战国、汉、北魏、东魏、北齐、隋、宋、元、明、清等多个朝代,是我国保存长城朝代跨度最大的省份,其中东魏、北齐、隋、宋4个朝代的长城为我省独有,雁门关、宁武关、偏头关、娘子关、平型关等关隘至今仍回荡着战争的声响。全省现存革命旧址和纪念建筑1466处，武乡八路军总部旧址、五台白求恩模范病室旧址、晋绥边区政府旧址、平型关战役旧址、百团大战旧址等承载着抗战胜利的伟大记忆。经国家有关部门认定，山西有国家级历史文化名城6座、历史文化名镇8个、历史文化名村32个。四大梆子、民间歌舞、锣鼓艺术等国家级非物质文化遗产116项，国家舞台艺术精品工程8部，均居全国前茅。山西荣获中国戏剧大小梅花奖的演员有217位，在全国遥遥领先。文化产业蓬勃发展，山西文博会已成为在全国具有很高美誉度的知名展会。

  山西从北到南，根据各地文化遗产的禀赋和特点，分为五大特色文化区：北部（大同、朔州、忻州）边塞佛教文化区，通过充满沧桑的边关、长城，见证中华民族融合的历史风云；透过享誉世界的云冈石窟、应县木塔、悬空寺、五台山，体悟博大而深邃的佛学文化。中部（太原、晋中）晋商文化区，通过闻名遐迩的乔家大院、王家大院、曹家大院、渠家大院、常家庄园等晋商大院展示晋商的辉煌；透过一间间店铺、一座座票号、一本本字据等实物遗存展示诚信的魅力。南部（临汾、运城）根祖文化区，通过西侯度、匼河、丁村、陶寺等重要考古遗址，领略文明源头的震撼；透过德孝天下的尧舜文化、义薄云天的关帝文化和荡气回肠的大槐树文化，品味华夏血脉的传承。中西部（吕梁山脉及沿黄地带）黄河民俗文化区，通过悠悠的临县碛口古渡、河津龙门古渡、芮城风陵渡、永济蒲津渡等古镇、古渡口，追溯逝去的华章；透过娓娓的民歌、民舞和民间技艺等非物质文化遗产，倾听历史的回声。东南部（长治、晋城及阳泉)太行生态文化区,通过王莽岭、太行大峡谷、皇城相府、沁河古堡、娘子关等自然人文景观,见证迷人的太行风光;透过女娲补天、精卫填海、后羿射日、愚公移山、神农尝百草等神话传说领略历史的变迁。也正是依托这些厚重绚丽的文化,山西逐渐形成了华夏之根、黄河之魂、佛教圣地、晋商家园、边塞风情、关公故里、古建瑰宝、太行神韵八大文化品牌,立体式、全景观地展现了华夏文明看山西深厚的文化内涵。

行走在三晋大地,你随时随地都能感受到山西悠久的历史、灿烂的文化,也能感受到山西人民淳厚善良、忠义仁勇、坚韧执着、乐于奉献的优秀品格与崇高精神。回顾并梳理山西的历史文化,可以从一个极为重要的角度了解中华文明及其对人类文明的伟大贡献,找回民族文化之根,延续优秀文化之脉,增强我们创建现代文明的自信心与自豪感;特别是弘扬源远流长的法治文化、博大精深的廉政文化、光耀千秋的红色文化,能使我们从中汲取强大的精神动力与无穷智慧,对我们展示山西形象,促进富民强省,建设小康社会,具有十分重要的现实意义。

是为序。

2016 年 5 月于太原

概 论

阳泉，古称漾泉，因泉水喷涌而得名。阳泉市地处黄土高原东缘、太行山中段西麓。位于东经112°54′~114°04′，北纬37°40′~38°31′。全境面积4558.93平方公里，约占全省总面积的2.92%。南北长106公里，东西宽42公里。平均海拔700米。属暖温带大陆性季风气候，四季分明，气候宜人。年均气温10.9℃，年均降水量576毫米，年均无霜期180天。阳泉为地级市，实行市管县体制，现辖平定县、盂县、郊区、城区和矿区5个县区，另设1个经济技术开发区。到2013年，总人口137.93万人，人口密度282人/平方公里，仅次于太原市，是山西省东部的政治、经济、文化、交通中心。阳泉历史悠久、山河壮丽、物产丰富、人民勤劳，堪称太行山上的一颗璀璨明珠。

历史沿革悠久。据20世纪50年代平定西北枣烟（今阳泉市郊区枣园村）、大梁丁等地出土文物考证，旧石器时代中期，便有人类在此生息繁衍。枣园旧石器中期文化遗址，距今约10万年，记录了本地历史的发端。唐虞夏商时，今市境相传为古冀州之地。最早见诸史籍的是《左传》所载，即鲁昭公二十八年（前514），晋魏献子为政，灭祁氏，分其田以为七县：邬（今介休）、祁（今祁县）、平陵(今平遥、文水)、梗阳(今清徐)、涂水(今榆次、太谷)、马首(今寿阳)、盂(今盂县)。其次是春秋后期存在于盂城盆地的仇犹国。周贞定王十二年(前457),晋卿智伯灭仇犹。十六年(前453),韩、赵、魏三家分晋,市境属赵。秦属太原郡。西汉初,市境置上艾县,县治在今平定县新城村,属并州太原郡。东汉,上艾县属冀州常山国。三国时,南北分属魏并州乐平郡、新兴郡。西晋沿用曹魏旧制。东晋十六国时,历属前赵、后赵、冉魏、前燕、前秦、后燕、北魏等国。北魏时南北分属并州乐平郡石艾县和肆州新兴郡定襄县。后全境属东魏和北齐。隋时于今娘子关置苇泽县,属井州,后废;于今盂县境置原仇县(后改称盂县),与石艾县同属辽州。唐初,市境属受州,后受州废,石艾、盂县先后属并州、太原府;天宝元年(742),石艾更名广阳,徙县治于广阳村。五代历属后唐、后晋、后汉、北汉。北宋太平兴国四年(979),改广阳县为平定县,县治迁回平定上城,隶平定军;盂县属并州;之后,平定县、盂县同属河东路。金升平定州、盂州,属河东路、河东北路。元属冀宁路。明,盂州降为县,与平定州同属山西太原府,清雍正二年(1724),平定为直隶州,增领盂县、寿阳县,属山西省。民国初为平定县和盂县,属山西冀宁道,后山西省直辖。抗日战争时期,平定分置平定(路北)县、平定(路南)县、平(定)东县和平(定)西县,盂县分置盂(县)平(山)县、盂(县)阳(曲)县、盂(县)寿(阳)县;正太铁路以南的平(定)东、平(定)西二县属晋冀鲁豫边区,以北各县属晋察冀边区。解放战争时期,平定、盂县逐渐恢复原建置。1947年5月4日,以原平定县划出一部分设阳泉市,以后一度改称阳泉工矿区。阳泉市(工矿区)先后归华北联合行政委员会、华北人民政府、山西省管辖。新中国建立后,阳泉市数度由晋中(榆次)地区(专署)代管,平定县、盂县则属晋中(榆次)地区(专署)。1983年9月,实行市管县体制,平定县、盂县划归阳泉市,阳泉市成为由山西省直辖的下辖两县(平定、盂县)三区(城区、矿区、郊区)的城市。

地理位置重要。阳泉自古是"燕赵秦蜀往来之道",素有"晋冀门户""三晋要冲"称誉。境内多山,峰峦耸峙,地形极为险要,为"京畿藩屏",历来是兵家必争之地。著名的关隘有苇泽关、故关、固关、盘石关、榆关等,著名的驿站有测石驿、平潭驿、甘桃驿、柏井驿等。历史上,传说周穆王巡天下过盘石关,秦始皇灵柩走故关,韩信榆关屯兵击赵,李世民贞观十八年(1644)御驾路经广阳,唐高祖李渊三女平阳公主驻防娘子关,宋太祖下河东首置平定军,明朝开国皇帝朱元璋为防范元朝残余势力在故关部署常驻守关将士,开创"康乾盛世"的康熙六过境内留下不朽诗篇,还有清代廉吏于成龙泼墨固关等。阳泉扼控太行咽喉,自古交通便达。秦通驿道,后来辟为晋省最重要的驿路干线。山西省的第一条铁路正太路、第一条高速公路太旧路穿境而过。1912年,革命先驱孙中山先生两度途经阳泉,倡言"以平定煤铸太行铁,将来可操全国实业界之牛耳"。特别是抗战时期的娘子关保卫战、七亘大捷、百团大战等历史上诸多的重要战事均在境内发生。阳泉西连山西省城太原市,东接河北省城石家庄市,北靠佛教圣地五台山,南邻闻名遐迩的昔阳县大寨村,出娘子关向东北可直趋京津,向东可直抵青岛和黄骅港,往南经鲁、豫、皖可达沪、宁、杭,是环渤海、长江三角洲和沿海地区向中西部辐射的重要通道。

文化底蕴深厚。境内有文物古迹432处,其中国家、省、市级文物保护单位13处。较早的北朝开河寺石窟和千佛山摩崖造像遗迹与大同云冈石窟同期,佛像造型以印度传统艺术为基础,融汇了中原文化和北方游牧文化的精华,是儒、释、道三教融合的结果。建造于北宋前期的林里关王庙为全国现存关王庙最早建筑,是古建筑中的瑰宝。北宋至明清,文化教育昌明,平定有"文献名邦"之美誉,盂县有"进士之乡"之称号。寺庙碑碣随处可见。冠山书院、平定文庙大成殿、藏山文子祠、水神山烈女祠等均为代表性建筑。山川胜景不胜枚举。娘子关深涧飞瀑,景物天成;冠山古松奇石,四时皆景;狮子山奇峰兀立,烟凝雾笼;藏山祠洞府幽深,古刹宏伟。民间文化丰富多彩。流传于农村的迓鼓,鼓点悠扬,舞姿古朴,场面壮观,队形奇特;丰富多彩的民歌、舞蹈、剪纸、陶艺及其他民间文化深受欢迎。历代名人灿若繁星。著名历史学家吕思诚,古文学家王珣,方志学家张佩芳,地理学家张穆,贤臣耿九畴、张三谟、田嵩年,名将王君廓、张士贵、李谦溥、窦瑸,现代文坛名流石评梅、高长虹、张恒寿、关其侗,抗日英雄岳勇、赵亨德、李旦孩等,都为社会发展与事业进步做出杰出贡献。生活在阳泉土地上的人民历经艰难,奋力抗争,谱写出一曲曲荡气回肠、感心动耳的恢弘史诗,创造了令人钦佩的辉煌业绩。

工业基础雄厚。境内矿产资源丰富,矿产潜在价值密度、人均拥有矿产资源潜在价值、矿产综合优势度均名列全省前茅,可开采利用的矿产资源56种,尤其是无烟煤、硫铁矿、铝矾土储量大、品位高、易开采,素以黑、白、黄著称于世,是我国重要的无烟煤、铝矾土、耐火材料生产基地之一。历史上的阳泉工矿业兴旺,发端较早。秦汉时期即有关于冶铁业的文字记载,唐代已在焙烧瓷器,宋元时期采煤、铸造、冶陶业兴盛,明清两代酿造、印染、建材等行业发展势头强劲。20世纪初,随着正太铁路的修通,以及山西近代规模最大的民族资本企业——山西商办全省保晋矿务有限总公司的创办,揭开了地方近代工业的序幕。同时,也为阳泉产业工人队伍和工矿城市的形成创造了条件,加速了地方经济繁荣发展。

革命贡献巨大。阳泉是革命老区,又是红色家园。1922年中国共产党建党初期,就有中共先驱在阳泉这块土地上开始传播马克思主义。1926年初,阳泉建立了第一个党支部——平定特别支部。从此,阳泉地区的革命活动在党的领导下蓬勃展开。1931年7月,中共山西省特委发动了平定武装起义,在阳泉组建了北方第一支红军队伍——中国工农红军第二十四军,播撒了革命火种。在抗日战争时期,阳泉是中国共产党及其八路军实行抗战的"立脚点",境内狮脑山成为"百团大战"的主战场,这一震惊中外的著名战役,有力地重创和打击了日本侵略者。在解放战争时期,阳泉人民用自己的煤、铁资源积极支援前线,为中国共产党进驻西柏坡、接管北平(今北京市)、建立新中国做出了重要贡献。阳泉1947年5月2日解放,5月4日建市,成为中国共产党创建的第一座人民城市。阳泉建市后,继续以极大的人力、物力、财力支援全国的解放战争。从1946年6月至1947年10月,阳泉境内有4次新的扩兵,共有11 192名青壮年光荣参军。在抗日战争和解放战争中,阳泉先后有2.3万优秀儿女献出了宝贵的生命,为新中国的诞生与发展建立了不朽功勋。由于阳泉解放较早,积累了丰富的城市经验,培养了一批优秀干部。从1948年4月至1949年8月,阳泉先后分5批共有511名优秀干部听从党的召唤,远离故土,南下北上,出色地完成了接管政权、剿匪除霸、土地改革、民主建政、整党建党等工作任务,为革命胜利后的经济建设和城市管理拓出了一条新路。老一辈无产阶级革命家朱德、任弼时、周恩来、刘伯承、邓小平、彭德怀、贺龙、关向应、王震、彭真、薄一波、徐向前等先后在阳泉境内生活、战斗过,并留下了宝贵的精神财富。

1965年,郭沫若在阳泉作短暂视察,这一天正是农历十一月十五日。郭老看到明月辉映下的山城阳泉万家灯火、全城辉煌,感受到了阳泉人民大干社会主义的豪迈情怀,思绪万千,文思奔涌,于是欣然命笔,写成一首七律《赞阳泉》:"飙轮迎月入阳泉,灯电照明半壁天。争赞浑如到香岛,飞来仿佛遇桃源。

倒流瀑布浇坡地,揭破地层夺铝矾。廿六万人学二大,行看奇迹创空前。"在诗中,诗人把阳泉的夜景比作了香港的夜景。50多年过去了,随着阳泉经济社会迅速发展,人民生活水平全面提高,山城大地将更加熠熠生辉。

目 录

总序
概论

第一章　洪荒初开　文明肇始
（远古至西周时期）

概述 / 001
地质遗产瑰宝 / 003
十万年前古人类 / 004
先民演进的标志 / 005
东浮化山的女娲补天神话 / 007
老君平定种煤 / 009
大禹与五渡平波 / 011
关家峪龙逢石棺 / 012
周穆王盘石关奏乐 / 014

第二章　忠义华章　雄关清风
（春秋战国时期）

概述 / 017
受赠大钟仇犹国灭亡 / 019

藏山与赵氏孤儿 / 021
赵简子与平潭筑城 / 024
神医扁鹊与鹊山庙 / 026
妒女介山氏与清明节 / 028
固关长城的雄姿 / 029

第三章　兵家争锋　英雄垂青
（秦汉魏晋南北朝时期）

概述 / 033

秦始皇灵柩过故关 / 035

名将韩信的破赵之战 / 036

东汉刘秀在盂县的传说 / 040

平定最早的县治和县长 / 042

刘备、关羽、张飞射箭取地传说 / 044

晋冀要塞董卓垒 / 047

阳泉地区的石窟与摩崖石刻造像 / 048

第四章　学风隆盛　煤铁初兴
（隋唐五代宋辽金元时期）

概述 / 051

隋朝名臣郭荣 / 053

娘子关与平阳公主的故事 / 055

王君廓井陉归唐 / 057

大唐名将张士贵 / 058

李世民与秦王庙的传说 / 063

居士学者李通玄 / 065

烈女祠与柴花公主 / 067

宋太祖赵匡胤置平定军 / 069

媲美"杨家将"的盂县"李家将" / 071

岳飞投军到平定 / 075

赵秉文与平定州 / 078

金代马齿岩寺 / 080

元代名臣吕思诚 / 082

进士之乡——盂县 / 084

天宁寺双塔之谜 / 088

棒槌火与采煤业 / 090

繁盛的冶铁业 / 094

宋代宣和大铁钟 / 097

陶瓷业兴起 / 098

平定刻花瓷 / 100

平定砂器 / 104

第五章 藩屏京畿 文献名邦
（明清时期）

概述 / 107

天下第九关——娘子关 / 109

朱元璋纳奏守故关 / 113

明末直臣张三谟 / 115

明末义军在晋东 / 116

李化龙起义 / 119
康熙六过阳泉 / 121
于成龙题诗过固关 / 123
清代名将窦瑸 / 125
清官武全文 / 127
钦定"第一才子"武承谟 / 128
古文大家王珻 / 130
贤吏田嵩年 / 135
田雨公直谏肃吏治 / 138
方志学家张佩芳 / 142
西北史地学家——张穆 / 143
兴盛的古代教育 / 145
平定冠山书院 / 148
平定"文献名邦"溯源 / 150
古村落与古民居 / 156
黄瓜干与阳泉饮食文化 / 161

第六章　反帝保矿　开河实业
（晚清民国时期）

概述 / 163
义和团在平定 / 165
八国联军入侵盂县 / 167
从晋商崛起到开启实业 / 168
山西第一条铁路——正太铁路 / 174

保矿运动在阳泉 / 179
保矿运动与黄家大院 / 183
平潭人与保矿运动 / 187
保晋公司迁址阳泉 / 190
开明义士张士林 / 194
以平定煤铸太行铁 / 197
民国政治家李素与书画家王妙如 / 199

第七章　红色浸染　首创新城
（五四运动至阳泉解放）

概述 / 203
平定马克思主义读书会 / 206
阳泉铁路工人大罢工 / 208
中国现代文学史上的"怪杰" / 211
盂县高氏三杰 / 215
青春才女石评梅 / 219
平定三杰 / 222
中共平定特别支部的诞生 / 226
平定起义 / 228
红二十四军的足迹 / 233
阳泉矿工武术团 / 237
娘子关保卫战 / 239
周恩来赴娘子关前线指导抗战 / 242
被收进教科书的七亘大捷 / 245

老一辈革命家驻足阳泉 / 247
日军在阳泉的暴行 / 253
日军在盂县强征慰安妇 / 256
抗日烽火燃遍阳泉 / 260
百团大战的主战场 / 268
仁人志士血洒阳泉 / 271
八路军药岭山利华制药厂 / 274
正太战役与阳泉解放 / 276
阳泉新区土改 / 278
华北人民政府移驻阳泉 / 280
延安第二保育院迁入阳泉 / 282
人民日报阳泉造纸厂 / 284
"阳泉支援解放战争贡献不小！" / 286
中共创建的第一座人民城市 / 288
珍贵的革命遗址 291

参考文献 / 293
后　记 / 294
编后记 / 296

第一章

洪荒初开　文明肇始
（远古至西周时期）

■ 概述

　　阳泉是由一个山区小镇演变而来的。据考古发现，远在旧石器中期，距今约 10 万年前，境内便有先人生息繁衍，散居生活。在那个原始与蒙昧的时代，经历了无数个动荡不安、瞬息万变的世纪，阳泉的沧桑变迁犹如曲折的长河奔腾咆哮，一泻千里。

　　阳泉市郊区枣园遗址，是 20 世纪 50 年代发现的。根据考古学研究，其距今 10 万年左右。枣园旧石器中期文化遗址，记录了阳泉地区最早的人类活动，也是阳泉地区最早的文化。比此稍晚的遗址还有盂县黑砚水河 1 号洞穴、平定县张庄遗址等，这些均为旧石器时代晚期文化。

　　人类在经过漫长的旧石器时代之后，大约距今五六千年前进入新石器时代。这个时期，人类在平定、盂县一带的活动更为频繁，主要遗址有盂县南兴道遗址、平定宁艾遗址、盂县土塔遗址、盂县西潘石斧出土点等。这些新石器遗址文化，特别是发掘出的那些经过打制的石头和燃烧后的炭灰，可以表明境内已有先人生息，他们懂得制造简单的工具，学会了用火，开始聚居，这也表现了远古时期人类所处的自然风貌、经济生活和原始向往的鲜明特征，更重要的是开拓了阳泉历史的进程。

当然,那个时期由于生产力总体水平的低下和科学知识的贫乏,人们无法战胜自然灾害的侵袭,便幻想用神的力量来保护自己,改造自然。于是,许多神话在民间流传。这些以口口相授的方式传下来的神话故事,体现了人类幼年时期的特征。这些故事,有与大自然作斗争的历史留痕,也有部落间的战争迂回,还有首领间的禅让、争斗,更有睿智先人的发明创造。至今,平定一带还流传着"炼石补天在平定"的故事,留存有东浮化山及娲皇人祖庙遗迹。此外,还有"三过家门而不入"的禹王治水显现"五渡平波",以及老君爷在平定种煤等美丽的神话传说。这些神话传说,内容丰富奇崛,人物形象逼真,反映了当时人们对美好生活的憧憬遐想,对历史英雄人物的崇敬。

阳泉地区,作为一块浸受黄土恩惠的古老大地,尽情演绎着各个不同时代的起承转合。特别是伴随着文明的肇始和社会的进程,一些史书典籍记载了包括夏商和西周时期更替兴亡的变化轨迹,其中还有一些涉及本地区的历史文化遗存。比如夏朝关龙逢纳谏遭害、周穆王巡天下过盘石关等传说或史料,从不同侧面展示了阳泉地区进入文明社会的进程。古老文明与现代文明相互交融,把我们带进了一个梦想色彩与地域元素相统一的宏伟殿堂。

地质遗产瑰宝

20世纪70年代,阳泉市修建了跨越桃河南北的五渡大桥。在下五渡村南面、原市水泥厂北侧取土时,意外发现犀牛化石。当时因放炮取土,加之现场工人哄抢,文物管理部门只搜集到化石头部的下半部分,后存于市文物管理委员会。1986年3月,在市郊的黄砂堰公路隧道北约500米处左侧(西)断壁上,发现直径0.7米、长7~10米的一根古树化石。此外,还在郊区西南舁乡西南舁村与五里庄村交界处也发现了大量动物化石。

犀牛化石、古树化石作为阳泉境内难得的自然地质遗产瑰宝,表明了阳泉市境内100万年前天气炎热,雨量充沛,森林密布,绿草遍地,河流纵横,是个气候温暖的地方。只有降水较多、温度较高、草木繁盛的环境,才能成为更多哺乳动物的栖息地。

这里曾栖息过如大唇犀、独角犀、羚羊、鹿等不少哺乳动物,以及很多生长在山坡、岸边的乔木、灌木等。它们死后被水冲入河湖里,很快就被泥沙埋没,但其坚硬部分(骨骼、树干)被岩石中的矿物质填充而形成化石。20世纪60年代山西省文物考古第一次普查中,专家们就认定,桃河中下游一带为山西的哺乳动物化石保护区。而今,桃河被称为阳泉人民的"母亲河",其最早渊源也许就在于此。而今,桃河两岸城区段,早已成为阳泉市的政治、经济、文化中心。

十万年前古人类

阳泉地区历史的扉页,是由手持石斧、石核等石器的先民们逐步掀开的。1957年,山西省考古所王择义等考古专家对平定县枣烟(今郊区旧街乡枣园村)、大梁丁等地进行了考古发掘,在黄土和红土层交界处发现了人工打制的石片、石核等石器,专家们认定为旧石器时代中期文化,距今10万年左右。这是阳泉地区发现最早的打制石器,表明先人已在这块土地上生息繁衍,由此开拓和照亮了阳泉历史的进程。

平定的旧石器遗址,与丁村遗址几乎为同一时期。丁村遗址的化石特征和地层堆积的情况,包含化石及石器、沙砾地质时代均为早更新世下部,距今也有约10万年之久。所不同的是,枣烟遗址石器数量、类型和规模都不及丁村遗址。即便如此,约10万年前的枣烟遗址代表着旧石器时期的显著特征,成为阳泉历史上的一抹亮色,它对研究阳泉境内原始社会文化和经济的起端,颇具重要意义。

1998年12月6日,《中国文物报》第1版发表了由山西省考古研究所王益人和阳泉市文管会韩利忠共同撰写的《盂县庄子上黑砚水河

平定县张庄镇张庄村西北出土的旧石器时代晚期的文化遗物

1号洞穴遗址调查报告》,文中认定,位于盂县仙人乡庄子村东约1.5公里的黑砚水河东北岸高出河床约20米的洞穴内的遗址,是旧石器时代晚期文化遗址。黑砚水河1号洞穴,口宽17米,高4.2米,深9米,面积约100平方米。1997年发现、1998年试掘,发现石制品100余件及大量动物化石。石制品原料以脉石英为主,另有矽质岩、燧石和水晶等。以锤击法或砸击法制成的器类有刮削器、尖状器、锥钻和石锤等。动物化石多为碎片,呈黑褐色或带黑斑的黄白色,有人工打击和刻画痕迹。地质年代为晚更新世晚期,文化时代为旧石器时代晚期。

此外,在平定县张庄镇张庄村西北约150米处,还发现了分布面积约1000平方米、地质年代为晚更新世、文化时代为旧石器时代晚期的文化遗物。这些文化遗物出土于黄土层中,类型有石片、石核、动物化石等。石制品原料有石英岩、燧石等。这说明,早在旧石器时代,阳泉地区就有原始人类在活动。

先民演进的标志

随着考古成果的不断出现,阳泉距今五六千年前至两三千年前的新石器时代的状况逐步为世人所认识。这一时期出土的石器,比如石斧、石镰等,磨制得更为灵巧、方便,使用起来更加具有目的性,更加符合生活需要,更能够提高效率。已经发掘的能够反映新石器时代阳泉地区面貌的主要遗址有:

(1)**盂县南兴道遗址**　在县城北22公里的原肖家汇乡南兴道村千佛寺一带。遗址靠山临河,于1987年发现石斧、石镰各一件。

(2)**平定宁艾遗址**　在县城东南15公里张庄镇宁艾村西南马郡头河与阳胜河三角地带。遗址所在的二级台地,高于河床20余米,面积约8万平方米。遗址于1988年发现,采集到饰绳纹的锥状器足,束颈、侈口、圆唇、肩部饰以三角形戳刺纹的口沿,折沿、方唇、直颈饰纹的口沿,

盂县大横沟遗址

侈口、圆唇、长颈、器胎压光、呈黑色的口沿。此外，在遗址的灰层中，还采集到戳刺纹、划纹陶片及兽骨和红烧土块等。

（3）**盂县土塔遗址** 位于盂县孙家庄镇土塔村内，在温池河的一条季节性支流北岸土岗之上。分布面积约1.5万平方米，地表遗物不丰富。第二次文物普查时，采集到磨光石斧、石刀及石磨盘等。

（4）**盂县大横沟遗址** 位于盂县秀水镇大横沟村西北约10米。分布面积约4万平方米，层厚0.7米~3.2米，遗址南半部的农耕路旁崖壁上暴露有灰坑4座。地表遗物较丰富，采集到新石器时代的石斧、石镰和商代早期的泥质灰陶绳纹鬲、斝、罐、甗、蛋形瓮等残片。

（5）**盂县西潘石斧出土点** 位于盂县西潘乡西潘村南约60米。分布面积约200平方米。1986年发现石斧1件，长22厘米，厚5厘米，弧刃，通体磨制，有使用痕迹。石斧现存盂县文管所。

这些遗址的发现证明，在新石器时代早期先民就已在阳泉境内活动，特别是使用工具呈现的多样性和灵活性特征，已成为阳泉境内先民演变进化的主要标志。

东浮化山的女娲补天神话

平定县的东浮化山及娲皇人祖庙,是阳泉地区唯一反映女娲炼石补天神话的遗迹。

女娲是神话中的中华始祖,她炼石补天、抟土造人、首创婚姻等传说,家喻户晓,妇幼皆知,是中华传统文化的重要遗产。据专家考究,山西现存女娲传说遗迹尚有 38 处,大都集中在山西中南部和太行山一带,平定的东浮化山及娲皇人祖庙便是其中之一。东浮化山位于平定县南部,距县城 25 公里。娲皇人祖庙(始建年代不详,据庙内残碑载,至迟唐代即有此庙)就建筑在东浮化山的山顶。这里山高、石奇、庙古、景美,是平定县重要的旅游景区之一。

平定县娲皇人祖庙

平定县过去有个古贝乡，古贝乡有两个村，一个叫东古贝村，一个叫西古贝村。那里有两座高山，全由轻而多孔的山石堆成。东面的叫东浮化山，西面的叫西浮化山。两山之间，有一个锅底模样的大坑，坑边上有三块大石头，"品"字形排列着，人们叫它支锅石崖，传说这就是女娲炼石补天的地方。

传说很古很古的时候，炎帝死了，他的后代共工与颛顼争夺帝位，两人大战了七天七夜，结果共工败了，一头撞到不周山上，擎天柱倒了。这时候，地的四极坍塌，九州四散分裂；天也分成许多片，望上去到处都是黑洞。不少地方燃起大火，有些地方被浩瀚的大水淹没。猛兽横行人间，专门扑食善良的百姓；鸷鸟在天空中盘旋，看见老人和儿童，就下来抓捕啄食。女娲不忍看到天地间发生如此灾难，人民遭受如此痛苦，于是，她来到人间到处寻找补天的材料。女娲寻呀寻、找呀找，发现上艾（平定县古称）东南部地上有许多泥团（当地人叫洋油干）。女娲知道这泥团能炼成补天的五色彩石，就在那儿挖了一个大坑，搬来三块大石头放在坑边，支上了一口大锅，把泥团放在锅中，然后取出一个魔瓶儿，打开瓶盖，放在坑内。那瓶里立刻喷出三昧真火，把锅内的泥团煮沸。每一锅泥团，都能炼成呈红、褐、紫、黄、黑五色的石头，同时也剩下了一些废石渣。女娲把白天剩下的石渣倒在东面，晚上剩下的石渣倒在西面。这些石渣越堆越高，渐渐形成了两座大山。因为这石渣多孔，又很轻，可以浮在水上，人们就把它叫做浮石。为此，这东面的山就叫东浮山，这西面的山就叫西浮山了。女娲一直炼了七七四十九天，炼好了三万六千五百块五色彩石，最后补好了天。

平定古贝人说，女娲就是在古贝支锅石崖炼石补的天，有东浮化山的浮石为证，也有胶泥状的洋油干为证。后来，经地质部门勘测，浮石系火山熔岩，由岩浆喷出凝结而成。浮山是太行山脉一座罕见的死火山，山上有橄榄石、伊丁石、辉石等20多种重要矿藏，玄武岩储量2.5亿立方米，浮石储量500万立方米，具有一定的开发前景。

老君平定种煤

很久以前,阳泉平定一带流传着这么一句话:"鹊山的煤,石卜嘴的炭,城里头的闺女不用看。"这就是说平定地区要数鹊山一带的煤炭质量最好。

相传很早的时候,人们还不知道用火,生吃生喝,过的是茹毛饮血的野人生活。打来野兽了,就去毛剥皮,剔骨喝血;找到可以吃的植物了,也是拿起来就吃。这样生吃各类食物,不但味道不好,有一股腥臊恶臭味,使人难以下咽,而且伤害肠胃,往往会引起上吐下泻,导致各种疾病,损害身体健康。

有一天,天上黑云滚滚、电闪雷鸣,滚雷一下子就击中山上的森林,

平定鹊山新村

烧起了冲天大火。一些动物来不及躲避,被火烧死了很多。人们来到被大火烧过的森林中,发现了被烧死的兔子、野鸡等动物,这下子可高兴了。人们发现被烧熟的肉吃起来味道特别香,而且吃下去很舒服,不会拉肚子。从此,某处着火后,人们就想办法一直把火种保存到需要煮食物时使用。火种需要一天接一天添上柴,不让它熄灭。结果有一天,为保留火种,竟然把森林点着了,引起了一场冲天大火。

大火熊熊燃烧。烟雾飘到山上,把玉皇大帝呛得直咳嗽,鼻涕、眼泪一个劲儿地流。再往凡间看,人间也是一片火海,浓烟翻滚,令玉帝很是恼火。

玉帝便委派正在炼丹的老君爷,让他把炼丹用的神火送到人间使用,以免其为了保存火种再引发大火。老君爷告诉玉帝说,我这炼丹用的神火如若送下人间,势必会引起更大的火,烧光一切,还不如把我烧火用的神煤给他们种上点吧!这样,人们可以用一点儿挖一点儿,子子孙孙用下去。玉皇大帝点头答应。

接受了旨意后,老君爷就挑了一担神煤,由河北平川一直上了太行山。走到现在平定的鹊山一带,见一伙人生火烧东西吃。不等他张嘴,就有个后生过来扶他坐下,又给他拿来吃的让他吃,说:"老人家辛苦了,吃点东西再走吧!"老君爷心想,这地方人心挺好,就把煤给他们种上吧!吃罢饭,老君爷就用手捏了点神煤放进火里头。说也奇怪,只见那些黑块块儿一进火里就冒起蓝幽幽的火苗来,不一会儿就烧得通红,一着就是好几个时辰。

之后,老君爷挑起担子上山,一边走、一边种,东一股、西一片,一担煤全种在这里了。第二天,人们果然从山上挖出了煤。这天晚上,老君爷给人们托梦,告诉人们他喜欢什么、见不得什么,又告诉人们腊月十八是他的生日。难怪鹊山一带至今流传着一句话:"腊月十八老君生,不是下雪就刮风。"直到如今,各地煤矿到腊月十八这天都要停工,杀猪、放炮祭奠老君爷。

从此,这太行山上,哪里挖挖也是煤,只不过有深有浅罢了。老君爷在鹊山种煤的消息一经传出,人们都对他带来光明、造福人类的善举很是感激。这里的人们世世代代凭借老君爷当年种下的煤炭维系生存和享受生活,过着安定幸福的日子。

大禹与五渡平波

桃河是阳泉人民的母亲河。相传在很古的时候,桃河叫"扑猪河",河水涨落变化莫测。河水干涸时,河床如大片漠川;发水时,河里巨石翻滚,如万马奔腾。过往行人防不胜防,就是山中气壮如牛、奔跑如兔的野猪也会被扑倒,立即卷入河中,所以,当地人们称之为"扑猪河"。

为了制服扑猪河水,百姓们决定凿石搬山,修筑拦河大坝。人们忙了一整个冬春,终于建成了河坝,可第二年河水一来,河坝很快就被冲垮了。人们又重新搬石拦河。就这样,年复一年,子子孙孙不断拦河,终于筑起一条齐峰大坝,堵住了洪水。消息传出,感动了禹王爷。

禹王爷就是传说中治水的大禹。相传当禹娶了涂山女娇,沉浸在新婚燕尔之时,禹的父亲鲧因治水无果而被舜处死,舜便命令禹接替鲧的

今日桃河

职位，继续主持治水工作。在婚后的第四天，禹便背起行装，告别妻子，踏上治水的征程。治水十三年，曾三过家门而不入。在这十三年里，他身带耒、锸等挖土工具，手执准绳等测量仪器，时时处处为民先导，走在百姓的前面。由于长期的劳累，吃不好，睡不着，禹的身体变得枯瘦，头颈变得细长，嘴变得像鸟儿一样尖小；他的脚上长满了老茧，行路困难，一跛一瘸，人称"禹步"。他的腿上没有汗毛，这都是长期浸泡在泥水里的缘故。禹为民治水，鞠躬尽瘁，故后世人称颂其为"大禹"，意思就是"伟大的禹"。

有一天，禹王爷来扑猪河巡视，正遇倾盆大雨，发了特大洪水。这时，几百个壮士不顾危险，抱着石块跑向河坝，加固坝基。然而大雨如注，有增无减，河水涨得很快，齐峰大坝眼看摇摇欲坠。禹王爷看到这里的壮士为治水都置生命于不顾，甚为感动，于是便赶紧伸出五个手指，向河里一点，河中立即出现了五个石峰，形成五道河湾，减轻了河水冲击力，保住了大坝，也战胜了洪水。第二天，微风徐来，碧波粼粼，河里出现了"五堵"奇观。后来，人们把在这里建起的村落叫做"五堵镇"，因为河面上架起了摆渡，所以五堵镇又称为"五渡口"。每到春花烂漫之时，河里就桃花点点，平波泛光，宛如水乡，故将"扑猪河"改称"桃河"。后人有诗赞曰："一湾溪水五重滩，雨后行人过最难。碧映山光留翡翠，清涵树色浸琅玕。风生浪卷湘潭橹，月映波沉碧玉盘。我欲放怀眈胜览，何如庄子坐观澜。"

大禹治水的传说，在三晋大地很流行，但人们很少知道在阳泉也有这样一段佳话。这或许是阳泉也有一样古老历史的旁证。

关家峪龙逄石棺

龙逄石棺，位于阳泉市郊区关家峪村西关龙逄墓地所在的山顶上，石棺的形状、大小与普通棺材一模一样，此山名曰"棺材梁"。

阳泉市郊区关家峪龙逢石棺

夏朝最后一个帝王桀在位时,贪恋女色,荒淫无度,整日过着花天酒地的放荡生活,不理朝政。他还无休止地搜刮民财,进行残酷的剥削、压迫,把百姓的血汗都榨光了,就征发他们来服劳役。被征发来服劳役的民众敢怒不敢言,就用消极怠工的方式进行对抗,不执行监督他们的官吏的命令。因为夏桀经常把自己比作天上的太阳,所以服劳役的民众对着天上的太阳诅咒道:"你这个太阳啊,什么时候才能丧命,我与你一起亡!"民众表面上诅咒的是太阳,但实际上痛骂的是夏桀。

在国家面临危难之际,君主的身边总有两种大臣,即佞臣和忠臣。佞臣用花言巧语向君主献媚,得到君主的恩宠,升官发财。佞臣也会使君主越来越胡作非为,最后导致国家灭亡。当然,在桀的身边,也有一些忠臣。当时最著名的忠臣叫关龙逢。他看见桀大肆搜刮民脂民膏,终日过着荒淫无耻的生活,诸侯叛离,人民怨愤,一旦边境有外族入侵,国家命运就危在旦夕。因而,他手捧皇图,来到倾宫求见桀。皇图是古代王朝绘制的宣扬先代帝王功绩的大幅图画,它的作用是留给后代帝王们看,使他们弘扬祖先的功德,效法祖先们治理国家的作为,把王朝一代代继续下去。关龙逢捧去的皇图绘有大禹治水等宏伟的图景和壮阔的场面,他的目的是要桀效法先王,像夏王朝的始祖大禹那样节俭爱民。关龙逢一边手捧皇图给桀看,一边规劝和诱导:"古代的人君,身行礼义,爱民节财,故国家安定而自身长寿。现在您作为君主,用财大肆挥霍,好像有无穷无尽的来源;杀人唯恐不多,好像割草一样。长此下去,如果不改,天灾一定会降临,而诛杀一定会轮到您的头上。我的君王,您一定要改变啊!"说罢,立在倾宫中不出去,希望桀醒悟。桀见他话中有不祥之意,并且态度激昂,行动傲慢,不禁大怒,便令旁边的卫士把关龙逢拉出去斩了,把皇图也一起焚毁。关龙逢被桀处以极刑,惨状目不忍睹。

关龙逢因进谏而遭桀王杀害,天下诸侯无不怨恨,成汤由此起兵反夏,从而建立了商朝。传说关龙逢被斩后,关氏宗室也遭杀害,有侥幸逃脱者得到朝中忠直之臣的协助,秘密将关龙逢之遗骸运回关家峪,草草安葬于村西坟地,情形凄凉至极。关龙逢之死,忠义悲壮,感天动地。据民间传说,在其葬后三年的祭日,倾盆大雨连下三日,而其坟地上空则彻夜电闪雷鸣,响雷震耳,山崩地裂,使原本光秃秃的山顶,凸显出一块巨石。第二天人们前往观看,只见金灿灿的黄沙顶上,端端正正地放着一口石棺,非常壮观。

桀宠妹喜杀龙逢,欲断忠直进谏路。不料天地顺民意,赐降石棺留美名。至今那口石棺仍然安放在关家峪村的山顶之上,与忠臣纳谏的英名永存人间。此外,还有一说,在河南省三门峡市灵宝市孟村有龙逢墓,唐太宗东巡曾书"夏直臣关公之墓"。

周穆王盘石关奏乐

周穆王是中国历史上最喜游历的君主之一。据传他漫游天下,到过极远的地方。穆王巡游中,就曾路过阳泉境内的盘石关,而且还留下盘石关奏乐的传说。

周穆王在位期间,经常放纵任性,周游天下,饱览名山大川的风景,以致众多地方都留下他的车辙马迹。大臣祭公谋父闻知此事后,认为穆王耗费民力财物,荒废朝政,给国家和人民带来危害。于是,祭公作了一首诗,名《祈招》,希望穆王能慎重行事。穆王听了这首诗,表面上加以夸赞,认为讲得甚好,但内心深处并没有因此而减弱对出游的向往,反而越来越强烈。

周穆王即位后,在都城附近建起了很多亭台楼阁,养了许多野生动物,供他游玩打猎。一些邻邦知道周穆王喜爱游玩,又给他送来了许多骏马。依靠着这些骏马,穆王不安于近处的离宫别馆了,开始漫游天下。据记载:"穆王东征二亿二千五百里,西征二亿有九万里,南征亿有七百三里,北征亿有七里。"其中里数显然有夸大之嫌,但穆王曾经大规模地远游确是事实。

周穆王能够远游天下,关键是有一个叫造父的驾马车能手。造父经常跟随在穆王身边。他驾的马车能在高山峡谷中飞驰,使穆王得以周游天下。

公元前994年,周穆王率领七萃之士,由造父驾赤骥、盗骊、白义、逾轮、山子、渠黄、骅骝、绿耳等八匹骏马,伯夭做向导,从宗周出发,越过漳水,经由河宗、阳纡、群玉山等地,西至西王母之邦,和西王母宴饮

昔日周穆王盘石关奏乐处

酬酢。宗周也称成周，就是今河南洛阳。郭沫若在《中国史稿》中也写道："穆王自成周启程，渡河沿太行山西侧，经过漳水、盘石（今山西平定东）等地，越铏山（今河北井陉西），沿滹沱河北岸西行。"到达盘石关后，穆王命令随行的乐队高奏气势恢弘的"广乐"，自己高兴地站在车上，一直走出盘石关，越过了铏山。那天，下起了雨雪，穆王仍兴致勃勃地到铏山的西坡打猎。穆王边打猎边行进，尽情游览。明代大诗人王世贞路经盘石关写诗曰"地输神瀵为汤沐，石拂钧天奏帝台"，说的就是周穆王在盘石关奏乐的故事。盘石的出现，距今已有3000多年的历史，这是阳泉地区最早见于典籍的村名之一。

平定盘石关遗址

第二章

忠义华章 雄关清风
（春秋战国时期）

▍概述

夏商时，今阳泉市境相传为古冀州之地。据《左传》所载，即鲁昭公二十八年（前514），晋魏献子为政，灭祁氏，分其田以为七县：邬（今介休）、祁（今祁县）、平陵（今平遥、文水）、梗阳（今清徐）、涂水（今榆次、太谷）、马首（今寿阳）、盂（今盂县）。春秋后期，在盂城盆地出现了仇犹国。周贞定王十二年（前457），晋卿智伯灭仇犹。十六年（前453），韩、赵、魏三家分晋，阳泉地区属赵。秦时属太原郡。这一时期，阳泉境内不时闪烁出人文觉醒的光芒，尤其是忠义的力量竞相迸发，成为这一时期的鲜明特征。

"妒女焚火"的典故，是阳泉市平定县著名的民间故事之一。公元前636年，晋国晋献公之子重耳历经19年颠沛流离后，复国成为晋文公。在犒赏功臣时唯独忘记了有"割股奉君"之恩的介子推。后想起时，介子推已逃隐绵山。晋文公烧山，其至死不出。晋文公为铭己过，号令天下从冬至起禁火寒食。介子推之妹介山氏不忍民间百姓受寒食之苦，故而在娘子关（也称苇泽关）从冬至起，日积一薪，在介子推祭日焚之，以易其俗。介山氏，号妒女，成为中国上古时期唯一一位替天行道、被尊为"美神"的人间女子。后人立妒女祠祭之。

赵氏孤儿藏匿地盂县藏山,成为忠义文化的渊源。藏山藏孤救赵的忠义历史,感天动地,代代相传。为了纪念程婴与赵氏孤儿15年的隐藏生活,为缅怀程婴、公孙杵臼等人的忠义精神,藏山建庙立祠,至今奉祀尤谨。盂县,也被称为"忠义之乡"。忠义文化感染了无数的仁人志士,同时也为承继不断的忠义文化注入了新的生命力。

在这个历史进程中,诸侯势力开始壮大,春秋五霸逐一登场;血腥兼并愈演愈烈,列国争雄此起彼伏。

赵简子,又名赵鞅,即赵氏孤儿赵武之孙,春秋末期晋国六卿大夫之一,担任晋国正卿主政国事达17年之久,是"战国七雄"之一赵国的奠基人。公元前497年,赵简子派家臣董安于在太原盆地晋水之阳修筑晋阳城。同年,为防备邯郸赵稷叛乱侵袭晋阳,赵简子在当时人烟稀少的阳泉桃河北岸修筑平潭城,屯集粮草,驻兵把守,成为重要的军事要塞。今尚存平潭古城遗址,与晋阳城一样,已经历2500多年的风雨沧桑,是阳泉开发的起始性建筑地标。

春秋末、战国初的神医扁鹊,是中国历史上富有传奇色彩的人物之一。相传晋国大夫赵简子病势垂危,五天不省人事,后请扁鹊为其治疗而愈。为报答救命之恩,赵简子赐扁鹊田四万亩,此领地就在现平定县城西北的鹊山村。后人在此立扁鹊庙,俗称药王庙,以示纪念。

仇犹国,是春秋时期由白狄人建立的一个古国,地址就在盂县境内。仇犹建国百余年之后,因一口大钟为晋国智伯所灭。当地百姓为纪念仇犹国君,也为了牢记盲目轻信而又刚愎拒谏的教训,把智伯送的大铁钟深埋于仇犹城西南,并永远镇在这块土地上。

这是一片历史的田野,孕育出一群先哲、一串故事、一种传承。虽然都带有古典初始的传奇色彩,但其内含的深刻人性和本来良知无疑具有永恒的魅力。

受赠大钟仇犹国灭亡

  仇犹国是公元前555年左右,白狄人在盂县境内建立的国家。据考证,仇犹国在经历了50多年发展后,于公元前500年左右才有了国都,在今盂县城东的桃园坪附近,这就是现在人们所说的"东盂县";与之相应的"西盂县"(西烟盆地一带)当时还是晋国的属地。两国虽仅一山(管头山)之隔,但因地僻路险,交通不便,加之当时晋与诸戎(含狄族)有盟,"修民事,田以时",所以百余年间,彼此无扰,未发生摩擦。

  仇犹国,四面环山,林木茂盛,连一条可以通车的路也没有,与国外的联系只靠人力。当时,晋国有个叫智伯的权臣,看到仇犹国是块肥肉,想占为己有,却没有理由,加之不好用兵。怎么办呢?诡计多端的智伯经过冥思苦想,终于想出一条妙计:他铸了一口大钟,说是要赠送给仇犹国的君王。仇犹国君得知这一消息后十分欣喜,于是便命令大臣调集人马,劈山斩崖,连夜修路,准备迎接智伯馈赠的大钟。这时,仇犹国一位名叫赤章曼枝的大臣,怀疑智伯此举有诈,就向国君进谏说:"智伯是晋

盂县仇犹国都城遗址

第二章 忠义华章 雄关清风

盂县出土的仇犹国刀币

国赫赫有名的权臣,其为人向来言而无信;何况晋国疆土广阔,富饶强大,为什么要用大钟这样贵重的礼物来敬送我们仅有弹丸之地的小国呢?我看其中必有阴谋。如果智伯借送钟的名义带兵来袭,我们的国家就可能要被灭亡了。"仇犹国君得宝心切,对赤章曼枝的话哪能听得进去。他说:"大国赠宝给小国,这是看得起我们的表现,也是友好的象征,我们怎么能随便怀疑人家呢?"

赤章曼枝的奏本得不到国君的重视,他痛心地说:"为人臣不忠贞,罪也;忠贞而不用,远身可也!"说罢,"断毂而行",投奔到了齐国。毂是古代大车轴辘中心的圆木,相当于今日车轮的轴承部分。毂的中心有孔,车轴从孔中穿出,毂的外径与车辐相接。毂分为长毂与短毂两种,长毂利于安全,而短毂利于快行。赤章曼枝看到仇犹国就要灭亡了,要争取时间离开仇犹,就把轴伸出毂外的部分截去,匆匆忙忙逃到齐国去了。仇犹国君眼看着随大钟开来的浩浩荡荡的晋军,知已上当,悔恨已晚,无奈,只好和妻子双双自尽,以表对国家的忠贞。至此,历史上的仇犹国就灭亡了。

据《韩非子·说林》载:"智伯将伐仇犹,而道难不通,乃铸大钟遗仇犹之君……仇犹(君)遂内之,而仇犹亡矣。"仇犹国的历史随着国君自尽这一悲剧的落幕而结束了,但是仇犹的后人依旧怀念着故国,至今,许多遗迹犹在。在盂县城北2公里处有一山,名高神山,古名仇犹山,又名原仇山,山顶有庙。《大明一统志》记载,"仇犹国君既灭,后人立庙此山"以祭祀。县城西北有河绕城而过,名香河,古名腥河,相传是仇犹爱妃殉难的地方。后因"腥"字不雅,改为香河。盂县清城乡傅家堖村有将军岭,传为仇犹将军殉国后葬于此,后人立碑志之。(载《山西历史地名

录》)赤章曼枝直言进谏的故事,后被载入《吕氏春秋》《战国策》《史记》以及历代编纂的史志著述。

2003年,阳泉市、县文物部门配合山西省文物勘探技术中心和省考古所专家,对盂县金龙大街(穿越仇犹国古城)东周墓地进行了文物勘探和发掘,共清理春秋战国时期墓葬48座,汉墓和明清墓各2座,古井11眼,古路1条,各类铜器、青铜器、玉石器等文物500余件,其中,8把青铜剑是晋东地区的首次发现。专家初步认定,这些青铜剑系春秋战国时期文物,可作为仇犹文化的一种实证。

明代诗人陈颢写下一首七律《过仇犹有感》,抒发了对这段历史的特殊情感。诗云:"凿道曾迎智伯钟,雄藩从此霸图空。孤臣雪涕随流水,双鹤闲谭话故宫。秋草断碑寒雨绿,残鸦高树夕阳红。停骖此日闲登眺,宦思离心总不穷。"

藏山与赵氏孤儿

藏山,古名盂山。这座山,就是赵氏门客程婴携赵氏孤儿赵武藏匿15年之久的山,后人把盂山改称藏山。

据《史记·赵世家》记载,晋景公三年(前598),大夫屠岸贾想诛灭赵氏一族。屠岸贾是晋灵公时的宠臣,到了晋景公时官职升到司寇。他为达到诛灭赵氏一族的目的,四处扬言说:"晋灵公之死,虽然赵盾不知情,但他身为当政的首辅,杀死国君的人又是他的族弟,所以赵盾应是贼首。赵盾虽死,可他子孙在朝,以臣弑君,应该以他的子孙抵罪。"大将韩厥听后对他说:"灵公被弑时,赵盾在外,我们先君以为他无罪,所以不杀他。如果你们现在要杀他的子孙后代,便是违背先君意愿而妄加诛戮,臣子有大事而不让君主知道,是无君上啊!"屠岸贾不听。于是韩厥便告诉赵盾的儿子赵朔,让他逃走。赵朔不肯:"只要将军答应不绝我赵氏后代,我死而无憾。"韩厥答应了赵朔的要求,便称病不出。屠岸贾没有请示国君便命诸将围攻赵朔居住的下宫府邸,把赵朔、赵同、赵括、赵婴一齐杀死,并企图灭掉赵氏一族。当时赵朔的妻子有孕在身,因她是晋景公的姐姐,便逃入宫内藏匿起来,得以幸免。此次杀戮过后,程婴问公孙杵臼说:"这次没有搜到,必然还要去搜,怎么办?"公孙杵臼说:"立孤与死哪个难?"程婴说:"当然死容易,立孤难啊!"公孙杵臼说:"赵氏先君对你看重,待你天高地厚,你应该挑起立孤这一重担,我就选择容易的,先去死吧。"于是二人定计取别的婴儿包裹起来,抱到山中藏匿。程婴则出面假意对前来追捕的兵将说:"程婴是个低劣无能的人,不能拥立赵孤;你们若能给我千金,我便告知赵孤藏匿的地方。"兵将非常高兴地答应了他的条件,派兵随程婴到山中搜捕公孙杵臼与假孤。公孙杵臼假装愤怒大骂程婴:"昔日下宫之难你不赴死,与我合谋藏匿赵氏孤儿,现在你纵然不能救孤,也不应该出卖我,你真是小人啊!"杵臼抱着婴儿大声呼叫:"天啊!天啊!赵氏孤儿有何罪过!请你们放过孤儿,只

盂县藏山

把我杀了行吗？"诸将哪能答应他的请求，遂把杵臼同孤儿一齐杀死。屠岸贾与诸将以为赵氏孤儿已死，都十分高兴。然而，真的赵氏孤儿仍然活着，由程婴携着逃匿到了山中。

在程婴与公孙杵臼的救孤过程中，赵朔的同僚好友韩厥都参与其中并出谋定策。他们选择向北而去。程婴携赵孤从晋国都城新绛出发，向东北进入盂地。

程婴携赵孤进入盂境后所走的路线，反映了当年赵孤逃难的艰险历程。据传，盂县南社村的"小藏山"，就是程婴携赵孤进入盂地后的第一个藏匿地。只因他们在村东一座小山的山洞中曾小藏数天，因之曰"小藏山"；程婴携赵孤从小藏山继续东行，翻过大梁山，拐进王村沟，爬上一座山岭，看到前面无路可寻，程婴心里慌张，一不小心从马鞍上摔下，"慌鞍村"地名由此而来；继续前行来到一地，程婴向村民打听村名，答曰"大围"，一听此名，感到有被围的危险，于是马不停蹄疾驰而行，逃至龙华河口，在慌乱中不慎丢失了身佩的宝剑，后人称此地为"宝剑口"；程婴顾不得拾回丢失的宝剑，策马奔入东面山谷中，来到一深山幽谷处，发现危崖下的洞穴可以藏身，于是垒石环堵洞口，到洞内藏匿起来，这就是留存至今的"藏孤洞"。

程婴携赵氏孤儿走了七八百里逃亡之路，经过了千辛万苦的艰难跋涉，来到了盂山。他看到盂山有利于藏匿的地势，也感到当地百姓的仁爱和义气，这种地利与人和的优势，具备了长期隐藏与生存的条件，所以程婴选择盂山作为最后落脚点和藏匿地。

更使程婴感动的是盂地百姓对他与公孙杵臼忠义的敬佩，对赵氏遭遇的同情，对赵孤的仁爱与保护。有一则《两农夫站殿之谜》的故事，说的是程婴携赵武逃到藏山口时，人困马乏，饥肠辘辘，走投无路时，看到两个农夫在田里劳作。程婴上前问路并向农夫乞食，农夫见一婴儿在程婴怀中啼哭，便询问他们的来历。程婴如实相告后，叮嘱不可向人泄露。农夫不仅施以饭食，还为他们指出了藏身的路径，然后为表明心迹、消除程婴疑虑而双双自杀。这便是让程婴感动的盂地民间大众救孤护孤、舍生取义的崇高精神。赵武平反昭雪后，不忘农夫救护之恩，在他殿上还塑了这两位农夫的像摆放在他的身旁。

程婴、赵孤进入盂山避难后，安全生活了15年，当年的婴儿赵武已

藏山藏孤洞

长大成人，终于盼来了平反昭雪的一天。于是，他们离开盂山回到了晋国都城新绛。从此，盂山因藏匿过赵氏孤儿而改叫藏山。

为了纪念程婴与赵氏孤儿15年的隐藏生活，为了缅怀程婴和公孙杵臼等人的忠义精神，盂县在藏山建庙立祠，祭祀程婴、公孙杵臼和赵武。现存的碑文中记载，"春秋时，因屠岸贾遘患于彼，故赵武隐匿于斯"，"乡人遂建庙于原隐之所，塑像于旧藏之基"，"自汉、唐、宋、元以来，邑人皆以祀藏山之神为事，至今尤谨"。在历经春秋、战国、秦、汉、唐、宋、元、明、清直至现代的两千多年间，人们都把赵武、程婴、公孙杵臼奉为藏山之神，他们的厚德笃行以及舍生取义的精神永世相传。

赵简子与平潭筑城

赵简子，又名赵鞅，春秋末期、战国初期杰出的政治家和军事家，是"赵氏孤儿"赵武的孙子。据司马迁《史记》记载："赵简子在位，晋顷公之九年，简子将合诸侯戍于周。"公元前500年夏至公元前497年春，赵简子为巩固其统治地位,在今太原的古城营村修筑了晋阳城,在今寿阳县西17.5公里的古城村修筑了贺鲁城,在今阳泉市平潭垴村西修筑了平潭城,从而开拓了从晋阳城经贺鲁城、平潭城出故关、下井陉之通道,以达到兵循桃河、车出太行、南下邯郸、平定战乱的战略目的。

明成化版《山西通志》载:"平潭城,在平定州西北二十五里,遗址略存。世传以为赵简子所筑。"这是阳泉市区内见于史籍中的最早城邑。赵简子在为自己家族发奋图存的同时,也翻开了阳泉这座城市的扉页,成为最早开发阳泉的人。

由于赵简子重视收养和重用谋臣斗士,并注重论功行赏,不分尊卑,所以,这个时期,赵氏势力日益扩大。在晋定公十四年(前498)的时候,赵简子带兵抓捕了与他对着干的邯郸大夫赵午,押解到晋阳城斩首示众。赵午的儿子赵稷在邯郸起兵造反,攻打赵简子。而阳泉地处邯郸通往晋阳的咽喉要冲,赵简子利用平潭城,驻以重兵把守,成为军事要塞。在以后的六七年里,征战不休,晋定公二十一年(前491),赵简子终于攻下邯郸,拔了赵稷的叛乱大本营。帮助赵午的中行文子逃到了柏人,赵简子又穷追猛赶,将柏人团团围住。这时的中行文子和范昭子,如同丧家之犬,趁夜突围,逃奔到齐国去了。邯郸、柏人两地,也被赵氏占

平潭古城墙遗址

领,赵简子的势力范围扩展到今天河北省南部的滏阳河一带。这个时候的赵简子,名义上是晋卿,实质上已控制了晋国的实权,为自己的扩张奠定了扎实的军事基础。其间,平潭城军事要塞的作用不可低估。

现地面尚存的平潭古城遗址,方圆为 0.5 公里左右。部分夯土城墙宽 6.7 米,从里侧看高 3.3 米,从外侧看约 15 米。部分地段有明显的版筑夯土的城墙遗迹。平潭城所在的地方现在仍叫"古城",显然是因城而得名。在古城脚下,相传是平潭城下的护城河。当时,晋国六卿内讧,范氏和中行氏联合击赵,两军曾在此激战,以致死尸成堆,血流成河,把护城河里的水都染成了红色,之后,人们便将其叫成了"红城河",后来更名为"洪城河",取吉祥之意。今站在古城上隔桃河而望,仍有名为"简子沟"的地方,系当年赵简子屯集军马粮草之地。1958 年,平潭古城旧址曾出土那个时期的军锅、石鼓、马镫、箭镞各 1 件。军锅为铜制品,直径 0.7 米,不仅是行军的炊具,在两军厮杀的激烈战斗中,还可以敲打助战,供做饭和鸣金之用;石鼓,为 0.3 米高的鼓形石头;马镫约 10 厘米,铁铸而成,出土时锈迹斑斑,勉强分辨形状;箭镞出土时仍有金属光泽。从这些文物中,足以看出平潭古城的建筑规模和军事地位的重要性。距古城西部不足 3 公里的桃林沟村冯家山上,至今仍有一座简子庙,相传是赵简子的五世孙为纪念赵简子平潭筑城功绩而修建的,它是阳泉地区唯一的一座简子庙。

神医扁鹊与鹊山庙

春秋末、战国初的神医扁鹊,是中国历史上富有传奇色彩的人物之一。我国中医的搭脉诊断,就出自他的发明。相传神医扁鹊曾奉晋君之命,到赵地平定鹊山一带为百姓行医治病并撰写医书,深受乡民敬重和拥戴。

扁鹊(前 407—前 310),生于春秋战国时期。原名叫秦越人,渤海郡鄚(今河北任丘)人。因其医术高超,被当时的人们尊为神医,并且借用上古神话——黄帝传说中的神医"扁鹊"的名号来称呼他,而"秦越人"这个原名反而渐渐被人遗忘了。少时他学医于长桑君,得其真传。扁鹊静下心来仔细揣摩长桑君留给他的医书,夜以继日研究病理、医理、药理关系。经过艰苦学习和研究,扁鹊终于学成,四处行医。他医术高明,药到病除,很快名声在外。著名的"讳疾忌医""起死回生"等典故,都是以神医扁鹊的传说为原型形成的。他擅长各科,到赵国,治妇科病;到周室,治五官科;到秦国,治小儿科,名闻天下。秦国太医令李醯自知医术不如扁鹊,十分嫉妒,怕他到秦国抢了自己的饭碗,竟派人将扁鹊暗杀了。扁鹊创造出了望、闻、问、切四种诊断方法,奠定了中医临床诊断和治疗的基础,开启了中医学的先河。

在阳泉境内流传最多的,是扁鹊医治晋国大夫赵简子怪病的故事。据《平定州志》记载,春秋战国时期,有位名叫秦越人的名医曾到赵地行医,为赵简子治愈了令其昏迷五日的头疾。赵简子病势垂危,五天五夜不能言语,人也认不出来了。朝中大臣焦急万分,派人请扁鹊看病,扁鹊到后仔细观察,认定是一种罕见的血脉壅阻之症,三天内自会苏醒。扁鹊将苏醒后会出现的症状以及如何调理的方法告诉众人,众人将信将疑。不料两天半后,赵简子果然醒过来了,之后出现的症状同扁鹊说的一模一样。众人因此对扁鹊的医术佩服得五体投地。赵简子自然也喜形于色,感恩不尽,盛赞扁鹊的医术高明,称其为"神医扁鹊"。为了报答他的

平定扁鹊庙残迹

精心医治，特赏田4万亩，并将这块领地封为"鹊山"，这个地方就是今平定县城西北2.5公里处的鹊山村。当然，扁鹊既给达官贵人治病，也给普通百姓看病，同时撰写医书，成绩卓著，深受老百姓的敬仰和爱戴。

为怀念神医扁鹊以高超医术悬壶济世，追忆赵简子特赏扁鹊的"鹊山"领地，后人在鹊山修建了扁鹊庙，又叫扁鹊神祠，俗称药王庙。

金元时期的大诗人元好问游览鹊山庙后，曾写下《平定鹊山神药王庙》诗，此诗收录在《平定州志·艺文》中。诗云："古柳轮囷欲十围，鹊山祠庙此遗基。万金良药移造化，老眼天公谁耦畸？已为养生诬单豹，不应遭纲废元龟。半生磊块浇仍在，拟问灵君乞上池。"

妒女介山氏与清明节

由禁明火、食冷饭的寒食节演变为祭奠先祖先辈的清明节，从介子推割肉奉君尽忠心到介山氏积薪自焚成妒女，一个是笃信忠诚、不言利禄，一个是移风易俗、刚烈坚贞。

诸侯纷争的春秋时代，北方晋国发生过一场宫廷夺嫡的搏杀，史称"骊姬之乱"。二公子重耳避难，尝尽了人世间的艰辛。有一次，他们断炊绝粮，陷入困境，侍臣介子推割下了自己腿上的肉，供重耳充饥，留下了"割股啖君"的传说。公元前636年，重耳回国，做了晋国国君，史称晋文公。晋文公对一直跟随自己逃亡的臣僚论功行赏，唯独把介子推给忘了。介子推带着母亲隐居到绵山。晋文公亲自去请介子推下山，介子推却躲藏起来。为了逼介子推出山，晋文公下令火焚绵山。不料介子推守志不移，与母亲双双抱树而死。文公见烧死了救命爱臣，痛心不已，就把介子推葬于绵山，修祠立庙，指定三月间禁明火、吃冷饭，称为寒食节，以寄哀思，后相沿成俗。

相传介子推有一妹，人称介山氏，民间广称"妒女"。妒女闻兄死于绵山，而且挟功要君，以为可耻。她深感民生艰难，决心改变这一鄙俗。

她走了很远的路来到太行山中,于冬至之后,每日积聚柴薪,到了次年寒食时节,举火焚烧,称之为"百日打柴一日烧"。她的这一惊世骇俗的举动,改变了寒食节的习俗,深得百姓的拥护。后人在山下悬泉为她立祠,称之为妒女祠,又称娘子庙。由于妒女祠所处的地方高山环绕,濒临深涧,大河汹涌,地势险要,是天然隘口,因而称之为娘子关。

妒女是清明节的缔造者。金代文学家元好问《游承天悬泉》诗注云:"平定土俗,传介子推被焚,其妹介山氏耻兄要君,积薪自焚,号妒女。"清代《平定州志》也道:"介子隐绵山,晋俗禁火号寒食,其妹于冬至后一日积薪炽火,以变其俗。兄禁火,妹举火,故为之'妒女',后人胥祠于绵山。"后人为纪念妒女这一义举,取消寒食节而演变成流传至今的清明节。

而今随着年代久远,妒女祠坍塌在岁月长河中,但妒女的故事却被世代传诵。清代"扬州八怪"之一的金农,当年四处逍遥云游,足迹遍天下,曾来到娘子关妒女祠,并作《平定道中》一诗:"雨后春流泻黛脂,李涇作颂托微辞。行人饮马来偷见,一阵花飞妒女祠。"

由于建造年代久远,加之娘子关为历代兵家必争之地,妒女祠早已毁于战乱。据考证,该祠遗址在娘子关瀑布源泉偏东一带,现当地村民俗称"庙坪"的地方。据当地老者回忆,在1937年"七七事变"前,庙坪这个地方还存有一些残破房基及石人、石马等庙宇遗迹。娘子关的妒神碑至今依然留存,碑文清晰如初,无论在历史价值还是书法造诣上都堪称一绝。

固关长城的雄姿

阳泉是山西的东大门,地处晋冀交界处,历来为兵家必争之地。所以,在晋冀交界的盂县东缘及平定的娘子关、固关(即新关)一线,早在战国时就筑有长城,其后又有补筑和修葺,这是阳泉最古老的军事建筑。

今境内现存的长城残迹为明代所筑。其中,盂县有两段:一段北起上社镇王开掌村(原属榆林坪乡)东南,向南延伸至六岭关,长约6公

里;一段在仙人乡北岭沟村(原属东庄头乡)东炮台梁上,由北至南,长约400米。两段均高3米,宽2.5米,以岩石砌筑。平定县有三段:固关经将军峪至白灰口段,长约7公里,高2米,宽1.5米;固关经岭后底至娘子关镇嘉峪沟段,长约13公里;杨树庄至井陉凉沟桥段,境内长约321米,高4米,宽1.7米。三段均为南北走向,皆以岩石砌筑。古长城遗址尚存的要数固关古长城。

固关古长城,始建于公元前369年的春秋战国时期,属于中山国。中山国又称鲜虞,为春秋时代白狄别族所建。战国初期建都于顾(今河北定州)。公元前406年为魏国所灭。不久复国,迁都于灵寿(今河北平山东北)。中山国是处于赵国、燕国之间的一个小国,其疆土仅有灵寿、临城、唐县、新乐等地。战国时期对中山国构成最大威胁的是赵国,而赵

固关明长城遗址

国一直视中山国为心腹之患,必欲灭其国而后快,故屡次对其用兵。为了防御赵国的进攻,中山国于前374年就开始修筑长城。到公元前369年,修到了河北与山西交界处,这就是我们所说的固关古长城。后经明代将领修复,现主要遗址有长城南段固关经将军峪至白灰口长约7公里,北段经岭后底至娘子关嘉峪沟约13公里,全部依山而建,用石头砌筑。在墙体的重要制高点上分别建有炮台、烽火台、哨台等。现存炮台、墩台11座,烽火台2座,哨台1座,药楼1座,堞楼3座。长城周围还有西峰洞和关帝庙、老母庙、玄武庙、文昌庙、三官庙等十多座庙宇文物,楼阁亭台浑然一体,蔚为壮观。

固关古长城,是国内保留较完整的石砌内长城,是我国最早的明代内长城。著名长城专家罗哲文称之"有小八达岭之风韵"。据罗先生考证，固关长城始建于公元前369年，比秦始皇统一六国后修建的万里长城还早155年。虽然现存遗迹多为明代建筑，但从始建年算起，它已有2300多年历史，国内少见。

固关与居庸关、紫荆关、倒马关被列为明朝京西四大名关，同为"京畿藩屏"，是内长城的重要关隘之一，与娘子关相唇齿。关城初修于明正统二年（1437），当时叫"故关"。清光绪版《平定州志》载："故关在州东九十五里，即韩信下赵井陉口是也。"唐至德二年（757），唐将李光弼曾遣其部将在此防守，阻挡叛军西进。明成化版《山西通志》载："洪武三年（1370）置故关巡察司。"光绪版《山西通志》引《读史方舆纪要》载："故关，在井陉县西三十五里，为控扼之要。自昔置关，元末为故关山寨。明正统二年（1437）修筑关城，分兵防戍。嘉靖二十年（1541）增设将领驻守，二十二年（1543），更营新城，益兵防御，自是常为重地。"关门额书"故关"，背面书"北天门"。故关，历来为兵家争夺之地，位置重要。正如明代吏部尚书乔宇的《故关》诗云："河山表里连三晋，燕赵襟喉控七雄。"嘉靖二十二年（1543），"虏寇太原密迩故关，其关虽地当冲要，而旧城险不足，乃北筑于隘口"，在今之新关村建起一座新城。故关新城以石头砌筑，坚固厚实，依山设险，锁住了晋冀咽喉，城防工程固若金汤，因此，改"故"为"固"，而称"固关"。

固关经历了许多重大历史事件。历代帝王将相、文人墨客出入此处者甚多。如秦王翦伐赵，秦始皇尸归咸阳，韩信"背水之战"，郭子仪、李光弼平定"安史之乱"，康熙皇帝西巡，都经过此地。韩愈、司马光、韩琦、于成龙、孔尚任等也在这里留下了诗篇佳作。

"鸟道入云中，风光塞漠同。人依险地立，城自越山丛。"1703年，康熙出京西巡驻跸柏井驿时作诗《过固关》，对固关长城大加赞叹。一条绵延起伏的古长城横亘在太行山崇山峻岭之间，敌楼、炮台等古代军事设施镶嵌其中，晋冀要道的古关雄姿尽情再现。

固关长城是万里长城的一部分，是中华民族的象征，闪耀着华夏文明的光芒。

第三章

兵家争锋 英雄垂青
（秦汉魏晋南北朝时期）

概述

从秦朝大一统时代开启到汉朝的政体延续，奠定了此后两千多年历代王朝政治体制的基本格局。西汉初，阳泉境内置上艾县，县治在今平定县新城村，属并州太原郡。东汉，上艾县属冀州常山国。秦汉时期，由于地理位置重要，常有兵家争夺。因此，这里既有皇帝的过境路居，又有将帅的摆阵布局；既有时势打造的英雄，又有外来文化的渗透。这一时期，留下了许多历史文化遗址和人文故事。

这是一支不同寻常的出巡队伍。其浩浩荡荡，走过故关，绕道上郡，折回咸阳。其中，故关就是阳泉境内的重要关隘。公元前210年，灭掉六国、一统天下的始皇帝病死于沙丘，始皇帝灵柩是秘密运送的。此时此地，与灵柩同行的小儿胡亥、中车府令赵高和丞相李斯，精心策划了一个天大的阴谋，这就是扣压遗诏、更立皇位。贪婪、私欲、篡权，成为致命一击的最大渊源。胡亥登基后，逆民而行，逼民而反，终于演出了"二世而亡"的惨剧。

这是一名熟谙兵法的开国大将。做了汉朝皇帝的刘邦，曾对自己的大臣们说，论运筹帷幄、决胜千里，他比不上张良；论管理国家,使百姓安定,保证战争物资和兵源的供应,他比不上萧何;论带兵打仗,他也不能像韩信那样,攻无不克,战无不胜。韩信,这位西汉开国名将,自言用兵"多多益善",为西汉建立立下汗马功劳。他进荫营隐军休整,在榆关安营屯兵,按军令剑斩吕礼,破赵军背水一战。韩信用兵之道,在平定大地上被演绎得淋漓尽致,成为古代军事史上的一枝奇葩。

这是一条出于光武的中兴之路。新莽末年,海内分崩,天下大乱,身为一介布衣却有前朝血统的刘秀乘势起兵。刘秀在盂县境内的打拼与磨难,正是他漫漫中兴的历练之路。公元25年,刘秀与更始政权公开决裂,为表刘氏重兴之意,仍以"汉"为国号,史称"东汉"。经过长达12年之久的统一战争,刘秀平灭了割据政权,结束了自新莽末年以来长达近20年的军阀混战割据局面。"自古中兴之盛,无出于光武矣。"像东汉开国皇帝刘秀这样中兴历史的,独一无二。

这是一种属于世界的石窟文化。对秦汉文化颇有研究的葛剑雄教授曾说过,军事上的征服者最终成为文化上的被征服者。盂县石佛山摩崖造像是境内开凿时间最早的摩崖造像,它比大同云冈石窟早64年,比洛阳龙门石窟早98年。包括平定开河寺、盂县千佛寺等摩崖造像,虽规模、类型不及云冈、龙门石窟,但设计理念、建筑特色、装饰风格、艺术造型都堪称一流,成为境内的文化亮点。

秦始皇灵柩过故关

秦始皇三十七年（前210），始皇帝出巡时遇疾驾崩于河北沙丘平台（今河北省广宗县北大平台），灵柩返咸阳时曾路经石艾故关（今山西省平定县旧关）。

故关，即旧关，也叫井陉关。《史记》正义："井陉故关在并州石艾县东八十里，即井陉口。"《通典·州郡典》载："并州广阳县，县东有故关，甚险固。"位于平定县东部的旧关村，北距娘子关9公里。

秦始皇灵柩为什么要走故关呢？秦始皇统一六国后，废除分封制，实行郡县制，在全国范围内确立土地私有制。除此之外还采取了平险阻、修驰道、车同轨，统一文字、货币、度量衡，修筑万里长城，以御外侮等一系列措施，维护和巩固其政权。

在维护巩固其统治的同时，秦始皇还先后五次出巡。公元前210年的出巡，是始皇帝的最后一次出巡。这年夏天，始皇帝行至平原津（今山东省平原县西南）得了重病。七月到达沙丘，始皇帝预感到大限已到，便令赵高给远在上郡（治所在肤施县，今陕西省榆林市东南）监军的长子扶苏草拟诏书："以兵属蒙恬，与丧会咸阳而葬。"诏书刚封好，还没等到派使者出行，秦始皇就去世了，年仅50岁。

始皇帝之死，当时只有丞相李斯、中车府令赵高、小儿子胡亥和几个亲近的宦官知晓。李斯考虑到始皇帝生前没有立太子，生怕突然宣布其驾崩会引起天下大乱，便与赵高等人商议秘不发丧。他们将始皇帝的尸体置于辒辌车中，一方面谎称秦王爱吃鱼虾，特意弄来许多臭鱼烂虾来遮掩尸体的腐臭；另一方面故意舍近求远，北上井陉故关，绕道上郡（始皇帝长子扶苏任职地），再回咸阳。途中赵高则策划胡亥顶替扶苏继位。于是，他怂恿胡亥、李斯篡改诏书，改立胡亥为太子。

回到咸阳，胡亥做了皇帝，赵高为郎中令，掌握了朝中实权。作为篡改诏书同谋的李斯,最终以"谋反罪"被腰斩于咸阳,且被夷三族。随着"二世而亡"的最终到来,貌似强大的秦王朝,也由此分崩离析。

现在,井陉古驿道有复制的辒辌车。赵高的阴谋篡位,确实是在从沙丘经井陉,过石艾故关,去咸阳的驿道上策划实施的。两千余年的古驿道,是秦朝这段残酷历史的见证。同时也说明,两千多年前始皇帝修驰道、车同轨,平定已有贯通太行山之驰道,而故关扼冀晋之咽喉,战略地位尤为重要。

名将韩信的破赵之战

韩信破赵之战,是我国古代一个以少胜多的著名战例。阳泉境内是韩信破赵之战屯兵备战及指挥作战的重要区域。

秦朝灭亡后,刘邦和项羽进行了3年多楚汉战争。汉高帝二年(前205)九月,刘邦大将韩信在平定反叛的魏国后,向刘邦提出"愿益兵三万人,臣请以北举燕、赵,东击齐,南绝楚之粮道,西与大王会于荥阳"(《汉书·韩彭英卢吴传》)的北线作战计划,以配合刘邦在荥阳的主战场。刘邦采纳了韩信的建议,随即给韩信增兵三万,并派遣张耳协助韩信开辟北方战场。

韩信率领汉军沿汾水河谷北上,前去攻打赵、代二国。后九月,韩信汉军在邬城(今介休市东北)与代军接战,并在阏与(今和顺县西北)生擒欲逃往赵国的代相夏说,灭掉了代的主力。韩信派曹参回围邬城,自己从阏与率领主力北上榆次,拟东出井陉一举破赵。阏与由此成为破赵之战的起兵地。

井陉是"太行八陉"之一,在"八陉"中以险塞著称,它"车不得方轨,骑不得成列",是晋阳城(太原)及古代山西通往冀豫地区的重要军事孔道。韩信军队从阏与来到榆次,沿着这条早在春秋时期就开辟出的运兵古道,一路偃旗息鼓行至赵简子城(今阳泉平潭古城)下。在这里,韩信没有继续向东前行,而是把部队拉到了赵简子城以北 10 公里的一个绿树成荫的地方,并在此安营扎寨。从此,这个原本荒无人烟的地方便叫荫营(今阳泉郊区境内)。

荫营坐落在一条东西走向的向阳的大缓坡上,北高南低,东西长 4 公里,南北宽 1 公里,当时这里又是一片原始森林,放几万人马进去,既宽松舒展又不显山露水。在此宿营隐军,东有通外小路可供部队运送辎重和机动兵员,南有荫营河水可供将士饮用洗涮,西有巍峨高山(刘备山)可为将士抵挡夜晚寒风,北有低矮黄土丘陵可供将士枕藉歇息。荫营作为韩信破赵之战的隐军休整地,是汉军行军作战节点链中的一个重要的战略支撑点。

韩信率兵在荫营休整一段时间之后,进入平定上城的榆关。据《读史方舆纪要》载:平定上城之榆关,相传韩信伐赵时曾驻兵于此,因高阜为寨,以榆塞门,故名。榆关门为上城之东门,原有题额;门旁城墙镶嵌一块石碑,上镌"汉淮阴侯韩信下赵驻兵处"。

平定城原系上、下两座城垣。上城是一片大土岗,立于岗上向东眺望,十多里盆地可尽收眼底。因此,历代兵家由西击东,必先夺此岗。深

平定"汉淮阴侯韩信下赵驻兵处"碑

谙兵法的韩信带领数万兵马来到本境后,也曾驻兵于此。今平定县城内与上城相连的有西南营街和东南营街,相传为韩信屯兵的营地;上城的南门外有"练将坡""射圃亭",当年韩信曾在这里教他的兵将练功习武,打靶射箭;顺着城南河东行2.5公里处有洗马堰村,相传为韩信屯兵时曾在此系马或洗马而名;洗马堰东南有藏将沟(今常家沟),传言韩信屯兵时曾有将领在此藏身,故名。此外,据《平定州志》载,韩信屯兵榆关时,还在东25公里处的古驿站柏井筑了军城,后称柏井城。城的高岗上建有韩信寨(又名淮阴寨,俗称寨上)和粮草寨,相传是韩信屯兵和积存粮草之所在。

赵(国)王歇和代(国)王陈余(时为赵相)得知韩信统率兵马驻扎在榆关后,便调集了20万大军聚集在今晋冀邻界的井陉口(即土门关,址在今河北省鹿泉市城西2.5公里处,古驿道由此进入太行山),准备与之相持对垒。这时,赵国一位名叫李左车(系李牧的孙子,今河北省元氏县人)的谋士献计说:"韩信乘胜而来,锐不可当。要对付韩信,只能奇袭,不可硬攻。"言称"若能让我率骑兵3万,从隐蔽的小路巧截汉军辎重,断其后路,使之前不得战、退不得还,不出10天,必可一举全歼汉军,擒杀韩信、张耳等"。谁知左右赵王的陈余只相信兵法"义兵不用诈

平定淮阴侯庙韩信点将台

谋奇志"的说教,又轻视韩信实力,因此一意孤行,对李的计策不予理睬。韩信得知此事后,心中大喜,于是,便从屯兵的榆关发兵,到达井陉地界后,趁夜深人静精选了两千骑兵,身穿赵服,手执赵旗,扮做赵军秘密绕小道前去偷袭赵营。第二天凌晨,韩信才亲率兵马,浩浩荡荡向井陉口进发,并专门指定在背靠河水的地方(今河北省井陉县微水镇以西的绵蔓河西岸)安营扎寨,摆开阵势。陈余探得汉军背水扎营犯了兵家之大忌,心头暗喜,随即出兵迎战,妄图消灭汉军于绵蔓河岸。双方大战数十回合后,韩信佯装败阵倒退,赵军传令全军进击。汉军兵力远不及赵,但因其背水一战,后无退路,所以个个殊死效命,勇猛异常。赵军屡战不胜,只好暂时休战,命令退回本营。当赵军返回望见营地上插满了汉军的旗帜时,以为军营已被汉军占领,顿时军心大乱,士卒四处逃窜。此时,汉军前后两股力量奋力夹攻,大破赵军,杀死了陈余,擒获了赵王歇,并收李左车为汉军参谋。这就是我国历史上一次以劣势战胜优势、以少胜多的著名战例——背水之战。

当地民间流传着一个韩信带兵驻扎上城榆关期间严明军纪的故事。一天晚上,韩信一个人出营查岗,忽然听到有一女子的啼哭声,就顺声寻去。只见一少妇坐在石头上哭泣,就上前细问原因。原来,韩信帐下有一员大将,名叫吕礼,本是吕后娘娘的侄子。他并无战功,仗着吕后,得到重用,做了韩信的督军。夜里,他带着几个护卫,入宅抢劫,又奸污了这名少妇。韩信听后急忙返回军营,升帐点将。那吕礼果然不在,派人查寻,回禀说,吕礼已带人跑了。韩信急忙骑上战马,带兵追赶,一直追到沙江口,才赶上吕礼。韩信质问吕礼为什么夜闯民宅为非作歹,而且私带士兵星夜离营。吕礼仗着姑母是吕后娘娘,拒不认罪。韩信忍无可忍,手起刀落,杀了吕礼。人们为了纪念这位不畏权贵、执法如山的元帅,就把杀将的地方叫做"杀将口"。以后代代相传,"杀将口"渐渐传成了"沙江口"。

为了纪念韩信,当地人在他出征前抒发壮志豪情试剑称勇的地方(今平定县城东10公里西郊村西的试剑峰顶)修建了淮阴侯庙。金代文学家、曾任平定州刺史的赵秉文瞻仰该庙后感慨万端,有诗传世:"地险山伟气势雄,将军从此建奇功。兴刘业就人何在,破楚名存事已空。故垒带烟余杀气,荒祠向晚动悲风。功名盖世今如此,读罢残碑思不穷。"

东汉刘秀在盂县的传说

东汉王朝的建立者刘秀,史称汉光武帝(前6—57),字文叔,汉高帝刘邦的九世孙。王莽末年,农民起义爆发,他加入绿林起义军,更始元年(23)昆阳之战,一举歼灭王莽军主力,取得决定性胜利。公元25年,刘秀在鄗(今河北柏乡北)即皇帝位,改元建武,统一中国后,定都洛阳,是为东汉。在推翻王莽政权的过程中,刘秀曾率军来到盂县一带活动。盂县的一些村名、地名如红岩寺、又道沟、天桥路、大贤、沙井、滴流澄、车轮、御枣口的来历以及流传至今的传说,均与刘秀有关。

传说当年刘秀被王莽追杀,只领着20余个随从,逃到盂县东庄头附近的一条山谷之中。由于连日奔波,人饥马乏,便在一个崖底下睡着了。睡梦中,刘秀翻了个身,打了个呵欠,有一个东西刚好掉在口中,他便大嚼起来。这东西又甜又香,十分可口,解饥解渴。他睁开眼向四周观看,发现崖上有一棵大桑树,树上长满紫红的桑椹。刘秀急忙喊醒卫兵,叫他们爬上树去摘。刘秀和卫兵们吃了桑椹,精神倍增,终于摆脱了王莽的追兵。刘秀称帝后,想到曾救过自己性命的那棵树,就派当年的随从寻找。此时已是寒冬腊月,树木光秃秃的,随从找到一棵树,觉得和当年的那棵树形状差不多,刘秀就让卫兵引路,来到树旁,举行了隆重的仪式,披红挂彩,并亲封此树为"树中之王",可没想到这却是一棵臭椿树。从此,每到秋天,臭椿树叶子红得就像花一样,人们说是刘秀给挂的红绸子变成的。至今人们还说:"刘秀错封臭椿树,臭椿树笑得红了脸,桑树气得爆了肚。"

有一年春天,刘秀又在被王莽追赶途中,十分狼狈,无处躲藏。路上遇到一位采药老人,他就让随从邓禹、冯异向老人打听,附近是否有藏身之处。采药老人说:"山上有道青草梁,梁半腰有个山洞,又大又深,可以躲藏。"邓禹、冯异听了老人的话,急忙领刘秀到那里躲避。此时,夕阳西下,刘秀一行又饥又渴,筋疲力尽,却不敢再停留,气喘吁吁,翻过了一个又一个山洼,终于爬上了青草梁。这里果然有一个石灰岩洞,洞口虽小,里面却能藏百十个人。他们迅速钻进山洞,躲藏起来。王莽率兵跟踪而来,追到青草梁时已暮色苍茫,但还是发现了这个洞。只见洞口上面布满了结实的蜘蛛网,有一个大蜘蛛正忙着结网呢!看了这般情景,王莽认为刘秀绝不会藏在洞里,忙率领人马到别的地方寻找去了。从此,这个山洞就被人们叫做刘秀洞。

盂县仙人乡有个沙洼村,位于黑砚水河畔,村口石头上有石槽和马蹄印,据说当年刘秀逃难时在这里饮过马,同时还留下一段为民除害的传说。相传黑砚水河里有一个妖怪,叫"长脖儿",形似巨蜥,体长数丈,通身乌黑。经过几千年修炼,道行颇深,食人无数,使得这一带路绝人稀。"长脖儿"住在河西半山崖的石窟窿中,听到有人的动静了,便从石窟里钻出来,将人抓住,喝了血,吃了肉,连骨头也不吐。这日,刘秀为躲王莽追杀,来到沙洼村口,刚刚饮过马,猛听一声响,战马首先发现了"长脖儿",前蹄乱刨,嘶鸣起来。刘秀抬头一看,一条似蛇非蛇的怪物张着大口从石窟窿里钻出来。他张弓搭箭,一箭射去,正中"长脖儿"脊梁骨。"长脖儿"伤势严重,挣扎至死。人们得知"长脖儿"被刘秀射死的消息,欢天喜地,奔走相告,都说刘秀为民除了一大祸害。

传说有一年春天,刘秀兵败,逃至盂县西乡境内,一马平川,无处藏身,看见有位农夫在犁田,刘秀上前请求农夫为他想个藏身办法。农夫说:"你们躲到犁沟里,我用土埋住,或许可以躲避过追兵。"刘秀想,前无避处,后有追兵,这倒不失为一个权宜之计。农夫把犁沟开得又宽又深,让刘秀等人躺在里面,然后再把土覆盖回去,将他们从头到脚都隐藏起来。刘秀躲在犁沟里,闷得连一点气也透不过来,恰好有一只蝼蛄从刘秀的面部向外爬出了地面,空气才从外面透进土里,使他舒了一口气。但刘秀仔细一想,该死的小虫子,胆大包天,竟敢在我脸上爬。后找到那只蝼蛄,两手一扯,断为两截。众人都说:"蝼蛄本是一番好意,它那是怕大王闷死,才穿孔透气的。"刘秀一听,自知错了,就找到了被扯成两截的蝼蛄,将其安在一起。于是,蝼蛄死而复生,可是蝼蛄的腰部从此就变细了。

平定最早的县治和县长

平定最早的县治叫上艾，有史可考最早的县长是徐干。

公元前206年，刘邦统一全国，建立了西汉。西汉继承了秦代的各项制度，在行政区划和管理方面，还是实行郡县制。《平定州志》有明确记载，书中写道："汉，上艾县，属太原郡。"这是阳泉最早的县名。

汉朝时期上艾县的县城，就在今日平定县张庄镇的宁艾和新村一带，城的中心位置则在新村以西的新城村。

新城村坐落在阳胜河和夏庄河汇合的三角地带，在汉朝上艾旧城的东部，即新城村再往西。汉朝上艾县城的中心叫城市台，城市台南北的宽度大约0.5公里，城南是阳胜河，城北是夏庄河，这两条河经过城市台，然后流到东边的桑叶垴汇合。南北的土墙是上艾县城的城墙残迹。

古代的县城，是一个地方的政治中心，需要常年派驻武装戍守保卫，所以遗留下了操练将士的教场和传递信息的烽火台。汉朝上艾县的教场，在城东1公里以外，现在属于新村，地名叫做教场坪。汉朝上艾县的烽火台，在城东北的高山顶上，这座山现在就叫烽火台。在新城村南面，有些地名叫将台岭、棋盘岭、城墙堰等，这些地名沿用至今，从不同侧面反映出汉朝上艾县城的一些情况。

据史书记载，汉朝时期1万户以上的县，上头委派的官员称县令，如果不满1万户，委派的官员只能称县长。县令和县长是有差别的。建安时期，也就是公元196年至220年间，朝廷曾委派徐干任上艾县长，既然是"长"不是"令"，这就证明汉朝时的上艾县人口不满1万户。

据《平定州志》记载："徐干，北海（今山东省潍坊市）人。汉建安中除上艾长，以疾不行。"徐干出生于山东省潍坊市寿光市，生于公元171年，卒于公元217年，是我国文学史上所说的"建安七子"之一。他少年

汉上艾(今平定县)城址出土的陶器残片

勤学,潜心典籍。汉灵帝末,世族子弟结党权门,竞相追逐荣名,徐干闭门自守,穷处陋巷,不随流俗。建安初年,曹操召授司空军师祭酒掾属,又转五官将文学。数年后,因病辞职,曹操特加旌命表彰。后又授以上艾长。他写的作品辞义典雅,很有见解,在东汉末期文坛上享有很高声誉,人称"彬彬君子"。他的著作大部分已经失传,现存的只有《中论》20篇,曹丕称赞此书"成一家之言,辞义典雅,足传于后",其情诗《室思》也写得一往情深。建安二十二年(217)二月,瘟疫流行。徐干于46岁时死于这异常猛烈的流行疾病之中,这就是志书上所说的"以疾不行"的原因了。因而,徐干是平定历史上第一个有文字可考的县长。

上艾县经历了526年的历史,东汉时属于冀州,东汉末期属于常山国,在东晋十六国战乱时代,上艾县先后为羯族人石勒建立的后赵、鲜卑慕容氏建立的前燕、氐族苻姓建立的前秦和后燕所统治。

东晋太和四年(369),北魏拓跋珪统领40万大军从大同而来,先取并州,继出井陉,终于攻破后燕都城中山。从此,中国北方全归北魏。此时,北魏将上艾县改名为石艾县。太平真君九年(448),因战乱破坏,地赤人稀,于是罢废石艾县的行政设置达80年之久,后又恢复。

刘备、关羽、张飞射箭取地传说

在阳泉地区，千百年来流传着刘备、关羽、张飞射箭取地的传说。

先从关羽说起。关羽公元160年出生在河东郡解县宝池里（今山西运城盐湖区常平村）一个耕读传家的殷实家庭。20岁那年（179），关羽杀掉横行乡里的恶霸吕熊，结果遭到官府通缉。为躲避本郡追捕，关羽西渡蒲津渡（今山西永济境内）过黄河，进入外郡，即今陕西境内亡命。然后辗转北上，从军渡口（今陕西吴堡与山西柳林之间）渡黄河又返回今山西境内。

随后，关羽穿越百里太行进入今河北地界，在涿郡与刘备、张飞相识相交，三人亲如兄弟。《三国志·先主传》载，因镇压黄巾军有功，刘备被任命为安喜县尉。作为刘备生死之交的关羽、张飞，自然也要随刘备赴任安喜。大约是在安喜任上闲暇无事的时候，关羽便邀二人一同前往上艾。安喜在今定州市区东，距上艾两三百公里的路程。三人说走就走，

阳泉郊区刘备山风光

骑着快马不几日就从安喜到达上艾。

在上艾，三人观览上艾风光，瞻仰韩信古迹，追忆韩信故事。其间，他们来到当年韩信隐军屯兵的荫营地区，沿羊肠小道登上西边的方山（刘备山）。三人立于山巅向东望去，但见山丘缩首，平野献绿，骄阳洒金，流水卧龙，好一块风水宝地！他们为此地优美景色所迷恋，遂相约天下平定之后大家来此定居。据说，当下三人以箭取地，卜取来日归隐居所。张飞性急，他急引弓弦如满月，但见一羽飞矢呼啸着向东飞去，轰然溅落在千亩坪北一片高阜即张飞垴之上；关羽箭落大山正东的黑松林即玉泉山上；刘备箭矢则转了一个圈落回山巅原地。三人就此以箭落之地作为来日隐居之所。

射箭完毕，三人取道北山麓小径而下，来到一个叫关家峪的地方。据传，关羽见有大石当道，举起青龙偃月刀，将大石一劈两半，此石被后人称为关羽试刀石，目前此石尚有遗存。清人陈熙载赋诗《试刀石》："片石关家峪，相传汉寿攻。自经锋砺刃，不断谷生风。月偃龙光灿，山开虎力雄。云根余迹在，苔老绣苍红。"刘、关、张在世时再也没有回到过他们射箭取地的地方。

大约北宋初年，平定官吏和百姓感于刘、关、张三义壮举，商议在当年刘、关、张箭取之地修筑庙宇祭祀三义。在民间传说中，三庙的建造充满了神奇色彩。

林里关王庙坐落于阳泉郊区林里村南的玉泉山上，占地 7000 平方米，始建于北宋熙宁五年（1072）。据传，为了建好关王庙，当地百姓请来鲁班主持修庙事宜，限定在四月十八这一天竣工。由于工期太紧，经过多日劳动，在限定日期到来的前一夜还在紧张施工，到鸡叫时还缺少一根大柱。鲁班急中生智，捧起白花花的锯末面，再蘸上黏黏的红土泥浆，大柱就造成了。大殿两檐角尚未封口，他伸手抓来椽木便往上扔，"乱砍（本地方言，"扔"的意思）椽"由此而成。鲁班在椽面上题道："日后重修此檐角，比吾能者多一根，不及吾者少一根。"验工人员在丈量正殿时，发现里外尺寸一般大。由此，"锯末面柱乱砍椽，大殿内外一样大"成为林里关王庙的建筑奇观。1996 年，关王庙被确定为全国重点文物保护单位。

刘备庙坐落在刘备山巅之上，始建年代不详，估计最早为北宋晚

阳泉郊区关王庙全景

期,历史上屡建屡毁、屡毁屡建,现存刘备庙为2002年修复。据传,刘备庙是当地富户"羊十万"所建。方山山高坡陡,无路可走,修建刘备庙的物料运不上去。荫营村有个富户姓王,因家里养有十万只羊而被称为"羊十万"。"羊十万"承担起在方山建造刘备庙的任务。他从羊群中选出两万只体格强健的羊,每只羊分别背两块砖或瓦,不几天就把物料都运上了山顶。不用多久,刘备庙就建起来了。

张飞庙坐落在阳泉郊区上千亩坪村张飞垴上,始建于明隆庆年间(1567—1572)。据传,修建张飞庙时,正逢天下大旱,水源枯绝,无水和泥修庙。上千亩坪村一位乡耆远游华山求雨,带回一块奇妙的石头。他把这块神石往张飞垴上一放,泉水便源源不断地从石中涌出,据说是引来了华山的通海水。这股神奇的泉水不但满足了建造张飞庙所用,而且还帮助本地百姓度过了旱灾之年。

晋冀要塞董卓垒

东汉董卓乃乱世奸雄。根据史书记载,董卓,字仲颖,陕西临洮(今甘肃省岷县)人。董卓是个家资十分富厚的大地主。年轻的时候,曾到羌族居住的地方游历,广结豪强,成了西凉(今甘肃和青海湟水)一带势力很大的军阀。汉桓帝时,他因平定叛羌有功,常以边疆重臣自居。汉灵帝时任并州牧,拥兵驻在河东,即山西中南部。他在河东各个地势险要的地方筑垒设防,观察时变,觊觎中央政权。公元190年,汉灵帝死后,封建统治集团内部矛盾激化,宦官和外戚相互厮杀,结果两败俱伤。董卓看见时机已经成熟,于是从河东发兵,进驻当时的京城洛阳,废掉了14岁的少帝,另立9岁的陈留王为皇帝,即东汉末代君主汉献帝。此时的董卓,便成了专断朝政的丞相,残暴跋扈,横行霸道。

董卓搜刮民财,谋求自保。他征集了25万民夫,在距离长安大约130公里一个叫做郿的地方,修筑起一座城堡,名为郿坞。董卓在这里囤聚了足够30年吃的粮食、两三万斤黄金、八九万斤白银,锦缎珍玩堆积如山,难以计数。董卓曾说,事情成功,他就可以称霸天下,万一不成,守着这许多东西也足够养老了。

董卓筑了同长安城一样高大的郿坞,就是以为有了铜墙铁壁,可以高枕无忧。他哪里懂得,真正的铜墙铁壁是民心所向。因为董卓失掉了民心,堡垒内部起了内讧。司徒王允巧用计谋,董卓终于被他的部将,也是他的义子吕布杀死了。

据《平定州志·古迹》记载,董卓修建的董卓垒,"在州东北九十里,董卓为并州牧,驻兵于此"。董卓垒,具体在娘子关西9公里上董寨村北卧龙山上。东汉中平年间(184—189),董卓被征为并州牧,数次巡察地方,至此地,见山势险峻,易守难攻,当交通要冲之地,便派兵在此设垒驻防,世称"董卓垒"。此后,历代也在这里筑寨置兵戍守,称承天董寨。

董寨村因此得名。

上董寨村绝大部分在山谷底部的河流两旁,河道狭窄,山谷陡峭,地势雄伟险要。汉末张角在今河北发动黄巾起义,各地军阀武装到处建立堡垒,这种堡垒当时叫做"坞"。坞里集中了许多受统治的农民,称做"部曲"。部曲是替坞主服兵役的农奴,坞主便是一方霸主。董卓是野心勃勃的大军阀。中平六年(189),汉灵帝召他到京都洛阳去做少府,他婉言谢绝,一心一意把防边的大军调集在并州河东各地,修筑坞堡据守,以守为攻,等待时机窃取天下。

董卓垒位于太行山的军事要冲。进攻,可以出太行直下今河北的平原,扬长南去抵东汉京都洛阳城;退守,这里是河东并州的门户锁钥,地险路窄,天然屏障,车不能行,骑不可并,一卒当道,万夫难入,确实是一处战略要地。

明代文学家谢榛终身不做官而喜游历,他曾写过吟咏这处古迹的五言律诗,诗题就是《董卓垒》:"石艾郭东路,行行薄暮天。农桑晋甸服,文轨汉山川。涧水风犹咽,林花火似燃。空余董卓垒,不使后人怜。"

阳泉地区的石窟与摩崖石刻造像

盂县石佛山摩崖造像,位于盂县王村乡石佛山一石壁上。此壁高3米、宽5.3米,纯以造像为主,壁龛内有摩崖石佛造像3尊,始建于北魏皇始年间(396—398),今造像基本完整,为境内开凿时间最早的摩崖造像。

此后,阳泉地区摩崖造像和建寺活动便蓬勃兴起。如平定乱流村开河寺三座摩崖石窟造像,分别开凿于北魏永平二年(509)、后魏武定五年(547)、北齐皇建二年(561)。盂县南兴道村千佛寺及其摩崖造像始建和开凿于北魏永熙元年(532);下庄村石佛湾摩崖造像开凿于北魏孝武帝永熙二年(533);进圭九龙寺,始建于东魏武定元年(543);平定移粮村红岭湾张发乐造像碑开凿于东魏元象元年(538);盂县赵家庄碑镌佛像雕刻于东魏武定四年（546）；柴庄灵岳寺始建于东魏武定八年（550）；南兴道村兴化寺始建于北魏，继建于东魏武定七年（549）和北齐天保二年（551）；石门口村长国寺摩崖造像开凿于北齐天保四年（553）；东回村乾明寺始建于北齐乾明元年（560），故名乾明寺；盂县段家山村诸龙山摩崖造像开凿于北齐天统四年（568）；平定盘石村摩崖造像开凿于北齐武平四年（573）；郊区西南舁村玉像寺（原名三教寺）重建于北齐武平五年（574）；盂县普贤大佛和陆师嶂摩崖造像皆建造、开凿于北魏、北齐时期。

开河寺位于阳泉市平定县城东8公里、巨城镇乱流村村西500米的魁头山下。寺分上、下两院，上院"开河寺"，下院"古雷音"。寺内有大小佛像百余尊及《安禄交村人造像记》（561）、《阿鹿交村二十四人造像记》（547）、《陈神祈七十二人造像记》（561）、《阿鹿交村七十人造像记》（563）、《豆卢通造像记》（581）、《乔宇记游碑刻》（1526）等石碑。

开河寺石窟，居桃河北岸山坡南麓的断崖上，地势较低，仅高出河床5米左右。石窟规模不大，东西布列于宽约6米的崖面上。由东到西分别为1至3窟。窟区之西有一处稍大的摩崖造像。石窟开凿于东魏至隋初，约在清朝后期遭严重破坏。石窟内几乎所有头像均被凿毁，但开河寺所有的洞窟和摩崖造像都有明确的开凿纪年题记，是山西中部地区一处重要的石窟寺。其造像风格和神态与大同云冈石窟佛像如出一辙，

平定开河寺石窟

盂县千佛寺摩崖造像

与云冈石窟、天龙山石窟等齐名，素有"太行瑰宝""三晋小云冈"之称。

千佛寺位于盂县苌池镇桥上村南约1公里处的千佛山东麓，西倚千佛山，东临龙华河，远眺云雾山，海拔891米。摩崖造像其营造时代始于北魏永熙元年（523），一直延伸到唐开元时期，长达200余年之久。共雕刻佛像900余尊，分布在南北长4.12米、高3.1米的青石崖面上，崖面曲折，随形就势。平面亦为长方形，左上方刻有民国盂县知县王育昌题记，下面分为两组，其左面造像共21层，其中上5层，每层均列22尊；下5层，每层均列29尊；中8层，每层均列16尊；正中开圆拱形龛，尖拱龛楣，主佛像结跏趺坐一尊，两侧立菩萨两尊。其双侧并列3层，每层均列4尊；并在其间镌刻有9厘米大小的"永熙元年（523）造"、"兴和三年（541）造"之文字。其右面共造像22层，其中1、2层每层均列像22尊；3至5层每层均列像25尊；6至8层每层均列像23尊；9至12层每层均列像21尊；右侧正中雕大佛像1尊结跏趺坐，并列两侧之左竖排8层，每层列像12尊；右竖排2层，每层列像60尊；其间亦镌有4厘米大小之文字，注明上述造像系"东魏兴和三年"，由"赵郡太守嘉殷州刺史河间邢生"等所造。大者尺余，小者寸许，有坐有立，姿态各异。人物躯体比例适度，线条优美，衣饰富丽，形象逼真，布列不拘一格，且又严谨有序。

千佛寺摩崖造像，历史悠久，雕刻精湛，尤为难得的是千余尊佛像出自北朝及隋唐，为研究阳泉地区不同历史时期的佛教文化、雕刻工艺提供了珍贵的实物资料。

第四章

学风隆盛 煤铁初兴
（隋唐五代宋辽金元时期）

概述

从隋唐到宋元时期，随着风采与悲怆交响、征战与文明交织、学风与兴业交汇，时代赓续着前进的足印。境内各路名人辈出，经济文化繁荣。

学宫书院始于唐宋。此时，境内由一个兴业、重商的社会取代了尚武、好战的时代，尽管它缺少了英雄气概和铁血印痕，但已透出几分儒雅的书香气息。盂县最早的教育机构，始于唐贞观四年（630），名为学宫，也就是学校。北宋初期，继全国四大书院（白鹿洞书院、石鼓书院、应天书院、岳麓书院）之后，北宋末年在平定州城建起了"冠山精舍"，几经扩建为"冠山书院"，成为山西显赫一时的最大书院，人才辈出，阳泉被誉为"文献名邦""进士之乡"。

英雄壮士拔于行伍。不管是连续辅佐隋文帝和隋炀帝打天下、坐江山的名臣郭荣，还是从隋末农民起义军中走进朝堂的大将王君廓；不管是功名显赫、叱咤风云的可与"杨家将"媲美的李谦溥和李允正、李允则父子，还是秉公仗义、刚正不阿的元朝名臣吕思诚，这些从阳泉大地上走出去的先人们，无一不是"起于阡陌，拔于行伍"，他们从小心高志大，苦读经史，精文习武，历练于风起云涌的战火岁月,拼杀在金戈铁马的乡间营地。今天看来,他们所追求的信仰虽各有不同,但显现出时代英雄所表现出来的远大志向和顽强精神,值得效仿和借鉴。

仁君名将源于民心。隋唐盛世,充分体现了执政者仁政德行的治国治军之道。唐朝"贞观之治"的缔造者李世民,经常到民间体恤民情。他头顶烈日,来到广阳,与民交谈,问长问短,彰显了一代明君的仁心民意。执政期间,他对农民采取了亲民让利政策,休养生息,扶持农桑。贞观四年(630),粮食丰收,流散在外的百姓纷纷回到家乡,发展农业生产,社会逐渐安定。

煤铁主业兴于民间。阳泉被誉为"煤铁之乡"。用煤冶铁早在西汉即已开始。元代,境内煤炭开采有了确切的文字记载。以煤冶铁、以煤烧瓷、以煤铸器,成为阳泉地区的主业雏形,那时以民间作坊形式遍布境内。尤以平定一带欢庆元宵节期间用煤炭垒起的"棒槌火"、盂县宋代宣和年间铸造的大铁钟以及柏井瓷窑、牛村瓷窑坡遗址的陶瓷文物出现,代表着自唐宋以后阳泉依托丰富的煤炭、黏土等矿产资源,开启了冶铁业、陶瓷业等手工业的先河,助推了当地生产力发展。从某种程度上讲,阳泉的煤铁业和陶瓷业,还引领着山西煤铁业进入了一个光亮时代。

这一时期还有一个特殊标志,就是宋代建造的天宁寺双塔西塔地宫中发现五万余颗舍利子,使之成为有史以来发现舍利子最多的一座古塔,无论其当时的历史背景还是所发现的舍利子数量,都堪称一绝。

隋朝名臣郭荣

在中国历史上,隋朝虽然只存在了短短的38年时间,但却是中国历史上的强盛时期。郭荣就是这个朝代的一位著名大臣,帮助隋朝两代帝王完成了使命,深得隋朝帝王的信任。

郭荣,字长荣,北朝盂县人。其父郭徽,魏大统末年(约551)任同州(今陕西大荔)司马。当杨坚以北朝外戚专权时,郭徽就与杨坚有旧谊。郭徽历任洵州(今陕西安康)刺史、安城县公。隋文帝杨坚登基称帝后,郭徽官拜太仆卿,数年后卒于官。

郭荣,身材魁伟,一表人才,深得北周大冢宰宇文护的器重,将他当作亲信。宇文护发现郭荣谨慎忠厚,提拔他任中外府水曹参军。当时,北齐屡犯北周,宇文护就让郭荣在汾州(今山西汾阳)观察敌情,筹谋御敌策略。汾州与姚襄镇(今山西吉县)相距很远,郭荣在察看了地形后,以为二城皆为孤城,不能互相援救,应该在州镇之间再筑一城,以牵制敌方兵力。宇文护采纳了他的意见,新筑一城让郭荣把守。不久,北齐将段孝先果然攻陷了姚襄、汾州二城,而郭荣所筑之城独能自守。宇文护架设浮桥出兵渡河与段孝先作战,段孝先从上游放下大筏来撞击浮桥,情况十分危急,眼看浮桥就要被撞坏,宇文护令郭荣保护浮桥,郭荣急忙调集会水者驾小木筏予以保护。他指挥督促习水性者用小木筏牵开大筏,终于保住了浮桥,因功被授大都督。在与北齐交战中,郭荣因战功卓著,周武帝赐其马20匹、绵绢600段,封郭荣为平阳县男,迁司水大夫。郭荣天性聪明,外疏内密,年少时与杨坚很亲近,感情很好,曾与杨坚夜坐月下闲谈。杨坚对郭荣说:"我仰观天象,俯察人事,周代将尽,我将取代之。"郭荣知道杨坚的才能,与杨坚结交很深。

周武帝病逝后,北周军事大权逐渐落到杨坚手中。周宣帝去世后,杨坚总揽朝政,召来郭荣,拜郭荣为相府乐曹参军,后领衔蕃部大夫。杨坚登基后,任用郭荣为内史舍人,晋爵蒲城郡公,加位上仪同,累迁通州(今四川达县)刺史。仁寿初年(601),西南夷獠叛乱,隋文帝下诏命郭荣领八州军事行军总管率兵讨伐。叛乱平定后,赐郭荣奴婢300余人。隋炀帝杨广即位后,郭荣升任武侯骠骑将军,他治军有方,以严正刚烈而闻名当朝。后来,黔安首领田罗驹阻兵清江(今湖北恩施),作乱于夷陵(今湖北宜昌)诸郡,黔安的民众多有响应,成为一股反叛势力。隋炀帝下诏让郭荣前去剿匪,郭荣不负众望,打败叛匪,因战功而迁左侯卫将军。之后,多次随从隋炀帝西征吐谷浑,屡立战功,官拜银青光禄大夫。在参加隋朝著名的辽东战役后,以功劳大而晋升左光禄大夫。

杨玄感是隋朝的贵族首领。因隋炀帝猜忌大臣,使得杨玄感内心不安,开始策划谋反。大业九年(613)春,炀帝第二次出征高句丽,命玄感在黎阳督粮。这时候,民间开始出现对隋炀帝的不满情绪,农民起义大规模爆发。杨玄感以为机不可失,遂滞留粮草,屯兵于黎阳,并进围洛阳。隋炀帝调集各路兵马前去镇压,令郭荣驰守太原,阻挡杨玄感的进攻。玄感军不敌隋朝大军,一日三战三败,被迫西撤。之后重新对战于董杜原,被宇文述和郭荣诸军攻击,杨玄感大败自杀。

对于炀帝征高句丽,郭荣认为中原疲敝,皇上不应屡屡兴师。他对炀帝说:"戎狄失礼,这是臣下的事。我听说,千钧大弩不为小小的鼷鼠发机,哪有皇帝亲动而临小寇的道理?"炀帝不采纳。郭荣只好随其进攻辽东城,并亲自上阵,冒着箭矢石头攻城,日夜不解盔甲,达100多天。炀帝常常派人窥探诸将所为,知道郭荣如此效力,非常高兴,常常慰劳、鼓励他。

大业九年,炀帝到东都,对郭荣说:"你年事渐高,不宜久自征战,我要给你一郡,任你挑选。"郭荣表示不愿离开军队,更不愿离开炀帝,叩头陈请,言辞和表情都很哀苦,感动了炀帝,于是授郭荣为右侯卫大将军。几天后,炀帝对百官们说:"诚心诚意,像郭荣这样的,真没有可比的呀!"后郭荣官拜右侯卫大将军。从这里可以看出隋炀帝对郭荣的尊重。

大业十年(614),郭荣又随炀帝到柳城参战,途中生病,炀帝不断派人问候,使者们相望于道,郭荣门前探望者络绎不绝。郭荣最终因年老病重在怀远镇去世,时年68岁。炀帝因郭荣去世而专门罢朝一日,并追赠他为兵部尚书,谥号为"恭"。

娘子关与平阳公主的故事

娘子关现存关城建于明代，为历代兵家必争之地。古城堡依山傍水，居高临下，建有关门两座。东门为砖券城门，额题"直隶娘子关"，上有平台城堡。另有承天寨、老君洞、妒女门、烽火台、点将台、避暑楼等十多处景点，传说为当年公主驻防时所建。

公主，指唐高祖李渊的第三个女儿，是一位真正的巾帼英雄，才识胆略过人。

隋朝统一之后不久，中国又一次陷入了大分裂状态。这次分裂的时间很短，李渊只用了7年时间，再一次统一了天下，建立了唐朝。李渊能当上皇帝，固然与他个人的条件分不开，但更重要的是他有一群杰出的儿女。这群儿女中功绩最大的就是太子李建成、次子李世民和三公主。

李渊将自己的三女儿嫁给武将柴绍为妻。婚后，柴绍携妻定居长安城。

隋大业十三年（617）五月，李渊决定起兵。但他的地盘在并州一带，远离首都长安和东都洛阳，手下兵力也不足，不过万把人，而且天天要面对突厥的进攻。最要命的是，他的家眷全都在长安，身边只有一个次子李世民。他领兵离开自己的防地时，对外宣称是为了到江都去接应被困在那里的隋炀帝，可是他的行军方向却直指首都长安。这种"掩耳盗铃"的做法当然瞒不过长安的隋朝官员。长安方面立即下令拘捕李渊的家人。逮捕名单中就包括李渊的三公主和她的丈夫柴绍。

形势危急。公主和丈夫柴绍快速商议，决定分头行动，柴绍直奔并州，而公主则在后方进行各种安排。她很快动身回到鄠县（今陕西户县）的李氏庄园，女扮男装，自称李公子，将产业变卖，赈济灾民，招收了一支几百人的队伍。很快李渊起兵的消息就传来了。公主听到这个消息，决心要为父亲招募更多的军队。

平定娘子关平阳公主塑像

她到处联络反隋的义军。在三个多月的时间里,就招纳了四五支在江湖上已有相当规模的起义军,势力大增。其间,朝廷不断派兵攻打。公主率领的义军不但打败了每一次进攻,而且势如破竹,连续攻占了户县、周至、武功、始平等地。

这支义军军纪严明,令出必行,得到了广泛拥护。老百姓将公主称为"李娘子",将她的军队称为"娘子军"。"娘子军"威名远扬,很多人都千里投奔而来。不久,公主的"娘子军"就超过7万人了。

隋大业十三年(617)九月,李渊主力渡过黄河进入关中,他的三女儿已经为他在关中打下了一大片地盘。他派柴绍去迎接公主。接下来,公主挑选了1万多精兵与李世民会师渭河北岸,共同攻打长安。夫妻二人各领一军,兵打一处,很快攻克了长安。唐王朝建立后,李渊将爱女封为"平阳公主"。

攻克长安之后,李渊立刻掉头对付占据陇西之地的薛举和凉州(今甘肃武威)的李轨,命李世民征讨。李世民用了大约两年的时间扫荡这些势力。李世民转战西北扫荡隋朝残余势力时,驸马柴绍立了大功。柴绍在唐朝的凌烟阁二十四功臣中排名第十四,谋略出众,善于以少胜多,唐军消灭薛举、刘武周、王世充、窦建德,都有他的一份功劳。消灭唐朝最后一个对手梁师都时,他还是主将。

据传说,唐朝统一战争期间,公主的主要任务是防守李家的大本营山西。她驻守的地方,位于今山西省平定县东北,为出入山西的咽喉,原名苇泽关,因公主率数万"娘子军"驻守,故更名为"娘子关"。

王君廓井陉归唐

王君廓,石艾(今平定)立壁人。新、旧《唐书》有传。王君廓自幼家贫,父母早丧。曾当过牙行的牙子,精于骑射。起初投靠李密,后归顺李渊。

隋朝末年,朝政腐败,全国各地农民纷纷揭竿而起。君廓闻风响应,挺身而出，组织一千多名农民在晋南的夏县、长平一带聚兵，频繁活动。他虽然识字不多，未研究过兵书，但作战机智勇敢，多谋善断，仗打得很漂亮。在与河东地方官丁荣的交战中，勇猛异常，使丁荣残部落荒而逃；在与隋朝名将宋老生的对垒中，他用"哀兵必胜"的战术，巧妙地保存了实力，脱离了险境。

隋大业十四年（618），君廓在井陉率部属万余人归唐，拜大将军，后任河内太守、常山郡公、辽州刺史诸职。随秦王李世民征战，讨伐王世充，屡立战功，擢升为右武卫将军。唐高祖称赞他："尔以十三人破贼万余，自古以少制众无有也。"唐高祖赐给君廓杂彩百段。后王世充、窦建德合兵抗唐。王君廓奉秦王之命，率轻骑千余人，抄其粮道，击沉米船三十艘，并俘获大将张青，挫敌锐气，战罢晋爵彭郡公。王、窦败灭后，君廓受命镇守幽州，突厥入侵，君廓率众反击，斩杀敌两千余人，获战马五千多匹，返京后高祖"赐以御马"，并破例让他骑马走出殿堂，又赏赐锦袍、金带。累官至彭国公、幽州都督、左光禄大夫。

后来，君廓在任职期间，居功自傲，变得骄纵越法，在奉召入朝途中惧祸逃亡，被野人杀害。唐太宗追其前功，予以厚葬。

大唐名将张士贵

张士贵（586—657），唐代名将。本名忽峍，新、旧《唐书》皆有传，祖籍盂县上文村。张士贵的曾祖张俊，任北魏银青光禄大夫，属从三品文官，后升为横野将军（为武官正三品）。张士贵的祖父张和，为齐开府车骑将军，即侍卫皇帝的左右大臣。张士贵的父亲张国，入仕隋朝，先任陕县主簿，仅是县官署一名负责文书籍簿、主管印鉴的小官，为掾吏之首，后升为陕州录事、参军，参谋军务，权位颇重。后又升为历阳令，这是一个辖区内有一万以上民户的县官。不久，又凭着战功被授予大都督，成为军队的统帅。张士贵是三代将门之后，祖上威武雄壮、气度非凡，代代凭着超人的武功和军事才能，为国效力，立下赫赫战功，成为军功世家。

张士贵生活在这样的大家庭里，从小耳濡目染，骑马射箭，刀枪剑戟，十八般武艺，样样精通。据《新唐书·张士贵传》载，他能"弯弓百五十斤，左右无空发"。张士贵的青少年时期，正值隋文帝开科取士之时。为了自身的前程和"军功世家"的延续，他一面习武，学习兵书战策，练就超群武艺，立志要像前代祖宗一样，

张士贵画像

当一名大将军、大都督式的武职高官；一面刻苦攻读《诗》《书》《礼》《易》《春秋》《左传》及诸子百家、楚辞、汉赋，顺应时代要求，参加科考，高中皇榜，像400年前西汉时期他的远祖张子房一样，当一名大辅宰、大丞相式的文职高官。沙场苦练，寒窗苦读，10年以后，张士贵文成武就。在他准备入科场考取功名之时，推行科举制度的隋文帝驾崩。暴虐无道的隋炀帝激起民愤，天下大乱，走科举入仕的道路行不通了。

隋炀帝大业十三年（617）初，张士贵在虢州聚众造反，攻城略地，自称"大总管"。后"遣使输款"并接受李渊招抚，归附李唐，被封为光禄大夫。尽管这只不过是一个虚设的官职，但却成为他一生的转折点。此后，张士贵在李渊的授意下扩张势力。李渊攻取隋都长安后，立即派相府司马刘文静到河南，以张士贵做向导，并以其所占地盘为根据地，不断向四外扩张，取得一个接一个重大胜利。因此，李渊对屡建战功的张士贵大加褒奖，"赠张士贵缯彩千余段，名马五匹并金鞍勒"。武德元年（618），李渊任命李建成为抚宁大将军、东讨元帅，进攻东都，"战有必胜之资，威有惮邻之锐"的张士贵为第一军总管，充当先锋。张士贵率部击败李密、王世充的多支劲旅，且捷报频传，故所受赏赐不计其数。

唐高祖武德元年（618），张士贵随秦王李世民两征薛举。薛举乃隋

河东汾阴人,随父徙居金城(今甘肃兰州),并号称"凶悍善射、骁勇绝伦",且家藏万贯,广结天下英豪,于大业十三年(617)起兵反隋,自号"西秦霸王",封儿子薛仁杲为齐公。父子俩率军倾巢而出,从关中西北口突入,兵锋直达豳州、岐州一带,距长安不过二三百里。刚刚被唐高祖召回的张士贵表现极为突出,冲锋陷阵,叱咤风云,每战必胜,血染战袍,将薛举杀得片甲不留。

张士贵刚从陇右战罢归来,朝廷又任命他为运粮使,负责河南战场的后勤供给。俗话说,兵马未动,粮草先行。当他押运粮草到达渑池地界时,突然遭遇王世充部伏击,王世充手下大将郭士衡率数倍于张士贵之兵力,将张士贵军团团包围。张士贵毫不畏惧,奋力反击,将郭士衡打得落花流水,夺路而逃,从而保证了河南战场急需的物资供给。两次战斗,张士贵功勋列众将之首,唐高祖特别赏赐他"奴婢八十口,绢彩千余段,金一百三十铤",足见其功劳之大。

武德二年(619),陕州贼首苏经率寇反唐,劫掠陕州,"州将濒战不利"。唐高祖李渊说:"此贼非猛士无以殄灭。"立即派张士贵前去征讨,很快捷报传来,真可谓"智尽三宫之端,威下九天之上","高祖又降书褒

张士贵祖籍——盂县上文村

美"。武德二年四月,曾被突厥封为定杨可汗的刘武周畏惧唐军日益强大,于是听取其大将宋金刚的建议,"入图晋阳,南向以争天下"(《旧唐书·刘武周传》),亲率大军突破并州,一路南侵。山西本是李唐王朝起家的根据地,派有重兵把守,但守将本事平平,节节败退。《资治通鉴》载:高祖李渊惊呼:"晋阳强兵数万,食支十年,兴王之基,一旦弃之。"面对如此险恶的形势,秦王李世民主动请缨,挑选了张士贵等一批忠勇猛将,率兵北伐。这次北征,张士贵身为先锋,"算无遗策,战取先鸣",迎头杀败虞州守将何小董,又与秦琼、程咬金联手大败宋金刚之先锋尉迟恭和寻相,攻克了翼城。紧接着随秦王李世民大战雀鼠谷(位于今山西介休),从日出杀到日落,经过八次血战,尸横遍野,杀敌不计其数。在介休城外大败宋金刚,活捉先锋尉迟恭。据史载,张士贵此次得到唐高祖赏赐"有逾常典"。这一年,唐军组建了新的骑兵部队,因张士贵自幼善射,能拉开75公斤的硬弓,而且左右开弓,箭无虚发,朝廷就任命张士贵为"右军总管"。

武德三年(620),张士贵又跟随李世民进军河南,凭借他多年在河南征战的优势,在熊州以绝对劣势的兵力掩杀王世充的马步联军,大获全胜。紧接着行至黄泽之地,又与王世充率领的五万马步军相遇。虽然敌众我寡,但张士贵毫不惧怯,迎头截击王世充大军。两军摆开阵势,只见"牙璋狎至,羽檄交驰,三令五申,风驱雨迈"。张士贵运筹帷幄,指挥若定,以万夫不当之勇,终凭劣势击败王世充劲旅。唐高祖喜不自禁,遂赐张士贵为新野开国公,并赏赐宝马、杂彩、金鞍银镫。高祖特别叮咛张士贵说,所赐宝马"卿宜自乘之"。张士贵不仅大败王世充、窦建德,且最终俘虏了自称为帝的王世充和窦建德。李世民赐予他"白银四百铤"。张士贵因战功累累,被拜为虢州刺史。不久,又授予他秦王府骠骑将军,成为李世民的嫡系和心腹。时隔不久,高祖李渊又召张士贵入京,专门设宴招待他,并对他说:"欲卿衣锦昼游耳。"

武德四年(621),农民起义军首领窦建德在长安被诛,其部将刘黑闼在漳南起兵反唐,唐军在屡战无果的情况下,由李世民率张士贵出征。双方对峙长达两个多月,一天深夜,刘黑闼率数万兵马,突然偷袭唐军,张士贵率部下直捣刘黑闼军要害,一举击溃刘黑闼,为唐军最终击败刘黑闼军创造了有利条件。

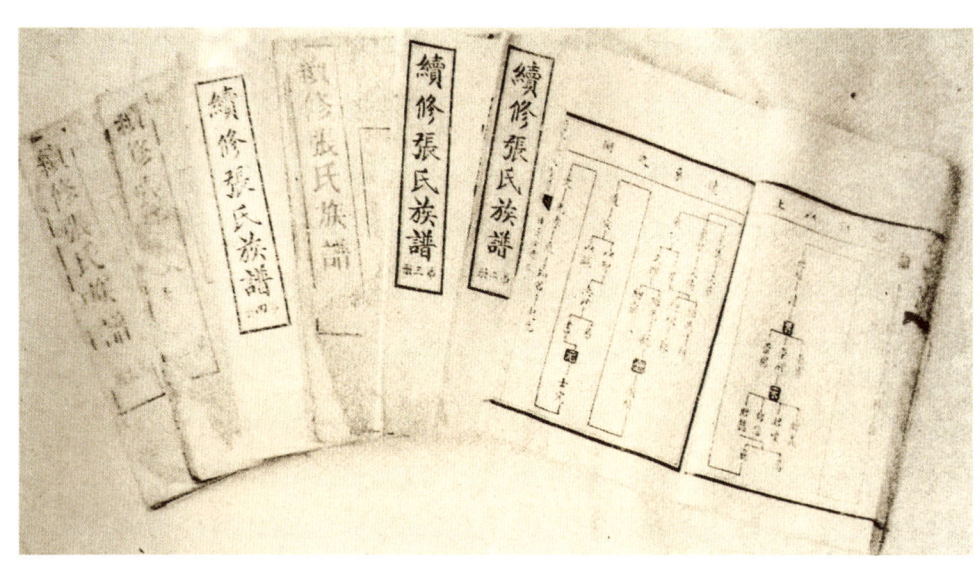
张氏族谱

纵观张士贵一生,以武将身份仕唐,为大唐开国功臣。张士贵对李唐王朝忠心耿耿。唐高宗显庆二年(657),张士贵逝世于洛阳显义里,享年七十有二,朝廷谥号"襄",给予其陪葬昭陵的礼遇,张氏家族由此显赫,名满天下。

张士贵谢世之后,他的儿子张缜世袭爵虢国公,任左领军大将军(正一品),子承父业,继续为李唐王朝东征西讨。张士贵之孙张廷宝、曾孙张知彰、五世孙张纩、六世孙张子正,均世袭虢国公、左领军大将军,代代为李唐王朝南征北战,戍守边疆。六世孙张子正戍边期间,因为上疏言边防事务,违背了皇上旨意,受到降职处分,由虢国公降为骠骑将军。其七世孙张世祯、八世孙张清均世袭骠骑将军,一直到唐哀帝四年(907)李唐王朝退出历史舞台。

从唐太宗贞观八年(634)封张士贵为虢国公算起,至张士贵八世孙张清袭骠骑将军到唐王朝灭亡止,共计274年。从唐高祖李渊称帝加封张士贵为通州刺史算起,张士贵家族忠心耿耿为李唐王朝效命整整290年。加上南北朝北魏(530)到隋末(618)的88年,盂县上文村张士贵家族为显赫荣耀378年的"军功世家"。

后人编薛仁贵故事,丑化张士贵,说他是诬告薛仁贵的主谋,于史无据,不可信。这一大冤案应当彻底平反,以昭信史。

李世民与秦王庙的传说

唐太宗李世民是唐朝第二位皇帝。李世民早年随父亲李渊进军长安,于618年建立唐朝。他率部征战天下,为大唐统一立下汗马功劳,被封为秦王。李世民先后两次路经石艾(今平定县,隋唐时称石艾),给当地人们留下了体恤民情、济世安民的仁君形象。

传说李世民登基后,于贞观十八年(644)七月御驾亲征高丽。贞观十九年(645)十月班师凯旋,由定州越太行来到广阳查看地形,了解百姓疾苦。因为当年秦王李世民曾经在并州(今太原)打过仗,深知石艾的战略地位。所以,他一路东行,来到石艾县境内。时值天气炎热的夏季,

平定秦王庙

李世民坐在銮舆中，觉得闷热难忍，就弃舆骑马。他边走边四周察看，见这里虽然有过灾情，但农事还没有耽搁，田肥禾壮，山野葱绿，沿途村镇鸡犬声相闻，一派丰年景象。

李世民策马行至一座山前，就松镫下马徒步而上。走到半山腰，见一砍柴老汉，正带着斧头、扁担吃力地向山上走来。这老汉见李世民衣冠整齐，吓得扭身就走。李世民连忙安慰老汉。砍柴老汉见李世民和颜悦色，就停步返回。李世民正要和他攀谈，一随从上前奏请起程，言称"陛下"。砍柴老人一听，心想，这人是真龙天子呀！他连忙叩头不止。李世民急忙扶起老人，语气更加温和地说："老人家，您这么大年纪还上山砍柴，真不容易啊！"

听李世民这么一说，老人再也无法控制，就把儿子们相继染病去世、老妻伤心得卧病不起、家中生活困难的景况哭诉一番。李世民听罢，深表同情，安慰老人不要过分悲伤，并让随从拿些银子，让老人买些米面度日。老人接过银两，老泪纵横。

李世民一行继续前行，他们来到南垴石村，便驻扎下来。李世民不顾鞍马劳累，就便服简装，一个人漫步在村头田边。日色渐晚，下地干活的人三三两两走回村里。李世民见一伙庄稼人相跟着归来，就走上去与大家攀谈起来。村民们虽然看李世民是个陌生人，但大家觉得他和蔼可亲。人们纷纷说，当今天子爱民如子，百姓生活安定，比隋炀帝那些年，日子不知好了多少倍。大伙说着，就邀李世民到家里坐坐。于是，他在众人的簇拥下向前走去。当路过一处窑洞时，正好又遇到那个砍柴的老汉，老汉又惊又喜，忙上前一步跪倒，口称"万岁"。这时，众人才知道是天子驾到，忙把手中的农具放到一边，跪了一地。李世民扶起老汉，又叫大家都起来，恳切地说："列位父老，朕这次出巡，为的就是了解一下百姓的生计。没有兵，就没有将，没有百姓，就没有朕这一国之尊。没有黎庶的富足，哪有国家的强盛？"

第二天，李世民就摆驾苇泽关去了。回到长安后，李世民对南垴石村的事记忆犹新，常与重臣李勣谈及。李勣后任并州都督期间，便将李世民路经石艾之地的那座山命名为秦王山，以示纪念。后来，当地百姓为了纪念唐太宗李世民驾幸广阳的皇恩，就在秦王山上建了一座庙，取名为"秦王庙"。

秦王庙位于平定县冠山镇南垴石村东秦王山上,此山原名凤凰山,因秦王李世民征战时来到石艾并驻留该地,而改名秦王山。

居士学者李通玄

李通玄,盂县俗称李长者,他的重要著作《华严经合论》,就是在盂县编著而成的。李通玄寓居盂县16年,是盂县的客人,故盂县人又称他为李宾。他出生在河北沧州,是唐室宗亲后裔,或说为山西太原人。

他开始研究《华严经》时,已过不惑之年。当时武则天在位,《华严经》有了新译本,名为《八十华严》,他便开始为《华严经》作注释。他的著作有《新华严经论》40卷。此外,还有《略释新华严经修行次第决疑论》4卷,《大方广佛华严经中卷大意略叙》《解迷显智成悲十明论》各1卷。他还著有《华严观》《十玄六相》《普贤行门》《百门义海》等。国内多年流传的是唐宣宗大中年间(847—859)福州开元寺比丘志宁整理编辑成的李通玄《华严经合论》,共计120卷。至今在日本、韩国仍存有研究李通玄的各种著作。

《华严经》全称《大方广佛华严经》,是佛教的重要经典之一。大约公元2世纪后在南印

李通玄碑文

度一带流传,后又传播到印度西北部和中部。我国流行最广的《华严经》以唐代译的《八十华严》最为完备。隋唐出现了专门弘传华严纯教观的华严宗,分为五台山系和终南山系两派。终南山系以法藏、澄观等人为重要代表,以如来藏思想为其根本;五台山系即以李通玄为主要代表,重空观、解脱观。佛学界一般以法藏一系为华严正宗,以李通玄一系为旁支,而部分专家学者却认为李通玄一系才是华严之正宗。

五台山《清凉山志》载,李通玄在五台山时,遇到一位老和尚,给他讲授《华严经》。他随老和尚登上北山顶时,看见一大片火光中有紫金幢,给他讲经的老和尚就坐在紫金幢下,李通玄于是就跳进大火里,没想到里面却一点也不热。他正要上前施礼时,那老和尚却销声匿迹,不知去向,原来是文殊菩萨变化的。

唐开元七年(719),李通玄来到盂县、寿阳交界的方山逝多林寺隐居。在寺院居住了一段时间,下山来到盂县铜颖乡(今盂县南娄镇)大贤村,住在高山奴家。这户人家乐施好善,给李长者腾出4间房子,让他在那里安静地住了3年。此后,他又在铜颖乡东南面的马家谷住了5年,接着到西北的韩公庄住了3年。

盂县李宾山兰若寺

相传，有一天，他身穿麻布衣服、长衫大褂，赤脚来到冠盖村（今盂县南娄镇拦掌村），路上遇到一只老虎，是只通人性的老虎，很听话。李长者把装经书的袋子挂在老虎身上，老虎就把他引到神福山的石龛中住下，还有两只白鹤变化的年轻女子给他做饭食、烧茶。每天早上他只吃十几颗红枣和铜钱大的柏叶饼。开元十八年（730）三月末的一天，李长者写好《华严经》后，坐化在神福山的石龛中。李长者逝世后，被葬于盂县李宾山南寺。

清丁亥年（1647），盂县进士武全文写下《南寺李长者墓》诗一首，诗曰："冠盖当年谁伏虎，南寺古渡余衰柳。双鹤不鸣天姥老，一氅还为长者有。"

烈女祠与柴花公主

烈女祠，又称柴花圣母祠，民间俗称奶奶庙，坐落于盂县孙家庄镇大吉村北2000米处的水神山山腰。烈女祠中轴线上，依次筑有砖牌坊、山门、木牌坊、仪门和正殿。祠内上院正殿塑有圣母像一尊，高1.5米，两旁侍女塑像10尊，壁描彩绘，精美绝伦。祠内存碑45通，历史文化价值较高。

五代后周显德六年（959），刚刚做了6年皇帝的周世宗柴荣突然病死。只活了39岁的周世宗有7个儿子，因为年长的儿子都为后汉所杀，所以只好让才7岁的梁王柴宗训继承了皇位，为周恭帝。周恭帝登基不到一年，契丹入侵，于是，朝廷即派归德军节度使赵匡胤北上御敌，但抵御契丹的军队出发不久，就在距离都城汴京（今河南开封）不远的陈桥驿哗变。将士们一致拥戴赵匡胤取代后周小皇帝，而且将早已准备好的黄龙袍给赵匡胤穿上，这就是宋初历史上有名的"陈桥兵变"。

陈桥兵变后，赵匡胤登上皇帝宝座，称为宋太祖，后周皇帝则被封作郑王，迁至房州（今湖北房县）居住。《旧五代史》称其仍"正朔服色一如旧制",也就是说,此时已经不再是皇帝的周恭帝及其家族人等,在生活方面还享受着原有皇族的某些待遇。即便如此,却还是有一些后周皇室或是后周旧臣并不甘心失败,拒不承认新生的赵宋政权。后周世宗柴荣有一个女儿,人称柴花公主。她从小习武,性格刚烈,看到父亲尸骨未寒,幼小的弟弟才登上皇位就被赵匡胤废掉了,心中十分愤恨,于是就带了几名贴身侍女逃出京城,投奔泽州李筠而来。然而让她没有想到的是,李筠并未坚持多久,宋太祖亲征泽州破城,李筠也自焚而死。柴花公主在这一困境下,只好继续沿着太行山北逃,最后即落身在盂县水神山中。水神山水美林茂,地处偏僻,柴花公主和几个侍女在这里隐居下来。不久,又打听到原后周旧臣李重进兵据扬州,正与赵宋政权分庭抗礼,于是又把东山再起的希望寄托在了李重进的身上。可是没过多久,李重进也城破身亡。在这种情况下,柴花公主最后的希望也破灭了。她借故遣散了身边的侍女,自己则自尽在水神山抱泉楼侧的一棵枣树上。

　　柴花公主自缢后,周围村民感念柴花公主命可殒而志不可移的忠烈气节,将她葬于水神山山腰繁花茂林之中,又在其上盖起烈女祠。因为四月初四是柴花公主的忌曰,于是邑人每逢四月初四都来祭奠,相沿

盂县水神山烈女祠

成俗,遂成庙会。

明成化年间《山西通志·山川》,是现今能查阅到的记载烈女祠的最早典籍:"水神山,在盂县东北十里。相传昔周世宗女秉性贞烈,不欲适人,潜于是山树下,涕泪良久,渴而思水,扣地求之,俄而泉涌,饮毕,自缢于树。乡人立庙祀之,旱祷辄应。"与官方典籍相佐证的是烈女祠内明代的碑文记载。明嘉靖四年(1525)《重修水神圣母庙宇》记:"水神者,烈女也,前代柴氏之女。贞节而为神,高名而不污。"

清顺治七年(1650)《重修碑记》载:"后周柴公主贞烈,淑德出世,立祠于兹土,人名曰水神头。"清乾隆二十八年(1763)《新建月台石阶并改建石阶牌坊重修山门碑记》载:"夫当陈桥之变也,韩通而外,举朝莫不俯首听命,惟圣母以后周之贵主,值未字之髫年,偏以矢死靡他者,从容尽节于此山,非甚贞烈孰能若是?盖其志存乎军国之重,而气配乎道义之大。"首次出现"殉国"一说。往后清光绪二十二年(1896)《水神山古烈女柴花圣母祠重修碑记》中,更是将柴花公主如何殉国的情节演绎得完美壮烈。清光绪二十四年(1898)《重修水神山柴花圣母庙碑记》载:"旧建有圣母庙,考志乘及碑碣均云:神为周世宗女,陈桥之变,宋代周禅符后,郑王既迁,乃遁迹抵盂,殉节兹山,故亦曰烈女山。"

宋太祖赵匡胤置平定军

宋太祖赵匡胤在五代十国时期,是后周的一员大将。显德七年,也就是公元960年,赵匡胤发动陈桥兵变后,授意将士给他穿上了黄色龙袍,拥立他做了皇帝,改国号为宋,他成了宋太祖。赵匡胤以宋取代后周后,用了十几年的时间,在南方先后灭掉了后梁、后唐、后晋、后汉,最后挥戈北上,征伐北汉,这就是所谓的"赵匡胤下河东"。河东是北汉管辖的地盘,都城就是晋阳,在今太原市南面二十余公里的地方,靠近汾河西岸,现在地名叫做古城营,至今还留存许多城墙残迹。

赵匡胤画像

赵匡胤御驾亲征河东是在开宝二年,也就是公元969年的旧历三月间。他来到河东坐镇督战,指挥将士运土筑堤,想利用晋、汾二水灌城。赵匡胤开往河东时,率领宋军首先攻克了广阳(今平定)县城,占领了广阳一带,取得了北汉东境的战略要地,并设置了平定军。

根据《平定州志·沿革》记载:"宋太祖征河东首下之(指广阳城),置平定军,属镇州(今河北正定)。太平兴国二年(977),以镇州广阳寨建平定军;四年(979)改广阳县为平定县,徙今治,属平定军。"这就是"平定"名称的来历。

平定军是宋代的行政区划名称,略小于州,军下可以领县。而取名叫平定,原因有两个:一是说明这一带地区已经被宋军攻克占领,攻克占领即为平定,取这个名称,以纪念征伐河东北汉旗开得胜,首为成功;二是为了进一步攻取太原,完全平定北汉,对实现统一表示决心,借这个吉利名称,激励将士们继续前进,连战连捷。

据考,"平定"一词出自《诗经》,《大雅·汉江》中说,"汉江汤汤,武夫洸洸。经营四方,告成于王。四方即平,王国庶定",全国行将统一。平定,看来正切合当时历史的实际情况。

赵匡胤下河东打晋阳,但是,他并没有亲眼看到平定北汉的最后胜利。他死后,弟弟赵光义继承帝位,这就是平常人们说的"赵二舍"。赵光义遵循太祖遗志,为完成对北汉的征伐,事先在各个方面都进行了充分的准备。太平兴国二年,也就是公元977年,把广阳县改成前军营寨,委任臂力过人、以强弓著称的弓箭手牛思进戍守,加紧操练兵马,聚积粮草,准备进攻。太平兴国四年(979)正月,赵光义积极发动,秘密部署,分兵四路,围攻晋阳城。到五月初五,北汉在粮尽援绝的情况下,开城投降,宋军取得了下河东的最后胜利,为宋朝完成统一全国的大业打下基础。

媲美"杨家将"的盂县"李家将"

北宋初期,盂县曾出现过几个功名显赫、叱咤风云的人物,其中就有李谦溥和他的儿子李允正、李允则。李氏父子不但为北宋的统一做出过贡献,而且在抗击辽、夏侵扰,建设和巩固北宋边境安宁,推动我国民族融合方面都起到过积极的作用。他们的事迹和功业可与同时代的杨继业父子相媲美,因此,后人把李氏父子称为盂县的"杨家将"。

李谦溥(914—976),字德明,父亲李荛,做过后晋开封府的推官(知府的幕僚),因不满晋高祖石敬瑭投降卖国、称臣契丹的屈辱政策,被逐出开封,贬为鲁山(今河南临汝)县令,一生很不得志。李谦溥就生于这样一个具有正义感的家庭。他从小熟读儒家著作,"少通《左氏春秋》"(《宋史》卷273),使他形成了"性慷慨,重然诺"的豪爽性格和忠君爱国思想。青壮年时期,先后在后晋、后周做过供奉、兵马都监、巡检使等一类武职官,经历了唐末的动乱和梁、唐、晋、汉、周五代的变迁,亲身感受到藩镇割据、军阀混战给国家、民族带来的苦难,对于"元首如弈棋,国家若传舍""生民膏血涂草野,骸骼暴原隰"的战乱不已的局面深恶痛绝,希望出现一个安定统一的国家。因此,他在后周和北宋初年,积极参加了周世宗柴荣和宋太祖赵匡胤统一中国的战争。周世宗显德初,他随世宗征北汉刘崇。辽州(今山西左权)久攻不下,李谦溥自告奋勇,单骑独马入城见刺史张乙陈说利害,劝其举城投降。以后在显德五年(958),世宗再征北汉时,又派他为先锋,攻破孝义县,把后周的边界进一步推向北方,为宋灭北汉打下了基础。

赵匡胤建立北宋政权后,他名为慈州(今河北磁县)刺史,实际上住在石州(今离石)担任着晋隰(今临汾、隰县一带)边缘都巡检,负责北部边防军务。建隆四年(963),宋太祖赵匡胤派兵四路进攻晋阳,以李谦溥为先锋。他向总领兵马的孙延进、沈继深提出积极的攻取方略,但不被接受,结果徒劳无功,只好退兵。以后从开宝元年至九年(968—977),宋太祖多次派兵或亲征北汉,李谦溥每次都领兵随征,屡立战功。有一次,他首先攻入晋阳,连拔敌兵7个营寨。因为辽国派兵援北汉,所以宋太祖消灭北汉的计划未能实现。后来,李谦溥调到与北汉接壤的隰州(今隰县)当了刺史,"十余年不易其位"(《宋史纪事本末》卷21)。他在隰州十几年,身经数十仗,"多致克捷","敌人不敢犯境"(《宋史》卷32),使宋"累年无西北之虞,得以尽力东南,取荆湖、川、广、吴、楚之地"(《宋史纪事本末》卷3),有力地支援了宋太祖统一南方的事业。太祖授他为济州(今山东巨野)团练使。

李谦溥不论在统一战争中,还是在边防守城中,都善于用兵驭将,表现出杰出的军事才能,成为北宋初的名将之一。他的士卒,都是经过严格训练的,以一当十,作战勇敢。开宝元年(968),宋太祖赵匡胤在攻打晋阳(今太原)的战役中,被北汉兵围困,太祖手下大将赵赞也被打败。当时李谦溥正在西山伐木以备军用,听到太祖被困,立即率领伐木的士兵赶来解救,很快击溃了对方的围攻。太祖看到"赴援者非精甲"(《宋史》卷273),但作战却如此勇敢,称赞李谦溥的用兵之能。李谦溥所率将士这样英勇善战,多"愿击敌自效",主要原因是他非常关怀和信任将士。他部下有一个叫刘进的降将,勇力超人,李谦溥待之甚厚。刘进经常深入敌境,以少击众,敌人为之丧胆,想用反间计把刘进除掉。敌人故意把送给刘进的蜡丸书丢在大道上,让人拾到送给宋太祖。太祖要李谦溥把刘进送来京城治罪,刘进怕牵连李谦溥,请求处死他。李谦溥对他说,我要用全家40口人的性命担保,请你放心。于是,李谦溥上书太祖,揭露敌人反间计的阴谋,使太祖醒悟,释放了刘进。李谦溥晚年,虽然当了济州团练使,但没有离开晋隰边防,直到病重,"以疾求归",病逝于京城。

李谦溥死后,他的两个儿子继续为北宋王朝攻战守边,功绩并不亚

于其父。李谦溥的长子李允正（959—1010），字修己。宋太宗太平兴国年间，靠父亲的功劳，被荫补为供奉官，后来负责掌管殿廷传宣之事，官职虽然不大，但能接近皇帝。李允正性格刚强，通今博古，有胆有识，才略过人，得到了太宗的赏识和信任。当时，太宗为了稳定统治，经常派得力的朝臣去各地考察。淳化三年（993），李允正被派往西南的戍州（今四川宜宾）、泸州（今四川泸州）平定苗族头领的反抗，接着又到西蜀询访民事，安抚百姓。回到京城后，总管开封府的刑狱诉讼，负责处理疑难案件。淳化五年（994），卫州（今河南汲县）黄河决口，又被升为修河部署。每次出任办事，政绩显著，深得太宗满意，官职一次次被提升，后任并州（今山西太原）刺史。

李允正一生中，任事最久、最能显示其才能的是在边防。从宋太宗淳化五年到宋真宗祥符三年（995—1011）的十五六年间，同他父亲一样，李允正一直在北部和西北部担任边城守将，先后任过并州、代州（山西代县）、镇州（今河北正定）、莫州（今河北任丘）、定州（今河北正定）、诚州（今甘肃成县）、延州（今陕西延安）等地刺史。所不同的是，面对的劲敌不是北汉，而是更强大的辽和西夏。太宗和真宗年间，同辽的对抗加剧，战争连年，且连吃败仗，真宗决定把镇守并、代两州的李允正调来河北前线，派李允正到邢州（今河北邢台）抗击辽兵。李允正的部卒是经过严格训练的骑兵。在邢州与辽兵的一场酣战中，李允正率兵击退了辽兵，取得了胜利。咸平五年（1002），西夏王李继迁背叛宋朝，领兵侵犯灵州（今宁夏灵武），李允正又被任命为泾原仪渭（今宁夏南、甘肃东北、陕西渭水上游地区）、邠宁环庆（今陕西西部、甘肃东北部地区）两路（路为中央直属的行政区）钤辖兼安抚都监（总领一路兵马或几路兵马的武将），后来又当了鄜延路（今陕西北中部地区）部署。他沿边广设兵寨和哨所，敌兵入境，便被及时发觉，互相呼应救援。他在西北"经度边事"（《宋史》卷273），敌不轻犯。西夏王李继迁被杀后，西夏暂时归顺宋朝，李允正又被调回河北定州，任镇定都钤辖，专事对辽。李允正一生"罕在要近，累典边任"，是在军旅颠簸中度过的。晚年，官做至河州（今甘肃临夏）团练使，身体佝偻，经常卧床不起，但仍不离开边防，最后死在永兴军（今陕西西安）任所。

李允则（962—1028），字垂范，李谦溥的次子，才略比他父兄要高，

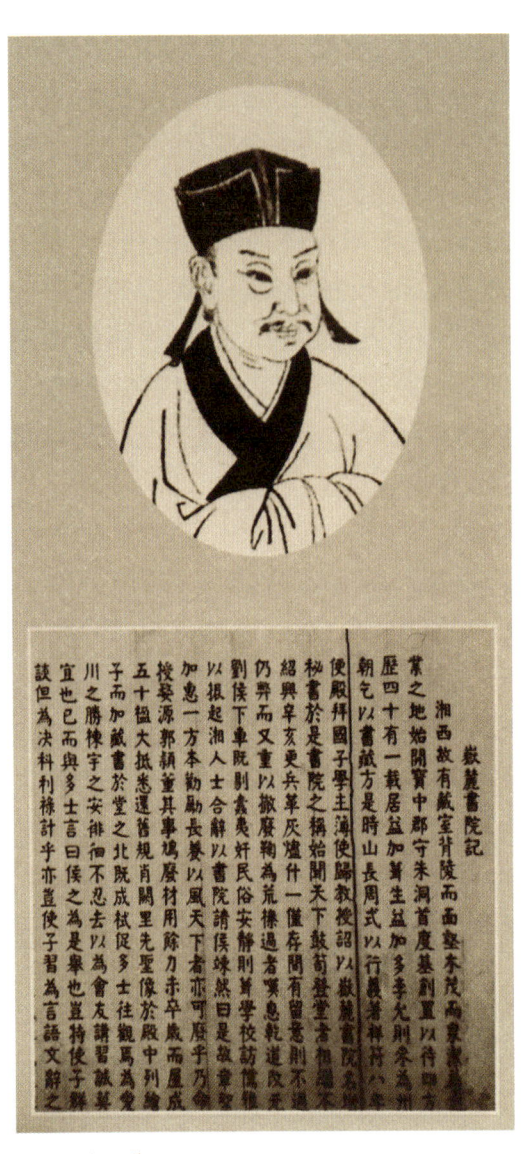

李允则画像
记载有李允则事迹的《岳麓书院记》

功业也都超过了父兄。宋真宗初年,在宋辽战争中,李允则显露出非凡的才能,得到真宗的赏识和重用。他为保卫北宋边界安宁,恢复和发展农业生产,推动宋辽友好关系,开展贸易往来,增强各族融洽,都做出了杰出贡献,他是北宋年间名副其实的州治能吏和守边名将。

李允则在湖南任职三年,是解民疾苦的好官。他革除弊政,致力于恢复发展农业生产。首先废除了按地纳捐的地税、以房屋交钱的屋税和以耕牛输米、牛死仍然不减的枯骨税;茶民交纳官茶,也由35斤减为12斤。这样就大大减轻了农民的负担。接着,开官仓赈济饥民,使民有食有衣,招募无业者参军,使流民减少,稳定了社会秩序。在恢复经济的同时,积极发展教育,兴修著名的岳麓书院,使岳麓书院名闻天下,成为北宋时期的四大书院之一。

他又是智谋超群的边防将领。真宗初年,宋辽战事频繁,李允则从湖南调任北方,先到沧州任州官。李允则到沧州后,浚浮阳湖,葺营垒,官舍间穿井,使"老幼皆入,而水不乏"(《宋史》卷324),安定了民心。不久,辽兵果然来攻沧州,李允则闭城坚守,不但不缺水喝,还以冰化炮,打退了辽兵进攻。宋真宗很欣赏他的远见卓识,亲自召见他说:"有的人攻击你挖井修房子是劳民伤财,不务军旅正业,这次辽兵攻城才看出你是有远见的。"他还在境内广种密植树木,这样既可以改善环境,发展生产,也可以备战。他告诉不明真相的僚佐说:"树木可防敌人骑兵,并不单是用来盖房子的。"

他还是豁达通变的外交家。李允则一方面保持警惕,不忘战备;另一方面主张开放边界,允许人们贸易往来。过去宋朝对辽贸易往来采取不平等态度,或者禁止交易,或者捕杀入市贸易的辽人,李允则坚决反对这种歧视政策和关门主义,认为"以我无用易彼有用",为什么不干呢?于是他在雄州开辟了与辽贸易的场所,叫榷场。他亲自主持榷场事务,"互通异物",以香料、茶叶、书籍、漆器、硫黄等交换辽国的银钱、布、羊、马、橐驼等,给北宋大量增加了收入。他还允许宋辽边界两国人民往来通好,不设任何障碍,每逢举行大的祭祀或盛大节日活动,都邀"北人游观"。由于往来频繁,边界两边人民相处得非常亲密。但他对乘机搞间谍活动,破坏两国关系的人则坚决予以打击。李允则与辽交往中,通权达变、善于应对,后来宋真宗任他为四方馆引进使、客省使(招待各国的外交官),"国信往来,费用仪式,多所裁定"。所以,李允则死后,不但宋人,不少辽人也很惋惜。

岳飞投军到平定

岳飞的老家是在河南汤阴,与平定相距千里之遥,他怎么会到平定来投军呢?

宋徽宗政和五年(1115),女真族首领阿骨打率兵占领会宁府(今黑龙江阿城),建立了大金国,他们连破辽国的50多座城池,杀死辽兵百万余众。此时,宋徽宗看见辽国大势已去,便派浮海出使金国,和阿骨打商定了联合灭辽的计划。由此,宋朝和金国分路进兵,宋军负责攻打辽国的燕京(今北京市),金军负责攻打辽国的中京(今辽宁凌源)。两年后，金军如期攻克中京，而腐朽的宋军却被已残破不堪的辽军打得大败。无奈，宋徽宗只得请金军入关，才把燕京的辽国守军消灭。这样一来，虽说是联合破辽，但功归金国，宋军几乎只有挨打的份儿，燕京被金军洗劫一空。随后，金人又发兵南犯，势如破竹。

据说那时岳飞刚刚20岁，在老家读兵书、习武艺，等待时机报效国家。真定府路安抚使刘韦合正招募"敢死队"，岳飞趁这个机会前去应招，不久，就做了"十队长"，也就是小队长。后来，因为父亲病故，回家奔丧。第二年，他又辞别母亲和妻子，日夜兼程，奔赴抗金前线而来。当时，山西的雁北和太原一带已被金军占领，寿阳、盂县等地也常遭金军骚扰，平定已经成了抗金的最前线。所以，岳飞决定到平定军来，投奔抗金的前敌军营。

岳飞来到平定军，起初，被编为"效用士"，也就是一名普通的士兵，虽然与"十队长"相比，是低了一筹，但他不计较这些小事，反正有了杀敌报国的机会，岳飞就感到很满足了。

岳飞自从到了平定军，盼着有一天能杀敌立功，经常和士兵们一齐习武，切磋技艺。军士们见岳飞武艺高强，便纷纷向他求教，所以岳飞在军中渐渐有了威信。营中将领深知岳飞身手不凡，而且深得士兵之心，便提拔他做了"偏校"。这年的六月，河东路分都监季大人，得知平定军中有个智勇双全的小小偏校，名叫岳飞，便派他带领100多名骑兵，作为"硬探"，前去寿阳、榆次等地打探金军的动向。岳飞带上这支人马出发，绕开金军布防严密的地段，取道荒僻难行的山路小径，打算向敌军驻扎密集的腹地深入。谁想，金军在此也集结了大量兵力。远处，营帐密密匝匝，人喊马嘶，刀光剑影。岳飞将金军驻扎的情况一一记下，正想派人分路继续打探，不料，大队的金军迎面杀来，眼看局势十分被动，手下的兵士惊慌失措，急忙拨马就跑。岳飞先是一惊，随即镇定下来，一霎时，挺枪跃马，大喝一声，向潮水般涌来的金军猛扑过去。他眼迸怒光，紧咬钢牙，一条长枪，左拨右挡，连刺带挑，好似猛虎冲入狼群。金军被这个单枪匹马冲上来的宋军吓蒙了，刚才跑散的宋军兵士，见头目只身迎敌，挺枪厮杀，胆子也大了起来，便都赶回阵前和岳飞一起拼杀。

宋金两军混战一场，宋军愈战愈勇，杀得金军死伤大半，纷纷败逃。岳飞领兵追杀了一阵，但不敢孤军深入，便叫大家速速回营。

这时,宋军又饿又累,疲惫不堪。走不多远,忽听战鼓震耳,杀声四起,又有无数金兵团团围杀过来,他们只有拼死一战了。宋军奋力迎战金军,但是,终因寡不敌众,宋军兵士一个个倒了下去。岳飞凭着超人的武艺,枪枪不空,杀了无数金兵。金兵几员战将轮番和岳飞交手,战不了几个回合,不是重伤败阵,就是被刺下马。他苦苦厮杀了一天,水米未进,体力渐渐不支,只好寻准机会,伺机突围。

只见岳飞双脚脱镫,一跃离鞍,将一个金兵踹下马来,飞身上了那个金兵的战马,杀开一条血路冲了出来。

岳飞画像

但岳飞后退无路,已回不了平定军城。岳飞听说康王赵构在河北相州招募天下豪杰,组织抗金队伍,便决定再奔相州而去。

十多年后,岳飞统领岳家军,大败金兵主力于河南郾城,直捣朱仙镇,眼看就要攻到金兵在中原的大本营汴京了,龟缩在城中的金兵哀叹道:"撼山易,撼岳家军难!"但是,这个使金兵闻风丧胆的英雄,却被奸相秦桧和昏君赵构诬为"谋反",以"莫须有"的罪名,秘密处死。岳飞死时,年仅39岁。

岳飞所作气壮山河的不朽词章《满江红》,正反映了一位伟大英雄的戎马生涯,道出了他的满腔幽愤之情、报国之志。《满江红》词云:"怒发冲冠,凭栏处,潇潇雨歇。抬望眼,仰天长啸,壮怀激烈。三十功名尘与土,八千里路云和月,莫等闲,白了少年头,空悲切!靖康耻,犹未雪;臣子恨,何时灭。驾长车,踏破贺兰山缺!壮志饥餐胡虏肉,笑谈渴饮匈奴血。待从头,收拾旧山河,朝天阙!"

赵秉文与平定州

赵秉文（1159—1232），字周臣，晚年称闲闲老人，磁州滏阳（今河北磁县）人，金朝著名学者。金大定二十五年（1185）进士，历任邯郸、唐山、大兴县令。泰和三年（1203）任平定州刺史，修涌云楼，建涌泉亭，为政宽简，累拜礼部尚书。赵秉文"历五朝，官六卿"，朝廷中的诏书、册文、表以及与宋、夏两国的国书等，多出其手。他所草拟的《开兴改元诏》，当时间巷间皆能传诵。他学识广博，著有《易丛说》《中庸说》《扬子发微》《太玄笺赞》《文中子类说》《南华略释》《列子补注》等，且兼善诗文书画，前后活跃于文坛40年之久，成为金朝末期的文坛领袖。有《闲闲老人滏水文集》传世，去世后元好问为其作《闲闲公墓铭》。

赵秉文到平定任职的最大特点是宽简。其时他已年逾不惑，精力充沛，思想成熟，而且已有了在邯郸、唐山、宁边等州县做官的经验，能从容面对前任苛政造成的"盗愈繁"的被动局面。一方面，他以孔子的"仁者爱人"为其执政的基本指导思想，废止酷刑，以仁慈处理罪犯；另一方面，关心百姓疾苦，每逢灾年还拿出自己的俸禄救济灾民，提倡豪民富户捐钱献粮与灾民共渡灾荒。因此，当他离任时，"老幼攀遮，恋恋不忍诀"，送到城外还再三挽留。赵秉文爱民如子，"自奉养如寒士，而不知富贵为何物"，这在封建社会里，确实是难能可贵的。

赵秉文是金代大儒，在平定任州官时，除了德政卓著之外，还为平定的文化建设呕心沥血，其突出贡献是修复了涌云楼、肇建了涌泉亭，这是当时平定文化的标志性建筑。涌云楼位于上城东北隅的高阜之上，枕榆关，毗天衢，巍峨挺拔。涌泉亭位于城南二里许的嘉山之上，背山面水，亭亭玉立。涌云楼、涌泉亭，一云一泉，一楼一亭，云泉均为水，水则可流，故曰"涌"。楼亭均为古文化的象征，楼在州城北，亭在州城南。这一天一地、一南一北，南北呼应，上下对称，何等的神奇！

赵秉文钟情于涌云楼。涌云楼为文化人"妥侑"之地,又据风水家说,据之高阜为"州之文案,不可废"。所以这里一直是文人雅士宴饮赋诗、会聚宾友之地,也是史书经典收藏之所,后代平定人的著作出版大都署有"涌云楼藏版"字样。赵秉文以其宽广的胸怀、渊博的学识,洞悟此处风光之佳美,写下了脍炙人口的《涌云楼记》,以洗练的语言将自己的一腔热情熔铸到 324 个字中。记文由近及远,描写了涌云楼险要的地势:"楼枕古榆关,下建十丈旗","旁引重山复岭之阻,左扼土门,右控大卤";进而抒发了从京城而来的官商"历汾晋、接秦陇、走云代","车摧马括,日不半舍"的"去国之悲",再而浮想联翩,想到申生公子的皋乐之役,想到广阳古城的历史变迁,想到故关长城的激烈鏖战,引发出幽幽的怀古之思。最后,用欧阳修、苏子瞻之语意阐发自己对"渊静"与"昭旷"之间辩证关系的哲学思考,从而得出"渊静所以存神,昭旷所以知政,静以养恬,动以应物,万变之来,了然吾胸中不惑"这样一个深刻的人生感悟。

赵秉文在平定当政的短短 8 年里,不仅留下了雄宏壮丽的涌云楼和清幽浪漫的涌泉亭,而且还在繁忙的政务之余,留下了咏叹平定山河的动人诗篇。以《涌云楼雨》为例,便可见识这位文学大家的卓越才华。诗云:"片云头上一声雷,欲到冠山风引回。窗外忽传林叶响,坐看飞雨入楼来。"此诗运笔如惊飙掣电,极力驰骤,蹑光踪风,惟妙惟肖,眼明手疾,兔起鹘落,极富于动态感,堪称以七绝写动态景观的大手笔。

赵秉文留下的遗产还有很多。据载,他"建涌云楼撰记刊于石,手泽犹存"。他亲书的《圭封语刻石》,曾存于平定的天宁寺。可惜由于代远年湮和兵祸战乱,这些手泽早已无存了。赵秉文的声名和文学艺术成就,对平定产生过巨大的影响。他从平定州离任后,还曾多次回到过故地,他的一些同事、朋友、学生也常到平定游历、讲学,大大促进了平定文化的繁荣。

文化是传承历史的,而历史也铭记着文化的缔造者。据旧制平定中学的学生们回忆,站在榆关门外就会听到琅琅的读书声响彻古城上空,《涌云楼记》等名篇更是他们背诵的主要课文,是当时的"校本课程"。赵秉文德政垂青史,涌云楼文脉传千秋。古州人民把赵公奉为乡贤之首,世代传颂着他的美名。

金代马齿岩寺

马齿岩寺,又名樱桃寺,位于平定县城东 40 公里的东回镇马山村。马齿岩寺名的来源:一说马齿岩寺,以"马"字冠首,因此地一山状如马,"齿"字推论古寺椽梁甚密,状如牙齿,故名;一说马齿岩,是村中古地名,古人在此建寺,因地而名。还有一说其名称为樱桃寺,则典出当地,相传马齿岩寺的房梁柱椽等,均是樱桃木所做,故又名为樱桃寺。

马齿岩寺始建年代无考。清光绪版《平定州志》记载:"马齿岩寺,在州东 80 里马山村。金大定年间(1161—1189)重修。"元朝至正五年(1345)所立的一面碑记载了当年寺院建筑状况:"夫马齿岩寺者,自古

平定马齿岩寺

不记年代。大殿二座，上殿五间，倒塌任之存留，中殿依然安在。"并记载村民李胤出资，装修了中殿佛像一事。明朝崇祯四年（1631）所立的一面碑记载了天启年间（1621—1627）旱灾频仍，粮食歉收，寺中僧人无衣无食。村民赵子科舍地一段，无偿赠与僧人耕种，以度荒年。

马齿岩寺坐落在马山村东街，坐北朝南，占地面积800平方米，建筑面积500平方米，是一个方形的院落。整个寺院可分为上院和下院两大部分。下院北侧，长着两株古松，成东、西对峙。树高6米，树冠向大殿倾斜，像两名侍者给大殿打着遮阳伞。院中古碑，有的字迹斑驳脱落，有的碑文尚可诵读。

进入大门，就可看见大殿。大殿建在1.5米高的台基之上。坐北朝南，青砖砌墙，柱梁出檐，釉彩琉璃瓦覆顶。面阔8米，进深8米，呈方形。殿顶黄、蓝、青三种颜色的釉瓦光彩夺目，出檐瓦当塑有花纹图案，栩栩如生，仰瓦滴水无尖，状似长扇，形状奇特。斗拱粗壮浑厚，飞檐挑角，气势轩昂。大殿门前有青石修建的献台，雕刻精湛，旁有石狮，形态威猛。

进入大殿，只见其建筑结构奇特。殿内有4根立柱，高大粗壮，其中有两根是未加斧凿的原木树干，更显与众不同。相传大殿有"一枋驮九椽"之说，枋梁柱椽传说皆是樱桃木所做，但现在很难辨出是什么木头了。还有一说，称大殿中有"刨花柱"。传说当年修建大殿时，材料用尽，尚缺一根木柱，而上梁吉日已定于次日，到外地购买木材已来不及。施主非常着急，心想上梁之日，各方名流来贺，大殿却少一根柱子，岂不成了笑话？施主和大匠人商量，大匠人却胸有成竹地说："柱子在院子里，不缺，不缺。"施主大惑不解。当天夜晚人走后，大匠人烧起了高香，在烟雾弥漫之中，从天上下来许多神仙，把院中的刨花皮收拾到一起，用神胶粘成了一根又粗又大的刨花柱。第二天上梁，一根柱子也不缺。施主连连称奇："莫非有神仙相助？"不管传说是真是假，大殿中还真有一根刨花柱，这就是大殿中门的西边门柱，敲击中空，外面有木瓦和铁箍保护，历经千百年屹立无损，堪称一绝。

清朝咸丰九年（1859），针对村人赌风盛行，特在寺中设立禁赌碑，起到了良好的警示作用。"州东马山等村，地土宽广，民情厚重，由来久矣！乃近今有不驯子弟，不勤诵读，不务农事，聚伙成群，日萦心于赌博之中。此固习俗之所秽,也乡党之无禁约也。村中父老感时抚事,欲挽已非一日矣。"合村人等公议禁赌村规:"凡有犯此禁者,勿论男女,勿论大小,总按村规罚治办理。"

1937年10月下旬,刘伯承师长率领八路军一二九师挺进山西省平定县,师部就设在马齿岩寺。同月26日至28日,其指挥部队在七亘村连续两次伏击日军,创造了军事史上"重叠待伏"的著名战例。马齿岩寺也由一个古老的佛教寺院演变为红色革命纪念地,寺院中留下了刘伯承元帅的足迹和身影,成了马齿岩寺的又一段传奇。

元代名臣吕思诚

吕思诚(1293—1357),字仲实,平定人,元代名臣。幼年苦读经史,泰定元年(1324)中进士,授辽州同知,后改任河北景州蓨县尹。当时,中原地区灾荒战事频繁,百姓四出逃亡,大片土地荒芜,民生凋敝。为使生

平定冠山左丞(吕思诚)石庵

产得以迅速恢复,吕思诚将全县农户按贫富分等,以等级分摊徭役,对勤于农桑的百姓还奖以农具,从而激发了农民种田的热情,形成"人争趋事,地无遗力",流离外出者也闻讯还乡,开荒种地。此外,他还积极倡导破除迷信。某年大旱,有一道士持一青蛇欺骗百姓,说蛇是小青龙,向它祷告,可以降雨。吕思诚斥之为妖言惑众,把蛇杀掉,撵走了道士。当时,迷信盛行,仅祠庙就多达一百多处,祝福祭奉连年不断。吕思诚不满这种现状,下令除了董仲舒祠之外,其余庙宇一律平毁。

吕思诚后升任翰林国史院检阅官及编修。他性情刚直、倔强,在皇帝面前也敢据理力争。有一次,元文宗要取阅国史,翰林院长官唯唯诺诺,不敢违旨。吕思诚却直言进谏说:"国史记当代人君善恶,自古天子没有观看的。"皇帝只好作罢。元顺帝初年,他劾奏中书平章政事彻里帖木儿变乱朝政的罪行,见皇帝有偏袒之意,立即交印辞职。后出任广西廉访司事时,他经常深入郡县巡行,发现地方官吏常鱼肉百姓,很是气愤。他拒绝接受地方官吏的贿赂,揭发其罪恶并予严惩,使广西道官风大为整肃。改任浙西廉访司事时,有位南台御史,因与江浙省臣有隙,想利用吕思诚借故弹劾,吕思诚严词拒绝说:"吾为天子耳目,不为台臣鹰犬也。"后来在巡访中,了解到行省平章左吉祸害百姓,是个贪官,便立即上奏革其官职。

吕思诚一生历任侍御史、集贤院侍讲学士兼国子祭酒、湖广参政、中书参知政事、左丞转御史中丞等职,再任国子监翰林学士,承旨知制诰兼修国史加荣禄大夫,成绩卓著,皇帝曾亲赐玉带,倍加信赖。当然,他的耿直和秉公办事,也得罪了一批有权势的大臣。因此,他不断受到恶意诽谤。有人向皇帝诬告参政孔思立受贿,想借机嫁祸吕思诚。御史大夫纳麟说:"吕左丞廉洁,人所共知,恐怕不会有人相信。"那些反对者只好作罢。后来,吕思诚任集贤学士兼国子祭酒时,朝臣议论货币政策,吕思诚态度激昂,据理争论。一些大臣指责吕思诚不该在庙堂大声厉色地说话。监察御史看风使舵,连忙附和,妄说吕思诚"为人狂妄"。吕思诚在种种诬告之下,被夺去诰命和所赐玉带,贬为湖广行省左丞。吕思诚被贬,引起朝野不满。后又被召回朝廷,官复原职,不久因病离世。随后赠齐国公,谥忠肃,葬于平定城北三岔口。在任职翰林院期间,他曾总裁宋、辽、金三史,有《介轩集》《两汉通纪》《正典举要》《岭南集》等著作传世。

进士之乡——盂县

"学宫"就是学校,多泛指官学。历代王朝的地方官办学校,都称为学宫。官学与地方修建的孔庙往往都连在一起,组成一个特殊的建筑群,这个建筑群里既有庙宇,又有学校,是古代尊奉孔子和开展学校教育的信仰中心和圣洁之地,这种合二为一的庙学被称为"文庙"。

盂县最早的教育机构,始于唐贞观四年(630),名为学宫,地址在盂县县城人民广场东侧文庙院内(今实验小学所在地)。金兴定四年(1220),升盂为州而称为学府,这些机构仍建在文庙院内,儒学位西,书

盂县文庙大成殿旧照

院位东。

儒学内部布局为，前院正厅是明伦堂，东西两厢是书斋。明伦堂后东院是教谕署，西院是训导署。在儒学念书的学生称秀才，每三年进行一次秀才考试，先经过县试选拔，而后到平定州参加府试和院试，按预定的名额录取。盂县旧属太原府所辖，每次预定的秀才名额为12名，加上府学另拨给三四名，也就十五六名。清雍正三年（1725）后，因盂县改属平定州所辖，府学不再拨给名额。经教谕贾哲宣、训导王作霖奏请督抚题准，将盂县的儒学升为大学，增加学额3名，从此录取秀才名额由12名增至15名。

秀才通称为生员或庠生，初入学称为附学生员，经过"岁试"分为廪膳、增广、附学三等，称为廪生、增生和附生。廪生和增生都有固定名额，附生名额不限，盂县儒学的廪生和增生长期保持各20名。管理秀才的人叫斋长，一般由廪生充任。秀才的课程是按月安排的，每逢初一、十五由书院定期讲书，称作"士子月课"。科目主要是四书五经与上谕和史籍。秀才除举行"士子月课"外，还要以季进行考试，叫做"甄别"。儒学秀才的待遇除了升格的以外，廪生每年由国家补给干粮银3两2钱，其余一般生员仅免除本身徭役，地位略高于平民。儒学的生员虽多，但不一定在此肄业，月季考试也不一定亲自到场，可以领题目回家，按规定时间交卷。儒学除进行月课季考外，还要举行"岁试"与"科试"。岁试每年一次，多在本县举行，目的是对秀才进行成绩分等，考试成绩好的可以替补廪生和增生的缺额。科试是隔年进行一次，由提督学政举行，主要是选拔参加乡试的举子，只有考入前三名的才允许参加乡试。

儒学的宗旨是用儒家经典，培育官吏后备人才，考官的职责是掌管儒学，严束生徒，按季考课，指导与监督生员举行"士子月课"，负责承办科举事宜。据不完全统计，自科举制度开始到清末废止，盂县共考中举人371人，赏给举人9人，考中武举人116人，考中进士161人。

儒学的规则很严，顺治九年（1652）设置的"卧碑"规定：不准士子结社立盟，随意出入官舍，不得把持官府，武断乡曲；不准上陈军民得弊；不准妄行刊刻文字，违者治罪。

儒学原设教谕、训导，到清末减裁训导，仅存教谕。儒学除负责科举事宜外，还要为国子监（太学）选送各种贡生。

盂县最早的书院位于文庙东南,原建于崇文巷内,名为藏山书院。清康熙六十一年(1722)移建于学宫东侧,易名为慎交书院。不久改称秀水书院。

秀水书院分前、后两院,前院穿厅三间,称东柯讲习堂,靠南两间为书斋。书院的先生叫山长,也称院长,一般由卸任的官吏或地方名士充任。书院的学员是秀才和童生,人数不定。每逢初一、十五定期进行讲书,以季进行考试。经季考"甄别"选定的优秀者,书院每季按照考试名次发给一定数量的"膏火"(即奖学金)。书院的科目和儒学一样,也是四书五经、上谕、史籍、时文等指定的必读书籍。秀水书院其实是为科举考试举荐和培养人才的预备之地。清光绪三十一年(1905)废除科举制度后,秀水书院改为学堂。

古代科举制度中,凡是举人经过会试,考中者为贡士;由贡士经过殿试,录取者为进士。殿试开始于唐朝武则天时。殿试后将进士分为五甲之制,开始于宋代太平兴国八年(983)。将进士分为三甲,一甲只限3人,开始于元天顺帝(1328)时。后明、清历代沿袭,成为定制。

殿试后,一甲3名,赐进士及第。第一名称为状元,第二名称为榜眼,第三名称为探花,合称三鼎甲。二甲,赐进士出身;三甲,赐同进士出身。在中国实行科举制度的1300余年中,约有10万人获进士称号。

从唐朝至清朝末年,650余年时间,盂县先后出过496名举人,其中考中进士161名。在《山西历代进士题名录》中,盂县赫然名列第一。

在这161名进士中,隋唐时期仅有1人,其余160人全部出自北宋至明清时期。其中,金元时期,盂县进士73人,占到全省进士600名的12.2%,比位于第二名的陵川县多出23人;特别是元代盂县进士49人,占到全省进士267名的18.46%,约为全省的1/5。因此,盂县被称为"进士之乡"。

盂县成为"进士之乡"的原因至少有下列四个方面:

第一,宋代"二程"莅盂讲学,推动了盂县的儒学教育。程颢、程颐兄弟是程朱理学的奠基人,号称"二程"。"二程"兄弟是盂县上文村文化名门侯氏家族侯道济的外孙,侯氏家族自古多才子、才女。侯道济,北宋上文村人,官至丹徒县令,赠员外郎。其女侯氏,嫁程珦,生程颢、程颐;侯道济之子侯可,受"二程"影响,博览群书,攻读理学,成为彪炳史册的名

儒；侯道济之孙、侯可之子侯仲良，字师圣，乃是北宋理学创始人周敦颐的弟子，曾随周敦颐游学四方，传道多年。程颢、程颐成名后，不忘生母之地，亲自回到盂县城北12.5公里处的兴道村聚徒讲学，传播理学。今庙院虽毁，但"宋大儒程夫子讲道处"石碑仍存。据考证，"二程"讲学大约在1075年至1085年之间，他们"讲学于家，化行乡党"。理学名家的言传身教，有力地推动了以理学为主要内容的盂县传统文化的形成与发展。在这种传统文化的熏陶和推动之下，盂县攻读理学、投身科考之风，日益盛行。

第二，文武双全的唐代名将张士贵的家族文化，推动了盂县的文化教育，提升了全县的文化水准。张士贵的武功世家连续世袭八世，从第九世孙开始转为文人世家。盂县张士贵家族从第九世张崇嗣于后晋天福二年（937）考中进士起，到第二十七世张起元考中元末进士止，连续19代，代代有进士，前后历时431年，共出进士34名。其中宰相级官员3名，尚书级的近10名，进士数占盂县进士总数的1/5。这样的进士世家，在中国科举史上是极其罕见的。盂县是山西出进士最多的县，而张士贵家族则是盂县出进士最多的世家。可见，当时盂县的文化教育兴盛，与张氏家族重视文化教育产生的影响和推动作用是有一定关系的。

第三，古代的盂县是富庶之地，经济发达，实力雄厚，是文化教育发展的坚实基础。盂县西部地区良田肥沃，号称米粮川，盂县南部采煤、冶铁业相当发达。因此，盂县在金、元时期，由县升级为州，逐步成了晋东的政治、经济、文化中心，这对儒学教育的发展和文化教育的兴盛，起到了极大的推动和促进作用。

第四，盂县地域与交通自古占有一定优势，西部靠近省府太原，四周均与文化发达的州县毗连。南有平定州，西有寿阳、阳曲，北有五台、定襄（定襄与平定有文教发达的"山西二定"之誉）等县，而且这些县重视教育，发展文化，历有传统。盂县交通条件相对便利，以忠义为内涵的仇犹文化与三晋的儒家、法家文化互相渗透交融，大大地促进了盂县的文化教育发展。

天宁寺双塔之谜

2005年8月17日,平定县在重修县城天宁寺双塔过程中,发现了天宁寺西塔地宫。在1.3平方米地宫挖掘中,考古专家发现了陶质釉面净瓶、熏炉以及瓷质的茶盏、瓷碗、瓷碟等供品容器18件,石棺一副,棺内葬有完整的佛骨一具、丝织帷帐一件、唐宋铜币数十枚、银质錾花盝顶方盒一个。在塔身的二层部位发现小石函一副,石函内装有银壶一件。最令人震惊的是,在银壶和盝顶方盒中发现了形如米粒大小、晶莹剔透、洁白如玉的舍利子,总数达1000粒整。当再看到地宫内一块石碑上《大宋平定军葬舍利佛骨塔铭并序》一文时,才知道地宫内总计有5万余颗舍利子,五颜六色的舍利子光彩夺目。按照佛教的说法,红色的是肉舍利,黑色的是毛舍利,白色的是骨舍利。这些如此巨量的舍利是从哪里收集来的?又是怎样被埋入地宫中的?按石碑叙述,大宋淳化五年(994),时任平定军知军事东头供奉官的谭延德,奉宋太宗旨意来到平定县西丹回村(今平定县东回镇西回村)的焦山(舍利山)寻访并求得,而后请旨在寿宁寺(天宁寺前身)西南角修建舍利塔安置。

这次重大的文物发现,使天宁寺西塔成为我国有史以来发现舍利子最多的一座古塔,无论是当时的历史背景还是所发现的佛骨舍利的数量,都足以震惊佛教界和考古界。平定县在宋初和宋之前的几百年间,已经成为北方佛教最兴盛的地区之一。

平定天宁寺双塔,当地人称为雌雄塔,位于阳泉市平定县城南,是阳泉地区古老的建筑之一,也是平定县城的标志性建筑。两塔东西并列,相距30余米,又称东塔、西塔,东塔为实心塔,西塔为空心塔,原为天宁寺附属文物,现寺毁仅存双塔。西塔始建于大宋至道元年,即公元995年;东塔始建于大宋宁熙年间,即公元1068年至公元1077年间。西塔已残,仅存二层,东塔通高约21米。2005年,因西塔地宫惊现数万

平定大宁寺双塔

粒舍利子及佛骨,为双塔平添了许多神秘的色彩。2006年,双塔得到保护性修复,天宁寺双塔又恢复了昔日的光彩。

天宁寺双塔的文化价值绝不亚于任何古塔,它的文化品位在我国古代建筑中也是名列前茅的。

第一,天宁寺双塔作为国内罕见的雌雄塔或公母塔,成为我国古塔特别是双塔中最具传奇色彩的古建筑。双塔的建造者,将斗拱组合中的"翘",在两座塔上分别采用单(奇)砖造型和双(偶)砖造型来强调"阴与阳"的象征性对比手法,以及东塔的实心结构与西塔的空心结构和东西双塔的方位取向上,使东西两塔有了隐含雌雄对应的文化阐述。因具独特的建筑特色,平定民间长期以来还流传着鲁班兄妹夜造雌雄塔的美丽传说。

第二,由于天宁寺东西二塔不是同一时期所建,所以两座塔上带有时代烙印的工程技术水平和工艺,展示了中国古建筑(不仅仅是中国古塔)从唐代末期到宋代中期两种风格演化的过程。通过东塔上的套兽、西塔上的门簪和东塔上的普柏枋、西塔上的替木等许多时代特征,让我们看到了相同中的不同和不同中的相同,更准确地说,双塔是唐宋建筑风格的一道分水岭。

第三,天宁寺西塔下的地宫内出土了数以万计的佛舍利子,由此可见,天宁寺双塔在佛教界和考古界的地位极端重要,它是中国佛教从狂热走向理性、建筑施工技艺从探索走向规范的重要标志。

棒槌火与采煤业

棒槌火,又名塔火,形如棒槌,又像塔,元宵节夜晚焚棒槌火,是平定地区沿袭已久的民间风俗。

关于棒槌火的起源,无据可考,现在最早的记载,见于明朝中叶陆深的《浮山遗灶记》:"岁上元之夕,无论大小,家家置一炉,当户高五六尺许,实以杂石,附以石炭,至夜炼之达旦,火焰焰然,光气上属,天为之赤,至今不废也,是谓之补天。"陆深这里记述的棒槌火是明代平定的习俗。到了清代,关于棒槌火的记载就更为普遍。乾隆年间《寿阳县志》记载:"上元前后三日,坊肆里巷,俱于门前塑泥作弥勒、判官、狮子及棒槌等样,围石炭焚之,通宵不息,名曰塔火。"乾隆年间《平定州志》叙述道:"坊肆里巷,士庶之家于门前围石炭焚之,名曰塔火,一曰棒槌火。"民国初年成书的《昔阳县志》也说:"上元后起三日……坊肆里巷,士庶之家于门前围石炭火,焚之,名曰棒槌火。"目睹节日夜晚的棒槌火,常常能引起人们的咏叹。清光绪年间,平定知州曾尚增看到平定的棒槌火之后,联想到故乡山东济南府元宵节在大明湖畔放灯的盛况,按捺不住内心的激情,写下了这样的诗句:"上元塔火俗相仍,天雨青荧得未曾。只少明湖半城水,更看夜月放河灯。"

棒槌火风俗的盛行,是平定地区煤炭广泛开采并与人们的文化生活发生必然联系的见证。

阳泉境内煤炭埋藏浅、易开采,是国内发现和利用煤炭最早的地区之一,素以"煤乡"著称。煤炭资源开发和利用始于何时,尚无准确的文

现代棒槌火(一)

字考证。据考古发掘,以坩埚为冶具、用煤冶铁早在西汉即已开始,而阳泉境内又是煤铁富饶的地区,以煤冶铁的时间当不会太晚。史载,南北朝至唐、宋时期,境内盂县的原仇山、清城、磁窑坡等地冶铁业和陶瓷业甚兴盛,就是利用煤炭作燃料和还原剂的。宋庆历二年(1042),河东路奉命铸大铁钱,境内平定县即为冶铸地之一。《中国铁矿志》(丁格兰著,谢家荣译)认为:"其时山西铁业亦渐兴,而煤之用途亦渐广。山西铁矿盖已用煤制铁。宋政和元年(1111)尝以山西产煤甚多,请官置冶。""山西铁业殊为特别,盖木炭之供给不足,而铁矿附近无烟煤极多,因之就地取材,遂成为特别炼铁方法。生铁以土制坩埚炼之,无烟煤之作用,既为燃料,亦同时为还原剂。此法最初发明在何时尚无可考。所可知者,至迟在宋时已用此法。"坩埚炼铁的遗迹至今在平定县、盂县和郊区的一些地方还可见到。由此可见,至迟在北宋时期,境内的煤炭开发和利用就已形成一定的规模了。

元代,境内煤炭开采便有了确切的文字记载。《大元一统志》载,盂县有"煤炭十三处"。1979年在盂县贺村还发现元代煤矿矩形竖井的遗址。

明清时期,采煤业进一步发展。明洪武十二年至十三年(1379—1380)编纂的《太原府志》载,平定

现代棒槌火(二)

县有"炭窑二处,西沟一处,谷里(今泊里)一处"。至万历年间,不仅手工业作坊利用煤炭作燃料,连普通农户也用煤做饭取暖。当时平定州城的嘉河由于居民倾倒煤渣而被阻塞,曾造成多次水患。清乾隆年间编纂的《平定州志》和《盂县志》都把煤炭列为物产的首位加以记载。至清末,仅蒙村(今郊区大村一带)就有煤窑10余座。

清光绪二十四年(1898),清廷与英福公司在原《请办晋省矿务章程》20条的基础上又加以修订,改为《山西开矿制铁以及转运各色矿务章程》19条,将境内平定、盂县及其他三地的矿权拱手送给了英福公司。面对空前严重的民族危机,山西全省掀起了声势浩大的"收回矿权运动"。光绪三十二年(1906)六月,保矿运动渐近胜利之时,山西商界集资开办了保晋平定分公司,并在阳泉建矿。同年十月,山西商办全省保晋矿务有限总公司(简称保晋公司)创办,首开阳泉以至山西全省近代煤炭工业之先河。保晋公司成为当时山西最大的民族资本工业公司。其共有6个矿厂,铁炉沟为第一矿厂、燕子沟为第二矿厂、贾地沟为第三矿厂、先生沟为第四矿厂、平潭垴为第五矿厂、汉河沟为第六矿厂。其中,先生沟煤矿成为山西近代史上第一个使用机器开采的煤矿。之后,又有建昌煤矿股份有限公司(简称建昌公司)等一批用机器进行生产的煤矿相继开办。光绪三十四年(1908)初,保矿运动取得胜利。其后,境内煤炭生产有较大发展。据1933年统计,今境内盂县有煤窑27座、平定县有300余座。据《中国实业志·山西卷》记载,1936年,阳泉地区产煤65.62万吨,其中保晋公司阳泉矿厂产煤40万吨,占阳泉地区煤产量的60%。保晋公司自创办到1937年的30年间,矿厂共产煤502.32万吨。

日军侵占阳泉后,对保晋、建昌两公司实行殖民掠夺,其他民营煤矿业处在其武力胁迫与经济控制之下。8年中阳泉煤矿共产煤480万吨,回收率仅17%,约有2300万吨煤炭资源被丢弃。

抗日战争胜利后,阎锡山的山西人民公营事业督理委员会接管了日军劫夺的煤矿,到阳泉解放,仅生产煤炭23.4万吨。民营煤矿也遭到其控制和盘剥,大多倒闭。

阳泉解放后,人民政府组建国营阳泉煤矿公司,恢复煤矿生产,千疮百孔的旧矿山开始改变面貌。至1949年,共生产原煤55.05万吨。

繁盛的冶铁业

阳泉境内铁矿开采冶炼历史悠久。《隋书·百官书》载,北齐时在境内的原仇县(今盂县)已设置局丞,管理冶铁业。到宋代,本境冶铁业兴隆。有文字载"宋庆历二年(1042),仇山、白马山等地设置铁所"(《山西省经济资料》);另外境内盂县存宋宣和六年(1124)铸造的大铁钟亦可为当时冶铁业发达之证明。明代晋省冶铁州县共19处,境内平定州列于首位。清代冶铁业进一步发展。同治九年(1870),德国人李希霍芬认为平定州为晋省五大冶铁处,当时每日可产铁百余吨;光绪二十四年(1898),盂县牛村、白土坡、南流、赵家垴、清城等村有焖铁炉60余座,年产生铁4500吨。

土法炼铁是一种较为普遍的冶炼方式,传统土法炼铁采用的是土制坩埚炼铁法。土坩埚为圆筒状,内径约0.2米,高约0.5米,由碾碎的耐火黏土做就。炼铁时,在坩埚内盛满碎铁矿石,然后入炉冶炼。炼炉分两种,即焖炉和铣炉。焖炉和铣炉配套使用,一般是一座焖炉配用两座铣炉。焖炉为长方体炉状,容积较大,所需炉温不高,其四面墙按一定距离留有风道和风口,为自然通风;铣炉亦为长方体炉状,容积较小,所需炉温要高,有进风口,需人力供风。焖炉冶炼的是矿石,炼就的是一种海绵状的荒铁;铣炉则是将荒铁二度冶炼,使铁与矿渣分离,将铁液烧铸成型后使之成为成品生铁。境内平定县的维社、宁艾、冠庄,郊区的荫营、三泉,盂县的清城等地至今尚存冶铁遗址、遗物,有的用废弃的坩埚垒砌院墙、地堰,有的则堆积成山,俗称炉渣山。

民国初年至新中国成立前夕,境内土法炼铁呈衰退之势。以盂县为例:1932年全县采铁矿石1.3万吨,产生铁2500吨;1949年全县采铁矿石仅600吨,生铁产量为335吨,仅有焖铁炉3座、炉壕20道。平定县也仅有少量采矿炼铁户,主要分布在县城附近及县境北部。

境内铸铁业也很发达,且历史悠久。据《盂县金石志略》载,县城隆福院大钟铸于唐贞观元年(628)十二月。《晋乘蒐略》载,北宋庆历二年(1042),境内平定始铸大铁钱。可见至迟在唐宋,本境就已有铸造业了,而且达到了一定的水平。此外,尚有盂县城三圣寺大铁钟,铸于宋宣和六年(1124)、平定县城钟楼巷的大铁钟(已遗失)铸于金代天德年间、盂县方山村清心寺的大铁钟铸于明代正德九年(1514)等。至清代咸丰年间,铸铁业隆兴,咸丰四年(1854),户部在河底镇(今属郊区)设立宝泉分局,开炉29座鼓铸铁钱,5年之后,因缺钱窒碍难行而停炉。

明清两代,铁铸器皿如铁锅、铁壶、铁炉条、铁犁铧等已广泛运用于日常生活和生产之中。光绪版《平定州志》称:"铁产州北诸山中,居民冶铁为主。凡日用器具,运货地方,甚利便之。"民国初年,境内铁铸产品日渐增多,年产铁锅达40余万口,主要产于盂县清城、平定东沟、荫营、三泉一带,产品行销山西、河南、河北、山东及东北各省。1937年日军占领阳泉后,因战火连绵,铸造业生产萧条,到新中国建立前夕的1949年,全市铁锅产量仅为12.66万口,铸铁管0.04万吨。可以说,从当时条件看,冶铁技术到加工铸造水平在阳泉境内都堪称一流。

阳泉境内采用高炉炼铁始于保晋铁厂。1917年,保晋公司召开股东会议决定筹建保晋铁厂,总投资为大洋70万元,其中开办资本50万元、营业资本20万元。保晋铁厂厂址在桃河北岸、平潭垴村东南,属于民资官办,为山西最早采用近代先进技术设备的冶铁企业。首任厂长赵铁卿三赴日本,从大阪三洋铁厂购回日产20吨的炼铁炉及与其配套的热风炉全套设备。1920年,保晋铁厂第一座高炉正式安装(容积为58立方米)。1926年8月1日炼出第一炉铁,约3吨。为了表示纪念,厂方用其铸成一座两米多高的大鼎,并在鼎上镌刻介绍铁厂创建和发展概况的铭文。保晋铁厂第一高炉投产后,分别在1929年、1932年、1934年和1936年进行了4次大修,使高炉有效增至78.58立方米,日产量达到35吨,年产量保持在4000至5000吨之间。1926年至1937年间,生铁总产量4.89万吨。1936年新建第二座炼铁炉时,购置250马力汽风机一台,工程未竣工即爆发了抗日战争。1937年保晋铁厂规模:职工753名,其中职员73人,工人596人,警备人员19人,其他65人;主要机械设备有20吨熔矿炉1座,30吨熔矿炉基础1座,蒲德林热风炉4

保晋铁厂旧照

部,烧窑 6 座,旋床、刨床、铣床、铡床、钻床等共 30 台,75 千瓦、60 千瓦、28 千瓦、3.6 千瓦发电机各 1 部,100 至 150 马力锅炉 2 台。

阳泉沦陷后,保晋铁厂被日军强行接管并更名为"山西军管理第三工场阳泉制铁厂"。日军劫夺阳泉铁厂之后,出于掠夺中国资源、补偿战争巨额耗费的需要,对第二高炉继续投资建设,于 1942 年建成投产。从此,高炉所用铁矿石改用河北省磁山和宣化的铁矿。1943 年初,日方应付太平洋战争的颓势,陆军司令部急令阳泉制铁厂建设第三高炉,并于同年 10 月投产。是年,该厂生铁产量达到 1.2 万吨,翌年又增至 1.9 万吨。日军侵占阳泉 8 年间,共劫夺阳泉铁厂生铁 5 万余吨。

1945 年日本投降后,阎锡山派公营事业督理委员会接管阳泉制铁厂。其间,高炉设备遭到破坏,生产濒临崩溃。1947 年 5 月阳泉解放后,晋察冀军区对阳泉铁厂实行军事管制,并根据军区命令,将该厂的第二高炉全部设备拆卸,转移至晋冀鲁豫解放区的晋东南山区故县,同时调去 100 余名技术工人帮助安装,建成故县铁厂(即今长治钢铁公司前身)支援全国的解放战争。1948 年 2 月复修后的阳泉铁厂第一高炉恢复生产,最高日产达 31 吨;之后 2 号高炉和 3 号高炉相继恢复并投产。1949 年全市炼铁企业 1 个,年产生铁 0.76 万吨,铸铁管 0.04 万吨,铸铁锅12.66万口。冶炼业无论从技术和规模，在当时全省甚至全国都是位居前列的。

宋代宣和大铁钟

盂县矿产资源品种较多，储量丰富。据《山海经》载："白马之山，其阳多玉，其阴多铁，多赤铜。"早在春秋战国时期，盂县就已采掘铁矿并进行冶炼。近几年战国墓葬发掘中也佐证了铁器的存在。《隋书·百官志》记载，北齐时原仇（今盂县）设置局丞管理冶铁业。唐《元和郡县志》载："原仇山在县北30里，出人参、铁矿。"北宋政和元年（1111）在盂县原仇山、白马山等地设置冶铁所。《山西省经济资料》等诸多文献记载和

盂县宋代宣和大钟

考古发掘考证,盂县煤铁冶炼业应该始于战国。随着煤铁冶炼业的发展和繁盛,到唐宋采冶技术已经达到了相当高的水平。冶炼"灌钢法"等先进的工艺技术比较成熟并得到广泛的应用。

民国《盂县金石志略》载:县城隆福院铁钟,唐贞观元年(628)十二月铸,钟高0.6米、径宽0.53米,上8方,下8齿,上下径相等,状如爪形。后此钟移至高神山麓的仇犹庙内,之后遗失。

特别是县城三圣寺铁钟,铸于宋宣和六年(1124)十二月,钟通高2.5米、龙钟纽高0.5米、唇长0.4米、唇上口内径1.7米、唇下檐口径1.93米、钟口围长6.1米、钟下壁厚0.16米,重约2000公斤。该钟纽为双龙蒲纽,钟体上部弧圆,向下逐步外侈,葵口八齿。钟铭纹饰分布全身,从上向下分四部分。纽下一圈覆莲,肩表浮印莲花八瓣,每瓣花叶上铸一字,合为"皇帝万岁,重臣千秋",上、中部以直条阳线分隔为上部八块0.43×0.53米、中部八块0.58×0.58米的格子书满钟铭,记载了铸钟时间及匠人、本地主簿官吏、本院住持、随缘信士的姓名和村名约600个文字。钟口为葵口八齿,齿口对应饰八卦文,钟体完整,可谓是铁业铸造辉煌的明证。

冶炼"灌钢法"始创于魏晋南北朝,推广于唐宋,是中国冶金史上一项独创性发明。这口重约两吨的铁钟,就是一次成型"灌钢法"的例证。此钟已存世800多年,钟铭字迹清晰,钟声洪亮。1959年7月,该寺被山西省人民政府公布为山西省第一批重点文物保护单位。

陶瓷业兴起

陶瓷是我国劳动人民的伟大创造之一。远古时就有了彩陶的出现。汉朝(前206—220)的陶瓷普遍为绿釉、黄釉。魏晋时期(220—581),陶器制作由低火候的软釉进到了高火候的硬釉,为半陶半瓷时期。唐代(618—907)后,陶和瓷正式分家,陶瓷制作达到了一定水平。

平定一带有零星陶片在县境各地出土,且以柏井村附近发现最多,均系唐代以前陶瓷。柏井村,在县城东25公里处,柏井瓷窑遗址,面积约500平方米,地面暴露大量瓷片,釉色多为白中泛黄、泛青,器物胎土呈灰色,有的圈足漏釉,口沿外折。

唐代,平定一带制作陶瓷的情况,文字、实物以及口碑等资料皆已具备。岑仲勉教授著《隋唐史》指出"山西之平定、霍州在唐均烧白窑",而山西省轻工局《山西陶瓷史》编写组的同志还在柏井村北、俗名叫"炉灰坪"的地方,发现了两座古代瓷窑残址。两座窑宽均为2.3米,一座有2厘米厚的积灰层,另一座有23厘米厚的柴灰。根据窑址情况和发掘出的许多标本分析,又经过不少陶瓷专家鉴定,这两座窑址的时代,可能为晚唐和宋初。

唐代,主要烧制粗瓷,白而微黑,因为原材料本身较白,所以不上化妆土,这是平定古代瓷产品的特点,也是同其他陶瓷产品相区别的地方。器型主要为实用品,各种规格的碗较多,皆为玉璧底、宽圈足、三角垫饼支烧。

宋金时期(960—1279),陶瓷产品种类已经增加,除碗外,还有盘、盏、盏托等。制作方法也较精细,胎质洁白细致,色调泽润,有的纯白,有的微泛青色。纯白者较薄,可与定窑媲美。其装饰有纯白内画花,白釉画花,青黄釉印花,黑釉贴剪纸花数种。文字记载见于阎锡山统治时期平定《县政十年建设计划案》:"平定瓷窑,肇于宋时。"日本学者小山富士夫论述宋瓷,也说平定有窑。阳泉西北牵牛镇古庙三级阁碑记中,也有"宋时出产瓷器,有黑白釉器"等刻文。

明代宋应星的科学名著《天工开物》中,有记叙和谈论平定出产制陶原料陶土的文字。清代《大清一统志》有关山西土产的记述中,也载"瓷器出平定,有窑"。由此可知,明清两代的平定陶瓷也为社会所重视。辛亥革命以后,朱子钦任平定刺史,倡办陶业,后调升则委托新任吉廷彦接办。1914年春,从江苏宜兴邀请师傅来平定传艺,经过精心研究,选择优良陶土,多次试烧,几个月便制出了产品,而且种类极多,诸如瓷壶、花瓶、杯碗、坛罐等日用器皿物件,样样俱全。由于制作技艺精湛,故产品美观大方,坚固实用,上市行销,受到了广大用户的青睐。后来选送到京师国货展览会展出,得到了社会各界的好评。当时,制作陶瓷的窑场就在上城县署院内,名"平定工厂",还在县署南院凿了一口水井,并建甘泉亭。

除平定一带的陶瓷兴盛外,盂县因原料铝矾土蕴藏量丰富,瓷窑也分布较广。据《元一统志》载:盂州有"瓷窑二十处,在州南八十里招贤村,岁办官课"。明《永乐大典》载:"盂县瓷窑一座,在县东南三十里。"明嘉靖《盂县志》载:盂县"有瓷窑一十九座"。根据文献记载,盂县陶瓷业在元代就已经非常兴盛和普遍。随着1977年牛村镇磁窑坡村宋代窑址的发现,佐证了宋代陶瓷业的发展历史。1992年山西省考古所对该窑址进行了考古调查,对其建窑时间及烧造品种、技法有了进一步的了解和查证。

瓷窑坡窑址,位于盂县牛村镇磁窑坡村西北约1公里处的阴山河北岸台地上。地理坐标为东经113°33′44″、北纬38°04′52″,海拔913米。窑址分布面积约8万平方米。当时以烧造白瓷为主,白瓷分为素白瓷、印花白瓷、刻花白瓷、黑画花白瓷。另有少量黑釉,绞胎瓷;器型有碗、盘、钵、碟、瓶、器盒、枕、壶、俑、盆等,装饰技法有印花、刻花等。从遗存的残片来看,图案美观大方,工艺娴熟精湛,表明宋金时期盂县陶瓷业的工艺已经趋于成熟。

瓷窑坡窑址始于宋金,灭于元代,属于定窑窑系,是山西地区保存较好的古窑址之一。作为民间瓷窑,产品纯为民间所消费。受定窑的影响,其所产瓷器继承了传统的烧瓷技艺并体现了地域特点,形成了自己的特色。

平定刻花瓷

平定刻花瓷是传统陶瓷中的艺术珍品,是具有中国古代定窑系典型风格、独一无二的民间特色陶瓷艺术。该瓷现有以黑釉刻花为主的包括棕釉、白釉、黄釉、仿哥开片釉、窑变釉、剪纸漏花加彩和木叶窑变釉

等多种陶艺绝活。

平定有着悠久的制陶、瓷历史。据《中国陶瓷史》《大明一统志》等文献记载，平定刻花陶瓷始于唐，经五代，兴于宋而衰于金，具有千年历史，史称"千年古窑"。早在唐代，平定即产白瓷，全国宋窑130个县，平定即在其中，属古定窑系，旧有"西窑"之称，在清代为山西产瓷大县之一，成为山西"四大土贡窑"之一。刻花瓷流传地平定冠庄村在清乾隆初就建有瓷窑，直到新中国成立后仍为平定产瓷之乡，此为刻花瓷之流传的重要渊源。

平定刻花瓷之新中国成立60周年献礼国瓷《盛世升平》

《中国陶瓷史》记载，平定窑最早见于明代李贤《大明一统志》和陆应旸《广舆记》，清代文献也多有记载。但是，平定窑的历史并不是始于明朝。1977年平定柏井窑瓷片的出土，初步判定平定窑始于唐，经五代，兴于宋而终于金。平定窑造型、胎釉与邢窑、定窑相近，故属于定窑系，以烧制白瓷为主，兼烧黑釉器物，有印花、剔花盘，以及北方习见的五角、六角纹盘、碗等瓷器。

平定刻花瓷之制作生产

在宋代，平定已成为全国五大优质黏土产地之一，白瓷可与定窑相媲美。到了金代，装饰品种在刻花和印花的基础上，又产生了青黄釉印花和黑釉贴剪纸花装饰方法。

宋代黑、棕釉刻花瓷技法虽然失传，

但瓷器生产并没有在平定消失。清乾隆年间,平定冠庄村建瓷窑一座,成为平定陶瓷生产的又一个开端。虽然清朝时平定所产的是杂色瓷,但工艺十分精美,平定窑被定为土贡窑。至光绪三十四年(1908),平定瓷窑已达十余座。

平定黑釉刻花陶瓷与国内众多名窑的一个不同之处在于,其产品充分展示出中国古代定窑系——平定窑黑(白)釉瓷的烧造工艺,以及具有定窑风格的仿宋刻花瓷绝活。它采用当地黏土(高岭土),以刀代笔,在坯胎未干前刻花,一气呵成。其制作工艺是用以黑、白色为主要表现手段,来展示地道的、独特的、浓厚的民族民间特色,有烧造釉色稳定、釉面光亮润泽、造型古朴典雅、线条灵活流畅、纹样生动明快、图案丰富多彩、题材广泛、主题切中"民间、民俗"特色、品种齐全、式样千姿百态等特点。

平定刻花瓷制作工艺采用的是湿作法,历经选料、煅烧、研磨、除铁、过滤、陈腐、练泥、揉泥、拉坯、修坯、施釉、刻画花、烘干、装窑、烧制、检选、打磨等几十道工序制作而成。

刻花瓷中"刻"是技法和工艺,"花"并非单指花朵,它代表的是图案、纹样和装饰。刻花瓷大致可分为三大类,即刻坯、刻化妆土和刻釉,每一类的制作技法各不相同。比如,刻坯是在已成型的坯体上进行装饰,装饰技法最为丰富,可加可减,浮雕、堆雕、镂雕、阴刻、阳刻等技法都可使用,待装饰完成后,表面施釉焙烧而成。刻化妆土是基于坯体和釉面之间的中间层进行装饰,有两种方法,即刻花留地和刻地留花两种,其呈现出的艺术效果给人以清新淡雅的视觉享受。

而黑釉刻花瓷工艺采用的则是刻釉的技法,在上了釉的坯体上进行刻花的釉面装饰。刻釉的装饰手法和刻化妆土一样,也是刻花留地和刻地留花两种,但难度要高一些,因为前两项在高温烧成时不会流动,而刻釉工艺在高温烧成时釉子要融化并且发生变化,这就增加了工艺上的操作难度。

这项工艺最基本的艺术特点是,在釉料方面讲究"施釉肥厚、釉如堆脂",图案上讲究"肥花大叶、布局匀称、见空说话、计白当黑",充分体现了精练概括、粗犷豪放的艺术特色。刻釉因为"施釉肥厚、釉如堆脂"的工艺特点,增加了制作难度,同时也降低了它的成品率。只有肥厚才

刻花瓷大师张聪

能如堆脂般丰满，才能形成其特有的"拙朴厚重"的艺术特色，因此，"拙中见巧"是刻花瓷特有的艺术品位。

1914年，县署设平定工厂，倡办陶瓷业，从江西宜兴请来师傅传授紫砂陶技术和工艺，生产紫砂器、粗瓷、细瓷等工艺瓷和日用瓷产品，主要产品有紫砂壶、花瓶、笔筒、画筒、壁饰及白瓷汤盆、碗等各种器物。

平定的制瓷、烧砂等传统产业，源远流长，久负盛名。20世纪40至50年代，平定汇集了河北、昔阳、寿阳及当地的诸多工匠，烧造陶瓷，其间烧造工艺极为独特，以"木棍为炉条"，平铺炉码，上铺无烟炭块，进而烧造，是为一绝。

20世纪60年代，山西省陶瓷研究所古陶瓷研究专家水既生教授，根据出土的标本，主持恢复了刻花瓷这一失传的传统工艺，故亦称其为"仿宋刻花瓷"。水教授还培养了卜同举、张聪、王更正等一批制瓷能手，他们共同研制的棕釉印花龙纹杯碟等产品，以其特有的地方特色风靡国内，享誉海外。1986年，张聪、王宝玲设计的黑釉刻花缠枝牡丹梅瓶荣获国家轻工部百花奖创作设计一等奖，自此，"刻花梅瓶"成了平定陶瓷的代名词。

20世纪90年代中期，山西省工艺美术大师、山西省非物质文化遗产保护项目——平定刻花瓷代表性传承人张聪及其子创办"张氏陶艺坊",使平定刻花瓷得以传承与创新。2006年9月,平定县被中国民间协会等机构命名为"中国刻花瓷之乡";张聪一家被授予"刻花瓷艺术之家"荣誉称号。同年,以张聪父子为申报主体的"平定黑釉刻花陶瓷制作工艺"被列为首批山西省非物质文化遗产保护项目。2008年4月,刻花瓷大师张聪的作品"剔花黑釉瓶"被国家博物馆永久性珍藏,这是平定刻花瓷第一次进入国家级殿堂,也成为阳泉地区最早的非物质文化遗产入选项目。

平定砂器

著名歌唱家郭兰英在《夸土产》的歌中唱道:"平遥的牛肉、太谷的饼,平定的砂锅亮晶晶。"这首具有浓郁民族风格的歌曲,曾经唱红了大江南北,使制陶史上占有一席之地的平定砂器在海内外享有盛名。

根据现出土文物,在平定县东关重兴坡古墓地的古墓层塌土中,发现许多古砂器碎片和一枚五铢钱币。这些古砂器碎片经过精心复原黏合成两件古代砂器。一件是圆形三足砂灯,砂灯圆盘直径13.8厘米,足高1.5厘米,通高3厘米。另一件是圆形砂鼎(古代祭祀焚烧香纸用品),鼎口直径12厘米,足高4厘米,通高15厘米。结合砂灯和砂鼎烧制工艺等方面的考证,初步认定,这两件砂器当属秦代生产的平定砂货产品。

明末科学家宋应星(1587—1661)所著《天工开物》,是一部系统总结中国农业和手工业发展历史的具有完整思想体系的书籍。在其《陶埏篇》里记述:"凡白土曰垩土,为陶家精美器用。中国发现五六处:北则真定定州、平凉华亭、太原平定、开封禹州,南则泉郡德化(土出永定,窑在德化)、徽郡婺源祁门(他处白土陶范不粘,或以扫壁为墁)。"乾隆版《平定州志·物产》载:"砂产州北山中。砂色白,俗称干子。村民陶为器皿,货之他方。京师呼为砂吊子者,即州产也。"20世纪80年代新编的《平县志》记载,平定砂器在唐朝已成为当地手工业技术与商业贸易的主要产品;到宋朝,砂货已经很有名气,并广泛应用于民间。明代,平定砂货闻名遐迩,可以与江苏宜兴、福建德化、广东石湾等地的产品相媲美。清朝,平定砂货更是名声远扬。据传,康熙帝有恙,太医开方,并特别叮嘱要用平定的砂壶煎药。可当时宫中没有,康熙只好命人星夜赶往平定采买砂壶用来煎药,身体很快康复。康熙龙颜大悦,还在砂壶上题了一个"龙"字,这就是后来被传为煎药神器的"龙字壶"。康熙的御笔,使平定砂锅及砂货的身价倍增,京师客商纷至沓来,成为京晋冀一带红极一时的抢手货。再后来,平定一带民间就有了"黄瓜干上贡品,龙字砂壶悦帝心"之说。自此,平定砂器与宜兴紫砂陶、广东砂煲齐名,史称"三鼎甲"。平定砂器几经历史变迁,到清代已达到技艺精湛且负有盛名的程度。北庄村内一通清乾隆二十一年(1756)的石碑保存至今,碑文就明确记载

平定砂器之三足鼎

了当地"耕陶为业"的历史,这也足以证明平定砂器生产在清代确实已成规模。

平定砂锅为什么会亮晶晶的?那是因为平定砂锅表层特有的黑色光泽。这也是其与外地砂锅的根本区别。原因就在制作过程中,出火后工匠迅速将烧制好的砂锅连同倒扣的笼锅一起挪到别处,用煤灰盖好,等完全冷却后再起锅。这样,原来土黄色的砂锅就如同上了一层黑釉,成为亮晶晶、光闪闪、无砂眼、无裂纹、不夹生、不变形的平定砂器。

平定在历史上多为州建制,管辖范围有平定(包括今阳泉郊区)和昔阳、寿阳、盂县,人口众多,矿藏丰富,手工业极其发达。砂锅作为传统手工业之一,遍布在平定境内的许多村庄。平定城周围的常家沟、冠庄,南乡的北庄、桃叶坡,北乡的东、西小麻,以及现在已经划归阳泉郊区的南小西庄、孙家沟等村子,都是平定砂锅具有代表性的发祥地。

"烧饭不变色,炖肉不变味,煎药不变性",这是人们赞美平定砂器的流行说法。

第五章

藩屏京畿　文献名邦
（明清时期）

概述

明朝时，孟州降为县，与平定州同属山西太原府，清雍正二年（1724），平定为直隶州，增领盂县、寿阳县，属山西省。地处"藩屏京畿"的平定州，地理位置尤为重要，经济文化一度繁荣，各路英才脱颖而出，闭封自守了2000余年的关内人们终于走出大山，望见晨曦。

地缘重要，君主重视。不仅有天下第九关娘子关，而且有比万里长城修筑时间还早155年的固关长城，更有通往京城的晋冀要塞故关。明朝开国皇帝朱元璋为防范元王朝残余势力东山再起，采纳奏议在故关部署常驻守关将士。开创"康乾盛世"、被誉为"千古一帝"的康熙帝，六过阳泉境内走的也是这些关隘。有一次，他看到险要的地形、雄伟的关城、古朴的民俗、坚固的民舍后，康熙帝赋有《过固关》和《过平定州》二诗。而且他还曾下过一道明谕，沿途经过各地方州县时，护驾各官不得扰民，有违者连同上司一并治罪。故此，近30年间，康熙御驾虽数度往返境内，但安然无扰，令百姓铭记。

明清两代，培育了众多精英俊才，为素有"文献名邦""进士之乡"的阳泉增色不少。从某种程度上讲,明清时期尤其清代,是阳泉人才涌动的鼎盛时期。譬如尽忠耿直的张三谟官拜寺卿,不避权贵;受人拥戴的方志学家张佩芳重视教育,惠及黎民;心忧天下的硕儒张穆治学有方,研史卓著;胸怀远略的清代名将窦瑸广东任职,设法守御;忠于职守的清官武全文率师过境,不扰百姓;学富五车的才子武承谟治奸剔弊,井然有序;学养深醇的王珲治学严谨,古文尤著;谨慎从事的贤吏田嵩年严肃考纪、公平取士;等等。这些正是阳泉教育昌明、文化繁荣的大环境中结下的丰硕成果。

明末农民起义爆发后,平定、盂县一带的义军积极响应,成为明末农民起义的一个缩影。盂县李化龙、李奇龙兄弟俩,不堪清朝统治者的专制暴虐与民族压迫,带领当地贫苦农民,毅然高举反清大旗,虽以失败告终,但他们身上所表现出的爱憎分明、争取自由、反抗剥削压迫的英雄气概令人钦佩。平定义和团首领张大愣、李大笨抵御洋人侵略,都不失阳泉人民的崇高民族气节和顽强斗争精神。

阳泉资源丰富,乡土气息浓郁,自然环境优美,文化艺术璀璨。阳泉地区的名胜更是令人赞不绝口,境内有漾泉春色、平坦秋月、五渡平波、魁星楼影、帽石烟凝、剑笔秀峰等著名风景,以及平定圣庙、天宁寺双塔、玉泉山关王庙、药岭山清凉寺、东回元墓壁画、古代摩崖石刻、女娲补天遗灶、万里长城遗址等古迹。同时,文人学士留下的华章百读不厌,元好问的诗集、傅山的画卷、张穆的《蒙古游牧记》,以及迓鼓、评说、"牛斗虎"等民间艺术,都会给我们讲出许多阳泉地区的故事。

天下第九关——娘子关

娘子关,位于阳泉市平定县娘子关镇娘子关村与河滩村之间的绵山半山之上,是历代兵家必争战略要地,属山西省重点文物保护单位。娘子关名称由来说法有二:一种是此地有妒女祠,相传是古人为祭祀春秋时期晋国名人介子推之妹妒女而建,称娘子庙而得名;一种是相传唐太宗李世民之妹平阳公主曾率娘子军驻守此关,因而得名。

娘子关历史悠久,春秋时属晋国的领地,一直为兵家必争之地。《左传》载,鲁定公三年(前507),娘子关属中山国。公元前296年,赵国灭中山国,娘子关又成了赵国的属地。秦始皇十八年(前229),秦国大将王翦率兵攻赵,从娘子关一带下井陉攻邯郸,次年灭了赵国。秦统一中国后,娘子关属太原郡。西汉建元元年(前140),并州置上艾县,娘子关属上艾县辖地。隋朝开皇十六年(596),于此地设苇泽县。唐贞观元年(627)废苇泽县,娘子关属井陉郡。唐天宝八年(749),娘子关属广阳县。唐乾元元年(758)设承天军,属河东(即山西),设节度使。北宋开宝二年(969),赵匡胤亲征北汉,攻占广阳县,占据娘子关,设置平定军。太平兴国四年(979),赵匡义(又名赵光义)灭北汉,改广阳县为平定县,辖娘子关。元代,娘子关属冀宁路太原府平定州。元末明初,朱元璋率大将徐达从河北正定发兵,西上井陉,夺取了娘子关、平定,攻太原,占领了山西。明洪武六年(1373),朝廷修筑长城关隘,娘子关、固关等关口为长城沿线的边关重地,朝廷派兵驻守。嘉靖二十年(1541),蒙古部族俺答军突破北部长城防线侵入太原附近,娘子关成为北京的藩屏重地。嘉靖二十一年(1542),俺答军又攻山西,朝廷调拨民夫修筑娘子关、固关长城与城堡,构成较为完整的防御体系。

清光绪二十六年(1900),英、俄、德、法、美、日、意、奥八国联军攻陷北京后,朝廷调大同镇总兵刘光才到娘子关阻击。《辛丑纪事碑》记载:

平定娘子关

"辛丑(1901)暮春三日,夷骑数出北峪口,逼关窥探,而武功军丧心不备,五日卯刻乘虚破苇泽关,未刻破旧关,炮雷弹雨,血肉狼藉,凄惨不堪言状。"

1911年10月,孙中山领导的辛亥革命在武昌发动,11月,清军进攻山西,山西起义军在娘子关阻击清军入侵,进行了激烈的战斗。

1937年10月,中国军队打响了抵抗侵华日军侵犯山西娘子关的保卫战。此次战役,中国军队投入了52个团的兵力,约10万人,阻敌前进20余天,在抗战史上写下了壮烈的一笔。1940年8月20日,八路军发起了百团大战,攻下了日伪军盘踞的娘子关,打破了日军对抗日根据地实施的"囚笼政策",打开了抗日战争的新局面。

1947年4月,中国共产党领导的晋察冀部队发起正太战役,4月25日解放娘子关,5月2日,解放平定全境。从此,娘子关回到人民手中。

娘子关是一座长方形古城。南北长400米,东西宽150米,由城楼、长城、关帝庙、古街巷等建筑组成。历史上,它屡经战火,历尽沧桑,如今已成为闻名中外的名胜古迹。娘子关不同的历史时期所屏障之对象不同。唐代娘子关是保卫京都长安的重要关隘。明代,娘子关成为保卫京城的京畿藩屏。娘子关城堡的南门叫宿将楼,它依山而筑,傍水成戍,坐北朝南,居高临下,形势险要。宿将楼上依绵山,悬崖峭壁,峰峦叠嶂;下临绵河,汹涌澎湃,白浪卷地。古代,这高山与长河之间只有一条关城古道连通晋冀,且道路狭窄,车不得方轨,马不得并骑。

宿将楼修建于明嘉靖二十一年(1542),门额上镶嵌石匾,阴刻横书"京畿藩屏"。崇祯七年(1634)加固增修。清代至民国年间,关城屡遭毁坏。1986年进行了整修。整修后的宿将楼为青石砌墙,拱券门洞。南侧和西侧各加厚了30厘米,城墙高9.1米;底长17.2米,宽11.3米;顶长16.8米,宽11.05米。城门高3米,宽2.05米。城墙之上环围箭垛,城楼为重檐歇山瓦顶结构,面阔5间,进深3间,檐上悬一横匾,横书"天下第九关"。城楼檐下4根石柱上刻有楹联:"雄关百二谁为最?要塞三千此并名。楼头古戍楼边寨,城外青山城下河。"宿将楼中有平阳公主及女兵塑像。和宿将楼通连的,有一座明代建筑的关帝古刹。

宿将楼西临悬崖绝壁,东连随山而起的长城,垣堞累累,呈锯齿状,宽处2米,成70度斜坡一直通到峰巅之上。明代在古长城遗迹上补修,

娘子关瀑布

是现今保存完好的中国内长城。娘子关城堡的东城门踞山临河,地势险要,坐西朝东,扼晋冀两省咽喉,南接绵山峻岭,与固关相唇齿,北有长城筑到绝崖,构成一道太行山脊的关城锁钥,至今仍保持原状。

东城门城墙青石为基,青砖砌筑。为单檐硬山瓦顶结构,面阔5间,进深3间。墙面弹孔斑驳,北侧有道通上城楼。墙高10.9米,底长14.5米,宽12.15米;顶长13.6米,宽11.5米。砖拱门洞,高3.8米,阔2.95米。东门额上方镶嵌一石匾,阴刻横书"直隶"和"娘子关"。匾右竖刻"钦依固关等处地方都司署指挥同知何启龙立",匾左竖刻"娘子关守口官加衔守备左相书"。

娘子关瀑布尤为著名。又称水帘洞飞瀑,位于娘子关城堡东门外高度为385米的山崖上,是娘子关著名的景观。水帘洞飞瀑古称悬泉。清光绪版《平定州志》记载:"悬泉,泽发水之源也。平地突起,下临绝涧,悬流百尺,故名。"泉源口在绵山的半山之上,直径1.3米,周长4米许。悬泉喷涌的泉水夹带着雪白的浪花从30多米高的山崖飞泻而下,形成一个宽10余米、落差30余米的悬泉瀑布,散缕似珠,如帘倒挂。在瀑布的半山崖中有一溶洞,叫水帘洞。

水帘洞瀑布蔚为壮观,从河谷仰望,飞流直下,跌宕峡谷,又被半山突出的峭崖撕裂成无数激流,浪花飞溅,水雾弥漫,如霜似雪,寒气逼人,水声轰鸣,震耳欲聋。历代名人到此游览,多有诗词留世。金代诗人元好问《游承天悬泉》曰:"平泉突出随崩奔,汹如颓波射天门。太初元气未凝结,更欲何处当胚晖。素虬腾掷翠蛟舞,衮衮后出皆鲸鲵。雷车怒击冰雹散,石峡峻滑苍烟屯。"明代乔宇、苗蕃均有诗咏水帘洞瀑布。

朱元璋纳奏守故关

故关,历史上又称为井陉关、井陉口、土门关,是著名的险关要隘。其位于平定县城东45公里的平定与井陉县界的万仞丛中,为战国时期

朱元璋画像

所筑赵长城的重要关卡,冀晋通衢中最具战略地位的冲要,历来是兵家必争之地。《吕氏春秋》说:"天下九塞,井陉其一。"《魏书·地形志》载:"石艾县(今平定)有井陉关。"《太平寰宇记》道:"四方高,中央下,如井之深,如灶之陉,故谓之井陉。"《元和郡县志》表:"井陉故关,在广阳县东八十里,即韩信、张耳击赵时所出道,今亦名土门。"

据《明史》和《西关志》记载,洪武六年(1373),明太祖朱元璋为防范元王朝残余势力东山再起,任命徐达为征虏大将军,整顿山西、北平边备,并采纳佐臣华云龙奏议"自永平、蓟州、密云迤西三千余里,关隘万二千有九,皆置戍守",下令将故关一带的中山长城、北齐长城修复,设置关城,驻兵把守。自此,故关就有了常驻守关将士。明洪武十年(1377)置故关巡检司。

至明嘉靖年间(1522—1566),蒙古游牧民族经常袭扰中原。当时故关为京畿要塞,所辖北起龙泉、南尽沙河,相距300余公里。故关旧城明正德元年(1506)所建,虽地当冲要,然险守不足。北兵曾经太原密迩故关,差一点被攻破,危及京都。为加强防御,嘉靖帝下诏,征用正定府八县民工,在故关以北2.5公里筑隘口。嘉靖二十一年(1542),故关新城竣工。建正城一座,周围32丈5尺,高厚不等。建北门一座,重门一座,水门一座,瓮城墙一道,长15丈。所筑新城即固关城。守关将士及其家属依城而居,世代繁衍而成新关村。

明末直臣张三谟

张三谟(1585—1649),字纬典,号日葵,又自号素位居士,明末名臣,平定大峪人。明天启二年(1600)中进士,授行人。历任御史、光禄寺丞、大理寺丞署、少卿、顺天府尹、大理寺卿等职。常直言评论朝政,多次被贬官降级,但忠心不已。中举后即往高邑县拜赵南星为师。南星是当时学界名流,东林党重要人物。初见三谟,就和别人说:"张子是一个很正直的人。"在赵南星家,讲学论道,面壁十年,学业大进。

当时,赵南星任左都御史,弹劾贪官污吏,不避权贵。煊赫一时的宦官魏忠贤勾结奸党,极力倾陷赵南星,很多人都不敢与南星接近,唯独张三谟照常往来,无所避忌。

崇祯元年(1628),选授御史,上疏弹劾魏忠贤余党李鲁生,并罢其官。二年(1629),到福建巡视。行前曾上《按闽辞阙书》,中有"治乱之关键,在善于选拔宰辅和御史官,宰辅是担当治国大事的,御史官是议论和纠正国家政令得失的,皇上要有意兴治,就应选贤任能,并对他们推心置腹,予以信任",立论精辟,颇中时弊,崇祯帝十分赞赏。在福建巡视期间,平息海寇李之奇有功。掌道御史嫉妒张三谟的正直不阿,想降低他的职位。皇帝得知后说:"张三谟是个有才干操守的人,又未做错事情,仍旧回御史道管事。"

崇祯三年(1630),张三谟因父丧回家守制,起复后仍任原官。当时朝政腐败,奸臣当道,灾荒连年,哀鸿遍野。张三谟忧虑国事,遂上《目击时艰》书,对奸相温体仁多有弹劾。一次,吏部尚书左都御史出缺,皇帝让在朝诸大臣当面举荐。温体仁串通吏部侍郎张捷推荐魏忠贤余党吕纯如,想为魏翻案。张三谟和张捷在朝堂上展开激烈辩论,张捷理屈词穷,温体仁一伙的阴谋才未得逞。

崇祯九年(1636),张三谟升任河南道御史,平反了许多冤案,得到皇帝的赏赐。崇祯十一年（1638），又升任光禄寺丞，不久改任大理寺丞署印务。司寇刘之凤犯罪，皇帝想处以极刑，三谟根据他的罪行，认为按律只可流放边疆。皇帝感到有伤尊严，对三谟加以斥责。有人劝三谟说："何苦为了别人不顾自己的安危？法律是朝廷定的，遇事听从朝廷的意见就行了。"三谟生气地说："你但知法为朝廷之法，不知法也是天下及后世人之法。怎么能以个人的意见随意改变呢？"继续上书力争。皇帝大怒，连降三谟三级。后又升任少卿、顺天府尹、大理寺卿等职。

崇祯十五年（1642），在一次推举宰相的朝会上，吏部尚书李日宣推举了16名德才兼备的候选人，其中即有张三谟，那些级别高但声名狼藉的大臣却一个也没有。落选的陈演等便编造流言，诬陷李日宣徇情滥举，多疑的崇祯帝将李日宣革职戍边。张三谟受到牵连，被罢官回了原籍。

崇祯十七年（1644），李自成攻陷北京，明朝灭亡。据传，同年旧历五月，李自成从北京退出后路过平定，曾和张三谟面谈，并请他当宰相，未果。明朝灭亡后，在家闲居的张三谟终因忧虑国事，抑郁成疾去世，终年65岁。后傅山及苗蕃分别写了《祭日葵先生文》《祭大廷尉日葵张公文》，以示悼念。

明末义军在晋东

崇祯二年，也就是公元1629年，陕北农民起义军首领高迎祥手下的大将"混世王"和"一斗谷"，就率领农民军在平定、寿阳等地转战。崇祯五年（1632）元宵节刚过，农民军在平定的宋家庄河及贵石河一带驻扎。当时，平定有一名担任宣府镇游击的军官，叫杨其庄，他奉命到平定城监督制造军械。杨其庄见"混世王"在城南按兵不动，以为他们势单力薄，便带着几百官兵前去剿灭，结果却陷入了农民军的包围圈。杨其庄惊慌失措，进退无路，只得执刀自杀。本无斗志的官兵见杨其庄死了，便不战自溃，纷纷缴械投降。至月底，大队的农民起义军由和顺、乐平（今昔阳），经平定的阳胜、马坊、石门口一线到柏井驿，直逼固关。这次平定农民八千余户跟随农民军，参加了起义的队伍。

农民军声势浩大，转战山西，准备跨过太行山，向河北挺进。苟延残喘的崇祯帝，屡屡派出重兵，更加疯狂地镇压农民革命。崇祯六年（1633）的春天，高迎祥、李自成被明朝的大将曹文诏连连追逼，他们带着七零八落的队伍，退到了寿阳，处境十分困难。首领们商定，暂时避开追敌的锋芒，命李过、罗虎、高一功三支人马在辽州一带，大将"闯塌天"、贺锦的两支人马在盂县、汾河一带继续牵制各路官兵，高迎祥、李自成二人率大部分人马向河南撤退。

义军首领李过等为掩护大队顺利转移，出其不意地攻陷了辽州，杀死知州李呈帝和主事张友、程佐等。诡计多端的曹文诏闻报，看出了李过的计谋，只调了少数兵力前去解救，自己仍然领着主力追赶农民军的大队。在碧霞村农民军的大将"混世王"奉命断后掩护，结果被曹文诏团团围杀，英勇战死。曹文诏还没来得及向崇祯上书请功，忽然探子来报，义军"闯塌天"在盂县攻城，情势十分吃紧，求曹文诏速速决断。曹文诏想不到再次被火烧屁股，不得不立刻回师，到盂县解危。哪料，他们气势汹汹赶来后，"闯塌天"却早已离开，让他扑了个空。趁着曹文诏像只没头的苍蝇东碰西撞时，高迎祥、李自成二人已经率部队安然渡过了黄河，李过等五路人马也相继杀出山西境内，在河南灵宝和主

李自成画像

力部队会师,而后向阌乡一带进兵。

崇祯十七年,也就是公元1644年的正月初一,闯王李自成在今天的西安,建立了大顺政权,改元永昌。接着发出了向北京进军的檄文,号召天下百姓归服大顺;还颁布了"平买平卖""均田免粮""五年不征"等深受百姓拥护的法令。李自成亲率大军50万人,从禹门过黄河,进入山西,正月初八占领平阳,一月之后,兵临太原城下,一攻即破,明朝的官吏非死即降。各处的官绅闻风丧胆,穷苦百姓扬眉吐气。攻下太原后,李自成分领一队人马战宁武,取大同向北,另一队则出平定固关东进,最后两路合击,会师北京。

平定本是通往北京的要道,守御千户朱弘基见农民军长驱直下,吓得紧闭城门,严加守卫。可是百姓们唱着"开了城门迎闯王,闯王来了不纳粮"的歌谣,打开城门欢迎农民军。农民军将领焦总兵率兵路过平定州城,在城中休息了一天,慑于农民军的声威,平定州署的明朝官吏为了安身保命也出来携酒相迎,设宴款待。

崇祯十七年农历三月十九日,李自成攻下北京,崇祯帝在煤山自尽,大顺政权得到进一步的扩大和巩固。然而,在他们占领北京不久,明朝驻守山海关的吴三桂,勾引清军入关,李自成迫于敌势,退出北京。五月初五端午节,被吴三桂追到了河北正定,李自成身受箭伤,手下的将领护卫着他过了固关,住进平定城调治。

李自成这回在城里养伤,跟随他的大将叫陈尚智。相传,李自成就住在今日大峪村张家院的梦楼。这座楼房磨砖对缝,外呈方形,共有四层,楼梯和地板都是木料所做,每层四面有窗,楼顶还有精巧别致的小亭。梦楼结构严密,外形壮观,远远望去,好似一座军事建筑中的碉楼。可惜的是,这座楼已在"文革"中被拆毁了。

李自成在平定大峪村养伤期间,曾经和城里的各界人士有过广泛的接触。据说,当时李自成还登门拜访了谢官归里的明朝大理寺卿张三谟。李自成对张三谟的才学和为人都非常敬重。

李自成伤势稍愈后,还亲自到娘子关安排军事布防。相传,娘子关前山崖上有"山明水秀"四字的石刻,署名李秉直题,据说,就是李自成的手书。直到崇祯十七年(1644)八月,农民义军还控制着故关、娘子关等战略要地,八月二十一日,农民军一千余骑出故关,袭击井陉,官兵们企图突围,被义军的骑兵横砍竖剁,纷纷倒下,最后,活捉了井陉的莫知县,得胜而回。

平定南营东关的关帝庙,就是在这年修成的。碑文上的落款用的就是大顺的年号。李自成领导的这次农民起义,推翻了明朝统治,打击了清兵,促进了历史的发展,其功绩是千古不朽的。

李化龙起义

从清顺治元年(1644)开始,满洲贵族统治者建立了封建中央王朝。为了维护其统治地位,实施了不平等的民族歧视和民族压迫政策,将国民分为四个等级,对汉人更是严重歧视和残酷压迫。一大批反清复明的志士,不满满洲贵族的压迫,在全国各地不时发动反清的起义。

清顺治四年(1647)九月,在盂县北部地区也爆发了反清的起义活动。生活在北乡大山里的大西沟村农民李化龙、李奇龙兄弟俩,不堪清朝统治者的专制暴虐,带领当地贫苦农民,毅然高举反清义旗。他们的队伍在临近县寿阳和五台也是出名的义军,纪律严明,军容整齐。

李化龙弟兄二人,生活在贫苦家庭,深深懂得农民生活的艰辛,从小就疾恶如仇,爱憎分明,对压迫者怀有极大的义愤,对穷人怀有深厚的感情。长大后,弟兄二人更是胸怀大志,有勇有谋,在当地是有号召力的首领。清顺治初年,李化龙就选定中社村作为起义基地,秘密联系乡友,暗中组织贫苦农民,逐渐壮大反清的队伍,为起义作准备。这一义举,引来不少有志男儿纷纷响应,还有那些当年跟随李自成南征北战、兵败后藏匿于盂县北部山区的士兵将领也纷纷投军。李化龙知人善任,充分发挥了部下的专长,特别是对李自成遗留的部下,更是知人善用,干过铁匠的就让打造兵器,当过炮手的就让自造火炮,精通武艺的就当教练。在中社村的西南设立教场,操练兵法,演习武艺。至今,这些演兵的教场、箭台遗址犹在。经过3年的准备,起义条件成熟,李化龙便竖起义旗,招募兵勇,顺治四年(1647),他们的队伍已经壮大到近千人。九月正式宣布起义,李化龙率领千余人马,从中社村出发,浩浩荡荡向盂城进发。

李化龙进军县城的消息,很快传入盂县城内,守城官兵顿时乱作一团。他们一面派人出城求援,一面将城门紧闭,并调集城内所有官兵,登城顽抗。起义军将县城团团包围,先从南门发起进攻。因城墙高大坚固,清兵凭着这一有利屏障,死命顽抗,义军几次攻击未能奏效。李化龙及时调整战术,白天停止攻城,采取夜间炮轰城墙的战术。天色渐晚,义军做好了炮轰城门的准备,李化龙一声令下,火炮喷出了道道火舌,在一阵阵轰鸣声中,城墙被炸塌了,出现了缺口。缺口残垣,清兵顽抗,义军继续攻城。经过两天的激战,守城清兵死伤惨重,而义军将士却越战越勇,盂县县城将被攻破。

但就在这孤城将破、城内官吏准备开城迎降之时,清廷调集标下左营游击李好贤参将部下的两营马步兵丁共500余名前来救援,清冀宁道守王镛亲自监督指挥作战,雁平道也调发东路营兵300余名前来夹击,在寿阳县防守的千总牛朝宰也前来救援。清廷动用多路军队前来镇压,对起义队伍造成了巨大威胁。这些人马,从城西的小坪梁一带,金戈铁马,杀气腾腾,蜂拥而来。城内的守军见援兵已到,随即也杀出城来。敌众我寡,腹背受敌。面对险恶的形势,李化龙临危不惧,指挥义军分头迎敌。经过一场血战,清兵尸横遍野,但见前边倒下,后续敌兵又如蚁似潮地涌来。李化龙看着自己的兵士在血战中一批批倒下,他左冲右突,血染征袍,但终因寡不敌众,战死沙场。义军士兵大多战死,不肯投降。这次起义终因清军人多势众,义军孤军作战而告失败。

李化龙起义从始至终坚持了四年之久,虽告失败,但却在盂县北乡龙华河、滹沱河一带播下了反清复明的种子,直至康熙雍正年间,北乡一带还不断出现反清的斗争。李化龙的历史功绩不可磨灭,直到现在,当地群众还传颂着他可歌可泣的反清故事。

康熙六过阳泉

康熙,即清圣祖仁皇帝爱新觉罗·玄烨(1654年5月4日—1722年12月20日),清朝第四位皇帝,清定都北京后第二位皇帝。年号康熙:康,安宁;熙,兴盛。取万民康宁、天下熙盛的意思。蒙古人称为恩赫阿木古朗汗或阿木古朗汗(蒙语"平和宁静"之意,为汉语"康熙"的意译)。他8岁登基,14岁亲政,是中国统一的多民族国家的捍卫者,奠定了清朝兴盛的根基,开创出康乾盛世的大局面。在皇位61年,是中国历史上在位时间最长的皇帝。

清初,国势日盛,域内平静,百姓安居乐业。其原因就是皇帝们能时常深入各地,了解民情,关心平民疾苦。康熙皇帝就是做得较好的一个。翻阅文献典籍不难发现,康熙在位期间,不但先后26次因灾减免过山西部分州县的田赋、丁赋、粮税和皇宫用品(绸缎、水胶、茜草、五倍子、明矾等),多次调拨京仓粮食、帑金(库银)救急济民,而且先后11次亲临晋省,考官风、察民情,实

康熙画像

施其文行德化政策。其中,路经阳泉境域的就有6次。

康熙二十二年(1683)二月,为祝太皇太后孝庄延寿,康熙帝玄烨入娘子关,经市境内赴五台山设道场,并亲临佛寺五顶,在山上住4日后起驾回宫。住山期间,他给菩萨顶各殿都陈供了金银、龙缎、香烛、哈达,于佛像前拈香跪拜,求太皇太后万寿无疆;同时,特赐山下老人龙袍、貂座、衣靴等物品,还分赐大喇嘛等蟒袍、衣靴、缎匹等,并御宴众僧,赐白米1000石,为寺刹御笔题额。在中台时,他面谕大喇嘛、各寺住持和地方官:"禁止官府民间砍伐山林树木。"回宫后又谕告山西巡抚穆尔赛等:"五台、繁峙、静乐、崞县等处,地瘠民贫,尔等要节财俭用,持己廉洁,恪共职业,务期兴利除害,以裕民生。"并特旨发放户部帑金3000两,以充重修五台山各座台顶之经费。

此后,康熙帝玄烨还于康熙二十二年(1683)九月、三十七年(1698)二月、四十一年(1702)二月和四十九年(1710)二月四次携部分皇子、皇亲巡幸五台山敬香御施,每次都路经阳泉境域,但因出宫前每有明谕:沿途经过各地方州县时,护驾各官不得借口扰害百姓,有违者连同上司一并治罪。故此,近30年间,康熙御驾虽数度往返,本境却一如寻常,安然无扰。

需要特别言及的是,康熙四十二年(1703)十月,玄烨帝出京西巡,命都察院给事中、御史各一人与护从一起随行。二十一日,"过井陉,次柏井驿";二十二日,"驻跸太原府"。过境期间,玄烨有感而发,写下了《过固关》和《过平定州》二诗。

《过固关》是一首五律,原文是:"鸟道入云中,风光塞漠同。人依险地立,城自越山丛。俗朴观民舍,才多壮士雄。芹泉连冀北,回首指青骢。"《过平定州》是一首七绝,原文是:"劳农岂惮元英节,寒景风沙透体来。志有鹊山无觅处,目前惟见冻云回。"用语不多,寥寥数行,但把皇驾过境时的所见、所感表达得淋漓尽致,伤农怜民之情洋溢于字里行间。

为了抚慰和勉励地方官吏,本次过境,康熙特意亲书了《禁园秋霁》《途次逢寒食》二诗分别赐给了平定州知州刘孚嘉和乐平县(今昔阳县)知县马光;另外,还录了唐诗中的一首五绝和朱熹的一首五绝,分别赐给了盂县知县俞钦及寿阳县知县刘应熙;今高悬于固关西峰山腰古庙中的"万世人极"四个大字,亦当系此次亲题。

到达太原府后,由山西巡抚陪同,康熙帝检阅了官兵骑射。谕告省衙:"此次观民情,见民生略有起色,往后要劝民节俭,倡导重务农,识礼仪。现将康熙四十二年以前山西所属州县未完征银两及米、豆、草全行蠲免。"二十五日离并南行,接着抵达霍州。有个御前内官向知州李绍祖勒索钱物供应,李不从,被迫自杀。州民得悉后为之哭泣,并径往帝前陈述。康熙帝闻之大怒,立刻命山西巡抚监斩身边肇事之官,挂首级示众。霍人高呼万岁,声震山谷。待知州出丧之日,霍州商民纷纷罢市祭道。

康熙帝在位61年,六过阳泉境域巡晋。纵观历史,他为大清的繁荣呕心沥血,辛劳一生,冠之"一代明君"当是毫不过誉的。

于成龙题诗过固关

于成龙(1617—1684),清代名臣。字北溟,号于山。山西方山县来堡村人,明崇祯十二年(1639)举为副贡,清顺治十八年(1661)出仕,历任

平定固关

知县、知州、知府、道员、按察使、巡抚和两江直隶总督等职。康熙二十三年（1684），病卒于两江总督任上，时年67岁，谥"清端"加赠"太子太保"。在其20余年的宦海生涯中，三次被举"卓异"，一生政绩卓著、廉洁刻苦，是时，以"天下第一廉吏"蜚声朝野。

于成龙在任几十年，始终保持了一身正气、两袖清风的清廉本色，被黎民百姓泛称为"于青天""于青菜"。在罗城连任县令六年多，离任时穷得连路费都没有。黄州八年，于成龙赴福建任职时仅有被褥一束、朝衣一袭，沿途以萝卜为干粮，即使到后来当了富甲天下的江南封疆大吏，他仍布衣蔬食，被江南民众称为"于青菜"。康熙十七年（1678）间，于成龙任福建按察使，正值清廷为对付台湾郑成功抗清势

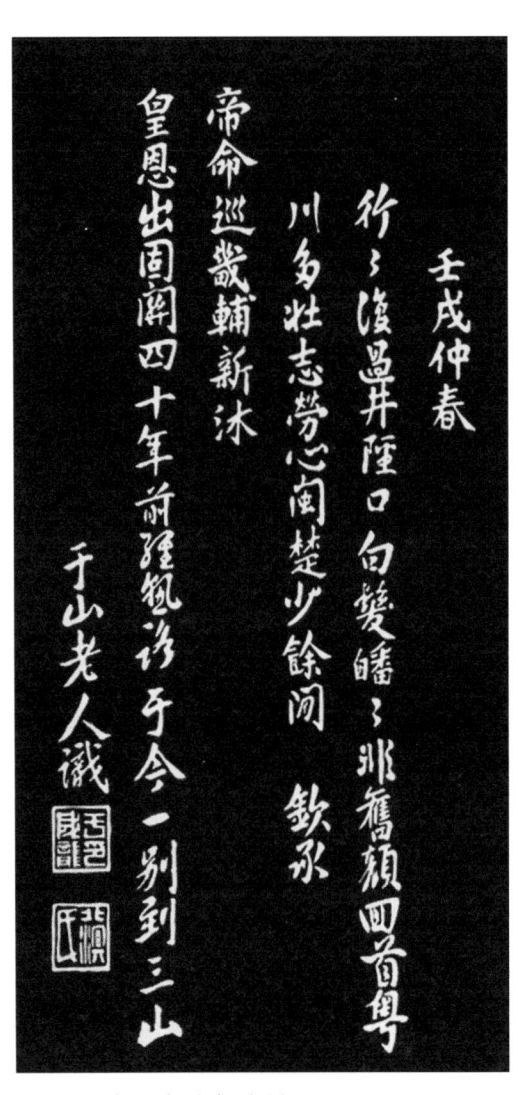

于成龙过固关手书碑刻

力而实行"海禁"政策，当时清朝统治者不顾连年民祸，民不聊生，百姓常以"通海"罪名被抓入狱，使许多良民受到迫害，出现了一桩又一桩的冤案。于成龙到达此地后，不顾重重阻挠，主张重审，使无辜民众免遭刑罚而释放，并发给贫困者回家的路费。于成龙亲民爱民，关心百姓疾苦，痛恨贪官污吏，凡所到之处，贪官污吏闻风丧胆，却深受百姓的爱戴，被称为"于青天"。于成龙离任时，广大群众遮道相送，以泪相别。他死后，江南民众"巷哭罢市，家绘其像以祀之"。康熙亲撰碑文称他为"天下第一廉吏"。

2001年初,平定县政协在收集、编撰《平定碑刻文选》资料过程中,在旧关村古关隘处发现了于成龙过固关手书碑刻。此碑高149厘米、宽73厘米,青石质地。古碑已断为三段。经考证,碑文是于成龙手书行草。

碑文是一首七律诗:"行行复过井陉口,白发皤皤非旧颜。回首粤川多壮志,劳心闽楚少余闲。钦承帝命巡畿辅,新沐皇恩出固关。四十年前经熟路,于今一别到三山。"碑文落款刻有两枚印章,一是"于成龙印",一是"北溟氏"。碑文题刻时间为壬戌仲春,即康熙二十一年(1682)农历二月。

康熙二十年(1681),皇帝召于成龙进京询问政事,康熙表扬其为"清官第一"。这一年冬天,于成龙向圣上请假,为母亲办理丧事,皇帝下诏批准。没多久,于成龙迁升两江总督,时年65岁。次年,于成龙葬母事毕,辞乡赴任,出固关离晋之时,心潮难平,有感而书。

清代名将窦瑸

窦瑸(1715—1802),字文贻,号欲诚,平定东关人。幼年学习儒业,于经学尤其钻研。其族叔窦宁当时在乾隆朝任皇帝的侍卫,返里时自有一番荣耀。窦瑸见后,觉得很羡慕,于是开始练拳术、挽强弩,弃文习武。乾隆六年(1742)辛酉乡试中武举,第二年壬戌科会试联捷武进士,授蓝翎侍卫。任皇帝的侍卫6年,随皇帝到围场(今河北省围场县)狩猎两次。后历任江西瑞州铅山营都司,贵州、湖广、广东等省提督。为官廉正,深沉而有远略。

窦瑸画像

任职铅山时,有惯匪以渡船为名,伺机劫掠客货。窦瑸派兵士扮作茶商前往,自己尾随其后,行至河口遇劫,遂即拿获其头目、同伙及贼船数只,使得河路为之一清。在泉州任上将时,于官津桥拿获屡缉未获之匪棍江标。任绍协时,救御水灾有方,肃清境内盗匪,政绩卓著,故两任处州镇所,一时有"金越福星"的称颂。镇登州时,训练水师身先士卒,武装泅渡,受到朝廷嘉奖。

在贵州任时,选将练兵,赴川助剿,屡建战功;在常德任上,时值荒年,饥民滋事,窦瑸善言喻训,捐米助赈,人民得以安居;在云南巡视边疆,至赌咒河立交界碑,以正疆域,并重修屯兵所,加强防务;鹤庆县四面环山,城外盆地,常患水灾,窦瑸派兵寻找山根淤塞洞口,水患消除;至广东后,见海口直通大洋,窦瑸亲身宿海边,设法守御,周密备至;广东旧规,某项收入向来都分给文武百官,窦瑸到任后即为革除,全部封缴藩库,一丝不取;英国贡使抵粤,窦瑸奏明弹压事,皇帝嘉其得体,并朱批"自应如此"。76岁时,窦瑸告老还乡。

窦瑸一生居官,忠于职守,勤政爱民,因而很受乾隆皇帝的青睐,赏戴花翎,两赴千叟宴,乾隆皇帝亲手赐觞,亲王举杯奉酒;御赐物品有如意、寿杖、朝珠、蟒袍、貂皮、缎匹等。嘉庆六年(1801)、七年(1802),窦瑸又参加了皇帝赐的鹰扬宴、会武宴,被看作千载一时的殊恩旷典,所以在平定古代的名人中他名气特别大。

窦瑸告老还乡后,十分热爱家乡的教育事业,置办大批教学用具赠

平定提督军门窦瑸府

给书院,曾修筑冠山上的"仰止亭"。闲时优游林泉,训课子孙,从不干预地方政事。享年88岁,葬于东关祖茔。本州绅士任用仪为作墓志铭。

清官武全文

武全文,字藏夫,号石庵,清朝盂县西小坪村人。自幼聪颖,酷爱读书,很有悟性。6岁读私塾,12岁补博士弟子贡,成为秀才。他作《迪义》《迪学》《迪志》三篇励志的文字作为座右铭,立志学习北宋程氏兄弟的治学之道,欲究得其所以然。他才思敏捷,考试时总是名列前茅,为学府师长名士所钟爱,为同学所称羡,故有"神童"之誉。

顺治四年(1647)考取进士,后授崇信(今甘肃省崇信县)知县。为官期间,曾引渡河水疏渠灌田,又创造水磨,以方便百姓生活。他不仅对外治理得井井有条,纹丝不乱,对衙门里的官吏也大力整顿,力除积弊。他主张官吏应秉公施政,要"上合法意,下慰民情","不扰良民,不张奸

武全文手迹

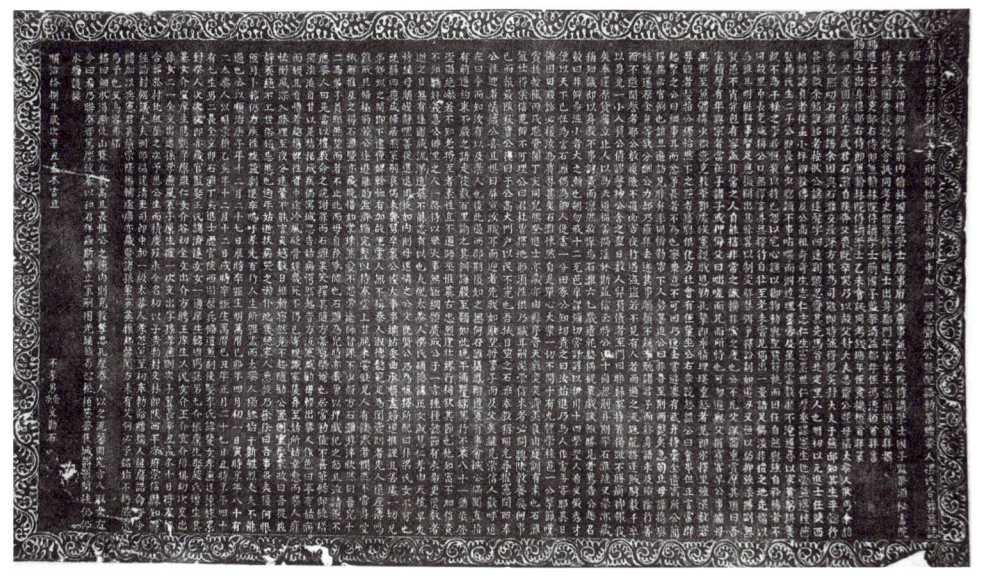

武全文《旷观园诗集》等著作

恶"。

宁夏总兵率师过境,因天气特别寒冷,欲入城休整,武全文担心其扰民,坚决不允,而是加重犒劳,使官兵们心悦诚服,使百姓免遭骚扰。他在治理崇信近7年的时间里,功绩受到吏部主事称赞,累升刑部郎中、平凉兵备道。

武全文任布政司参议时,因家中丧事而归。服丧期满后,补山东东兖道,不久裁归。恰遇吴三桂叛乱于西南,兵部侍郎孙光祖推荐起用武全文赴任湖广。先督赈于郧阳(今湖北省郧县),郧阳民众立石颂其德,又补衡永郴道布政司参政。不久,武全文进京朝见皇帝,返回途中行至赵州(今河北省赵县)疾病发作,遂告归。回乡后,建造"旷观园"一处,与诸子游憩讲学。卒年73岁。

武全文人品高尚,才华横溢,做官清正廉明。一生写了不少文章和诗词。他主张读书明理,学以致用,文章要朴实无华,不事雕琢。其聚汇成集的有《旷观园文集》《藏山记事》《宾山游》《百忍集》《武氏家学汇编》等。目前保存完整的有《旷观园文集》。

钦定"第一才子"武承谟

武承谟,字邵孟,号逸溪,清朝时盂县西小坪村人。武全文之孙。武承谟自幼聪明好学,遍读经史百家之书。康熙三十八年(1699)中举,康熙三十九年(1700)中进士,任大庚(今江西省大余县)知县。任中,因遇家中丧事而归。服丧期满后,补新安(今河南省新安县)抚军。

康熙皇帝巡视直隶时,经人保荐,特意召见了武承谟,并亲自出题限韵,命他以"闺怨"为题,限溪、西、鸡、齐、啼韵,兼用一、二、三、四、五、六、七、八、九、十、百、千、万、两、丈、尺、双、半18个数量词,分春、夏、秋、冬四季作四首诗,要求在限定时间内作出。武承谟"不假思索,随笔缮写"。康熙皇帝大悦,称赞武承谟为"天下第一才子",并给其优厚的赏赐。武承谟由此名声大震,他的才学为当时朝野所赞许。

武承谟补官之日,朝廷犹记其才,欲以内臣用,但正遇无锡缺任,无锡是大邑,所以让武承谟试职于此。无锡之地,官吏奸滑腐败,世族巧取豪夺,难于治理。武承谟到任后,便撰写五副对联于县堂安民。首先在县堂题以自警,表明心迹:

> 日照月临,天有难逃之眼;
> 民穷财尽,地无可剥之皮。

在县衙照壁上,作了一副对联:

> 罔违道,罔拂民,真正公平,心斯无怍;
> 不容情,不受贿,招摇撞骗,法所必严。

在县堂照壁上,作了一副对联:

《无锡县志·名宦》记载了武承谟的事迹

视民如伤,锡邑苍生皆我子;

修己以敬,东林前辈是吾师。

他听说无锡跑官、要官的风气特别厉害,认为用人管理上必须定下规矩,故在仪门上撰联:

工堪比官,斧斤利刃随手携来,因材而用;

医可喻政,硝磺猛剂有时投下,看病何如。

在大堂撰写的对联为:

人人论功名,功有实功,名有实名,

存一点掩耳盗铃之私心,终为无益;

官官称父母,父必真父,母必真母,

做几件悬羊卖狗的假事,总不相干。

因其治奸剔弊,境内很快井然有序。其先后任职三县,无锡政绩最为显著,但终因政务劳累,卒于任上。无锡缙绅及市井工商与穷乡之童叟,皆哭于治门,并立专祠祀之。

武承谟的才学为当时朝野所赞许。著有《尚志堂诗草》《逸溪堂稿》《客窗质语》等书,流传于世。

古文大家王珻

王珻(1674—1742),字韫辉,号石和,山西盂县芝角村人。清朝康熙四十五年(1706)进士,授翰林院庶吉士、检讨,曾参与纂修国史。他在教育、治学思想等方面颇有建树,古文成就备受人们推崇。他是盂县乃至山西一位杰出的文化名人。

王珻在翰林院任职,为官十几年,由于他"学养深醇",为人温厚和平,又不喜官场明争暗斗、尔虞我诈,平日只是"键户读书",专心修志,所以名人公卿都很敬重他。

康熙末年,因父母年迈,致仕回家赡养双亲。雍正二年(1724),太原府因重王珻学业品行,聘其为晋阳书院山长。当时的晋阳书院正处在颓废衰败之时,所以他执教之始,就为书院确立"引掖自学,先德行而后文"的宗旨,倡导和实施因材施教、注重实践、勤奋修业的教学方法。他认为"待教引化洽,举公辅庶司之箸",无不依靠学校,但"天下之材,原不能尽于学校",所以经常谆谆训迪学子"以立身行己为学者读书根本"。而读书之根本在于树立正确的读书观,他常对学生说:"学习不单是为了填词作文,更重要的是学习做人。"所以他要求读书时"不涉浮夸","一言一行"必合乎道德标准,在夜晚要静坐自思白天所做之事有无违背礼仪道德的要求。这种读书注重学用结合、学以致用的精神,在封建科举时代是难能可贵的。当时的读书人为求功名死读书、读死书。他反对这种读书法,认为这种"字梳句枇,数卷之书,穷岁而莫尽"的读书法,最终"无所得",到头来还是"耳目昏耗"。所以他说,唯有智者才可读书,"智者之读书,能无书也"。历史上诸葛亮读书做到了这一点,所以使他成为"大智者"。

他还主张读书要有选择。他说书籍是智慧的结晶,能使人成为聪明人、智慧者,有许多古人就是从书中受到启迪而成为"圣人",但后人却"昏于书"。为什么会出现不同的结果?因为"古人之书",是圣贤之书,如

盂县王珻故居旧址

源泉,探之而深,推之而广;而"后人之书",即"邪妄庸靡之书","理不足发天人之奥,情不足状事物之精",如果久读,使人"神气"沉沦,成为"昏昏者"。所以他提出对书籍要"能别其真伪",读书时要善于"审择"。

在教育过程中,他充分贯穿德与文相结合的原则。比如在教学生为文时,首先要求学生像司马迁、欧阳修、苏轼那样,以"天下之公心",为文求"是"。所谓文之"是",就是"不谬之理",敢于坚持真理,而"不必尽中圣人之理",人云亦云。但求"是"之道,并不容易,必"意、气、词互用"。三者运"气"最难,"舍词意"就"别无运气之法",使自己的"喜怒哀乐"与"古人"沟通,这样"真气动矣"。只有"气"动,则辞无不达、意无不表、理无不入,言之长短、声之高下都能做到适中,这样就求得了文章的"是",只要能够这样为文,何愁学业功名不成!

他在书院十年,开始学子仅百余人,以后陆续增加至数千人,但他仍禅精竭虑,每月亲自批改词文2000余篇(首)。由于他以实学为指导,使山西"人文"蔚起,科第联翩,十年间乡试、会试,登举人、进士者百余人。为了怀念他的教育功绩,学生们在他因病辞归后,树立"教泽碑",镌刻了他的教育规条,后来者都尊崇于此,使书院数十年教泽不衰。

王珣的主要著作有《韫辉真稿》《石和古文》和《四书文稿》,其中的一些著作于雍正七年(1729)由作者自叙曾第一次付印,仅传播于北地。乾隆六年(1741)由他在芦溪县当县令的族弟印出九卷本《石和古文》,开始传授于南方。现在看到的大多为1925年由当时盂县知县王堉昌和本县绅士刘声骏主持重印的《王石和先生文集》。这个集子共9卷108篇古文作品,其中大多是雍正年间他致仕回家乡或是执教晋阳书院时期创作的。

王珣的古文具有鲜明的个性特征和强烈的时代特色。王堉昌曾把他与盂县武全文(号石庵)作比较,说"石庵以跌宕俊逸致胜,石和(即王珣)则以缠绵悱恻胜;石庵之文多奇志,而石和之文多颖思"。这说明王珣之文重在思想及情感的表达。雍正年间山西巡按使黄佑称王文"读之清新俊逸,独出心裁,是能不受前人牢笼而自成一家言者",文章"久脍炙于海内"。他的古文"议论上下千古,论事心持其要,论人比当其衡","昌言正论,罔所滞匿,谈是非成败之理,若决江河而下"。这些评论公正而准确地道出了王文的特色。

明清以来科举取士，大兴八股文，"清尤甚行，娇柔文品愈下，去古愈远"，韩、柳、欧、苏之文风消减，"杂芜成章，谚词相尚，争趋于艰深怪辟者，自不可以道理计"。王玿处于这样一个时代，能摆脱羁绊，独尚古文，受到许多有识学者的推崇，这是因为他从小爱读古文，深受孟子及唐宋八大家的影响。他认为孟子是文章之宗，自他之后，文风大衰，而韩愈文起八代之衰，柳、苏、曾、王先后倡和，他们率先变汉魏六朝文体，不"蹈常袭故，附和雷同"，所以唐宋之文，脍炙人口而亘千古莫之变。他曾在一篇文章中谈到爱读唐宋八家之文的情形。他少时与同窗好友张硕儒读书，借到硕儒的一本《山晓阁唐宋八家文选》，便手不释卷地读起来，硕儒看他嗜书如命，对他说："你这样爱书，我愿把此书赠送给你，但愿不要辜负我赠书之意。"他便每日诵读，力求深知"古人之精神义理"。直至考取进士做了官，东西南北"经涉万里"，也随身携带研读，一直同它相伴将近50年。年岁大了，感到能"致力于是书者"，无多少时日，便从箧中翻出，又装帧一新，想起当年硕儒在寒灯风雨之夜，赠书叮咛的情形，不禁掩卷神伤，潸然泪下，无限感慨地说："我虽不能同此书共存亡，但八家的精神文理永存于世，我的思存也就得以寄托了。"

王玿的古文创作不仅深受唐宋古文影响，也与同时代的"桐城派"古文家相互借鉴。王玿与"桐城派"古文的创始人方苞、姚鼐是同时代人。他同方苞还是同年进士，又同朝为官。他们都是当时名望很高的古文大家。方苞在古文上提倡"义法"，主张文章要"澄清无渣"，要"言有物""言有序"，反对六朝藻丽文风；姚鼐则强调文章要有神理气味，要讲求格律声色，要求内容和形式的统一。而王玿的古文既重视"文情"又重视"文气"，也就是文章既要有思想感情，又要有神韵气势。这是他古文创作的两大特色。

所谓"文情"，即是文与道的关系，他主张"文以明道"，这一创作思想同韩愈的"文以载道"的思想是一致的。他说，"文与道相表里，道足者文自至"，"执笔为文，亦不过自写其意之所欲出"。王文所指的"道"即人的"喜怒哀乐之情"，"是非成败，富贵贫贱，老少死生之故"。这些"情"相发，"郁乎中而达于文"，就有了"文情"。他说："无情之人，未有能工于文"的，可见"情"是文章的基础。但人的思想感情不同，文情也就不同，"若当喜乐之时，而为哀怒之文；当哀怒之时，而为喜乐之文，则不能肖"。即使同属于"喜怒哀乐之情",但"此时之所为文,易一时而复为之,则亦不能肖"。所以"一人之情,一人之文,其心之所能思,而口之所能言",是相差很远的。既然文章是表达不同人、不同时的各种复杂思想感情,所以文章最忌人云亦云。"欲借古人之言,以舒今人之情,岂非欲借古人之情乎!古人之情,不可借也"。他批评有的人"穷思敝虑",自以为得到一些精妙的语言,但一看前人的文章已先我而言,从而恨自己生之太晚,"不能与古人同时"。还有的自鸣胸中有了奇特想法,但又一看古人已"言之太尽,不肯留余地以待后人"。这说明模仿的结果,没有"不出古人之下"的。因此"能文之士",只能相互学习而不能抄袭。"所学者,在神来气往之际",就是说要善于学习表达思想感情的手法。至于"喜怒哀乐之情,则庄(子)、列(子)不能告之马(司马迁)、班(固),马、班不能告之韩(愈)、柳(宗元)、欧(阳修)、苏(轼)"。因为"情出于独",每个人都有自己独特的思想感情,"独之所生,未可强而同"。从王珻的创作中,可以看到,其所表达的主导思想是儒家思想,但掺杂有浓厚的佛、道思想,尤其是在他的晚年,感到自己学识抱负都没有施展的余地,思想显得异常反复,悲怨之声随处可见,这充分反映了那个时代一般知识分子的精神

为纪念王珻修建的培风亭

风貌。

他所说的"文气"亦即创作时的神韵气势。"文者,心之声也","运乎声者,气也"。他说一篇好的文章好比一株挺拔郁然的松树,动起来则要有声音,这种声音好像"笙簧交作,鼗鼓、钟磬之唱于空中",听者只感到悦耳,而觉不出其多远多长。这种挺拔郁然的神态来源于雪霜雨露的滋润,这种悦耳的声韵来源于徐徐和风,而文章的神韵即是来源于"气"。这种"气","无声而有力,虽极天下之重,无不举;极天下之坚,无不摧"。这种比较神乎的"气",其实就是一种自然表达思想情感的手法。学会运用这种文法,就能使文章"直达其意之所欲言,油然沛然,随其言之所至,曲折赴之",做到得心应手。我们可以看到,在他的文章中,议论古今,有如江河直下,一泻千里,读来欲休不止,欲罢不能;论事说理,鞭辟入里,有如高屋建瓴,一气呵成;观山写景,使人身入其境,达至融情于景,声情并茂。

王珂的古文曾经在当时以至后来产生过一定影响,雍正年间的山西学政黄佑曾描绘他倾慕王文的故事。黄佑是江西新城人,从小喜读王珂的《四书文稿》,"手抄口诵,三复不忘"。他所以能科举得中就是受到了王文的影响。他愿平生"一晤其人而慰",但因"山川间阻,无缘得见",继而听说王珂归家养亲,"退居林下","瞻望天末",以为生平向慕之衷而难以实现。但意想不到的是他在雍正十三年(1735)任山西巡察使,到了太原府,"则奔而趋谒,亲其道范,朗然如明月之览怀也,冷然如清风之涤烦暑也"。从此可见王珂在当时是有着很大影响的。

贤吏田嵩年

田嵩年(1788—1836),字季高,号梦琴。盂县北关村人,田兴梅之子。

田嵩年出生于诗书世家,7岁便能赋诗,11岁时与兄长同案读书,13岁时随父亲在云南生活。嘉庆十二年(1807),得山西督学黄钺赏识,肄业于晋阳书院，并留在黄钺署中读书，由黄亲自督教。嘉庆十五年（1810），成为优贡生，赴京朝考取得二等名次，充八旗官学教习。

田嵩年生性狷介，在与人交往方面从不同流合污，"不妄游处"。与田嵩年交往甚密的官员有一个共同的特点，就是都有可贵的民族气节、高尚的道德情操和正直的处世态度，且都爱好文章词翰。

田嵩年嘉庆二十四年（1819）中举。第二年，在会试中列第117名，殿试中考取二甲进士，列第五名，钦点翰林院庶吉士。道光元年（1821）改授翰林院编修。道光三年（1823）二月，奉旨在南书房行走。其间，两遇京察（考核京官的制度）皆列一等。道光八年（1828）五月，任广东乡试正考官。道光十三年（1833）七月，升授侍讲学士。同月，又充任日讲起居注官。同年九月，任奉天府丞兼提督学政。道光十四年（1834）八月，又奉命

田嵩年手迹影印

留任。道光十五年(1835)九月,升任顺天府尹。

史载,田嵩年为官期间,行为端正,办事谨慎,忠于职守,勤于政事。对此,道光帝称赞他说:"田某老实,人当亦谨慎。"道光八年(1828)五月,田嵩年出任广东乡试正考官。临行前,道光帝曾当面口谕:"出题固避熟,然不可太割裂,取士以清直雅正为主。"田嵩年牢记皇训,谨慎行事,严格考纪,公平取士,因而此次乡试,所取多为名士。考试结束后,田嵩年因父亲去世回老家守孝。按当时的规定要守孝三年才能继续上任。而田嵩年在办理父亲丧事不久,又遇母亲和兄长相继去世,故而田嵩年丁忧时间长达五年之久。他利用这个空闲时间,在家教授生徒,许多学者慕名前往学习。

道光十三年(1833)他才又回到翰林院,仍在南书房当值。当值后,更加奋发努力,道光帝对他也更加器重。特别是在他大考翰詹夺得第一名后,道光皇帝马上授予他侍讲学士之职。之后,田嵩年又被委以奉天府丞兼提督学政的重任。到任后,田嵩年谨记君命,忠于职守,勤奋从事。他"以端士习、整风化为先务",着力净化学风。对学校诸生经常进行考试,对试卷也一一"亲为点校",对"亲丁幕友"也"无所携",而是一视同仁,严格要求。在他的努力下,奉天府的教育状况发生了很大的变化,因此,当他任职一年后,道光帝于十四年(1834)八月又下旨让田嵩年继续留任。

道光十五年(1835)九月,田嵩年因政绩突出而升任顺天府尹,官品也由正四品跃升为正三品。京都九月,已有了塞外寒意,田嵩年抵任不久,就遇上了一个棘手问题,因"雪泽愆期,粮价腾贵",一些粮行关起了大门,哄抬物价,老百姓因粮价暴涨而发生恐慌。田嵩年面对严峻的局势,下令"严禁闭籴"。经过一番艰苦的斗争,紧张的局势才得到了控制和缓解。局势稳定之后,田嵩年开始制定他的施政大纲,其中之一,就是想借鉴吕新吾《实政录》所载的内容,"编制保甲诸要政",然后逐步施行。然而,正当田嵩年踌躇满志、大显身手的时候,他却"操劳过度,气脱所致",卒于任上。去世后,连买棺材和装裹的钱都没有。

道光帝听说他去世的消息,仔细询问患病情况及其家事,给以抚恤。身后立祀晋阳书院三立阁。

田雨公直谏肃吏治

田雨公(1808—1876),字敬堂,号杏轩。清代盂县香河村人。其父田生蕙家贫,却非常喜欢读书。夏天在田间锄草也要把书带到地里,休息时就展卷讽诵,其他在田里耕作的农夫也聚在一处旁听。田生蕙很善于引导年轻人学习,跟他学习的人都有所收获。到晚年,家道富裕,更研读有关儒家修养的文章,发现先儒格言警句就作为座右铭。其文章道德为许多人所崇拜,称他为纯儒。县里修文庙、建考棚,田生蕙总是以身倡导,不辞劳苦。田雨公在京做官后,本县一个诸生在北京授徒讲学,暴病而亡,将要被葬入义园。他知道后即解囊相助,送柩还乡。有一人逾墙偷盗,被佃户和家人抓到,本应送官治罪,田生蕙知道后,就说:"这个人平素不是这种人,必是不得已而出此下策。"问之,原来是好几天无米下锅,妻儿老小饥饿难忍,被逼无奈,想偷些粮食回家。田生蕙听后,说:"救人就如同救自己一样。"取家中小麦送给他,嘱咐其好生做人,不能行此苟且之事。田生蕙教子有方,其子雨公、雨时、雨人,其孙国俊,一门四举人、两进士、两翰林,都是受其所教。时任军机大臣的贾桢、祁寯藻都认为"三槐之植而后可卜焉"。

田雨公小时候就特别聪明,5岁开蒙,父亲就教他读《三字经》《千字文》《治家格言》,经常为其讲直言敢谏、不畏权势、为民请命的历史人物的故事。田雨公曾表示:"大丈夫本该如此,儿应该向这些先辈们学习。"雨公18岁时就为邑庠生第一,于道光十五年(1835),到省城太原应举人考试(乡试)中了亚魁,时年27岁;道光十八年(1838)中了进士,时年30岁,从而成为一名难得的联捷进士,后选庶吉士,授翰林院编修。道光二十四年(1844),被选为甲辰会试同考官,还充任考试汉御史一职。同年,发生了一件震惊朝野的"王鼎尸谏案"。王鼎是清道光年间的军机大臣兼大学士,当时正在进行禁烟运动,王鼎主战,又支持林则

田雨公手迹

徐禁烟,道光帝不听,后来王鼎写好谏言上吊自杀以死来进谏。王鼎在给道光皇帝的遗折中指出:"条约不可轻许,恶例不可轻开,穆不可任,林不可弃也。"这个"穆"指的是穆彰阿(穆权倾朝野,门生弟子遍布),"林"指林则徐。当时,穆彰阿以"和"迎合道光皇帝,取悦苟且偷安的群臣。尸谏案发生后,穆的党羽陈孚恩首先侦知此事,迅即告知穆,穆命与王鼎同乡的张芾、聂沄以威逼利诱的手段,从其子王沆手中拿走遗折,另以他折上奏,致使王鼎虽死,谏言却没能上达,弄了个死不瞑目。而事件中的聂沄却因此备受穆的青睐,许以大考登魁。在这次甲辰会试中,穆彰阿意欲聂沄为科考第一名,于是便嘱其他三总裁和十八同考官,并授以关节。而十八同考官中就有田雨公。他虚与应酬,在第二天的考试中,发现关节试卷,锁入箧中。其他同考官没有发现聂的试卷,便到处找寻,最后在陕西考房中找到田雨公,他故意说道:"我昨夜不小心,有一试卷被蜡烛烧毁,莫非是诸君所要找的吗?我明天自会请求失职处分。"众人面面相觑,作声不得。就这样,惩治了这个趋炎附势、钻营投机的聂沄。因为是科场舞弊在前,穆彰阿也只好吃了哑巴亏,将此事不了了之。当时穆彰阿大权在握,科道九卿的升降皆取决于他,朝野上下无不知晓,田雨公明知担着老大的干系,居然敢这样做,足见其胆识人品。

道光二十九年(1849)雨公任江西乡试正考官,选拔出许多人才。

不久其升任大理寺少卿,兼领稽察右翼宗学。大理寺古称廷尉,负责审理诉讼平反冤狱。但大部分官员都习惯了"随例画诺",办事敷衍塞责,互相推诿扯皮。而雨公是一个办事认真、讲求原则的人,凡事"穷研详究,间於定案加纠驳"。每每阅读案件材料,都夜不能寐。遇到疑难案件,必要自己查访思考,得到实情,分析清楚方才作罢。

道光朝,清政府已由康乾盛世转向了内忧外困的境地,政治上因循守旧,腐败成风,社会内部矛盾重重,外来列强又不断欺凌。朝廷官员或者尸位素餐、浑浑噩噩,或者贪污腐败、投机取巧,以至于外夷坚船利炮轰开了国门。道光二十二年(1842),清朝在与英国的第一次鸦片战争中战败,签订了丧权辱国的《南京条约》,各地民众不堪忍受贪官污吏的盘剥,纷纷起义造反。在清政府内忧外患的现实面前,雨公心急如焚,想到物必自腐,而后虫生,于是不计较个人得失,直陈时政,论议得失。上疏言政时,他从不计利害,谔谔直言。道光三十年(1850),他上疏道光帝,针砭时弊,建议振纲纪、肃吏治,尖锐地指出当时总督、巡抚等官吏有"四习",即"好谀、苟安、掩饰、取巧"。当时吏治废弛有"五政",即"仓库、漕运、盐法、兵利、河工"。"四习"不除,则"五政"不举。比如,大省亏空正项钱粮至数百万,运弁帮丁水手向州府索要,州、县刻剥花户,督抚、总漕却很少能约束禁止得住。领兵的将领不懂得带兵,当兵的不听命令不卖力,以致地方偶有剿捕,动不动就动用数百万金才能了事;许多银子名为修筑疏浚河道之用,实际自修防以来已经有许多年了,但年年修筑堤坝却听不见加高,岁岁疏浚河道却不听说加深,只听说白白地每年为工员请求岁修,侥幸没有发生大事为工员多请求些财务。各位督抚大吏身负重任,每天讲整顿,到如今还是没有什么成效,都是由于因循积习以至于此。因此必须要对督抚赏罚严明,此乃当务之急。咸丰初年,他又上疏"用人、行政、得失"等政见,讲得切中时弊,颇得皇上称道。当时正值内忧外患,军事疲惫,军费不足,有朝臣建议加征税收,但老百姓已经不堪重负,田雨公上疏力谏,才算罢休。可惜清朝政府已经走向没落,如大厦将倾,任何好的建议也已经无力回天了。咸丰三年(1853),45岁的田雨公以亲老为由,乞假归里,遂称病不出。不久,被延聘为平定冠山

书院、榆次凤鸣书院、太原晋阳书院山长，讲学20余年。田雨公在京为官时，向他请教文学的人很多，许多名士出其门下。到书院讲学后，慕名前往学习的人更多，门生中登科举仕者不绝。

田雨时之子、田雨公之嗣子田国俊（1839—1902），字治庭、炽庭，号研芸，别号鹤樵、尧庄。

田国俊自幼聪颖，从小受其祖父和父亲的教育和熏陶。咸丰五年（1855）中举，咸丰九年（1859）中进士，殿试一等第十名，朝考一等第七名，钦点翰林院庶吉士。历任工部主事、工部屯田员外郎、工部虞衡员外郎、陕西道监察御史。京官外放，出任江苏江宁布政使、江南盐巡道、江苏按察使、江南盐抚道。期满后又改任贵州按察使。其间，曾国荃有密折具陈，称赞田国俊"心地平和、历练通达、勤慎供职、实事求是、措置裕如"，又称其"精明强干、为守兼优，再加历练，便成伟器"。

后因母逝归里，时年50岁。辞官归里后，田国俊先后被延聘到榆次凤鸣书院、太

田雨公手迹

原晋阳书院任山长。史书记载,任教期间其"颇甄拔寒士"。他"性和易",通医术。一生为官却无官宦习气。赋闲在家,常手提旱烟袋出入田间巷尾,往来于百姓之中,同乡亲父老促膝谈心,叙旧聊天,并主动为乡民治病。时至今日,被里人传为佳话。

田国俊善书画,尤其书法"气势雄健,体蓄柳赵而自成一家",人们称他的字是"柳骨赵肉"。县境内外多留有墨迹,如狐神山、水神山其书画保存完好,引人驻足观看。近年县内发现同治六年(1867)田国俊呈上《水芸仙馆》手抄本折子(影印件),完好无损,其内容是田国俊用正楷书写的屈原楚辞中《离骚》等十篇文章。寿阳有《兰公教职歌》石碑,就是田国俊书丹。2009年11月,江苏省的《金陵晚报》发表了一篇题为《清"副省长"田国俊》的文章。文中说"南京首次发现1887年田国俊撰文书写的《报恩寺宝塔铁盘跋》碑刻拓片,笔力流畅遒劲,同时附有跋文(488个字),其文章、书法为今人啧啧赞叹,不愧为清代书法名家。田国俊画兰草颇有声名,寥寥几笔,栩栩如生,图文并茂,耐人寻味。城武村狐神山仙洞左侧,原有石刻画兰,并题有"远闻城钟鼓,近听鸡犬声。北望仇犹尖,南瞰双鹤舞"的五言绝句,乃国俊所作。现在在水神山烈女祠山门外路旁,还保存有其一首题诗。山西平遥县衙展厅展有其作品。主要著作有《吴游诗钞》,许多诗文书画散见于扇面、条屏、碑刻等。光绪二十八年(1902),皇帝下诏书,让田国俊到京任新职。行至河北获鹿,正值盛夏,酷热难耐,加之路途颠簸,不幸身染重病,以致殁于他乡,终年62岁。

一门四举人、两进士、两翰林,且俱有政声,可见为人耿直、清廉公正的家风对后人成才影响的作用之大。

方志学家张佩芳

张佩芳(1732—1793),初名汝芳,字荪圃,亦字公路,号卜山。平定城里人,后迁居大阳泉村。幼孤贫,由其祖父抚养成人。7岁读经,旁及子、史，手不释卷，能过目成诵。乾隆二十一年（1756）中举，次年中进士。历任安徽歙县、合肥县令，寿州、泗州知州。任歙县县令期间，兴学宫、建书院、修邑志、筑社仓、析疑狱、恤穷民、惩豪奸、毁淫祠，深得人民的拥护和爱戴，当地绅士作《入政颂》赞扬。寿州豪强横行霸道，欺压百姓。佩芳到任后，惩治豪强，厘奸剔弊，刁悍横行者皆为慑服。又重修循理书院，发展教育事业，兴修裕备仓，救济灾民，深受州人拥戴。任泗州知州时，着重治理水害，沿河植树固堤，加强对水闸的管理，解决了泗、濉、淮、黄多年来交相为害的问题。泗州地区农民习惯于单一种植水稻，稍旱，即减产歉收。佩芳对当地水利资源和土地情况进行了详细调查，引导农民低田种稻，高地据其地质肥瘠和农作物生长特点，分别种谷、黍、豆、麦等粮食。这一措施实行成功后，逐步推广到邻近州县。张佩芳不仅具有卓越的政治才能，而且知识渊博，通晓天文、地理、历代制度沿革，精于考据，喜好藏书。从政余暇，著书立说，为后人留下很多珍贵文化遗产。其主要著作有《陆宣公翰苑集注》24卷、《平定州志考误》1卷、《歙县志》1卷、《黄山志》1卷、《公余杂谈》30卷、《社仓考》1卷、《春秋世系》、《榆关考》等。乾隆四十九年（1784）续修《平定州志》时，张佩芳为各卷撰写了序言。乾隆五十八年（1793）病逝，享年62岁。葬于大阳泉村祖茔。其裔孙张穆在《先大父泗州府君事辑》中为他整理撰写了《张佩芳年谱》。

西北史地学家——张穆

张穆（1805—1849），初名瀛暹，字石舟，亦字石州，号靖斋。祖籍平定县人，后迁居大阳泉村。清代著名学者。他的祖父张佩芳任过安徽歙县、合肥县令，寿州、泗州知州，又博通经史，是著名方志专家和学者。他的父亲张敦颐任过殿试收掌官。张穆自幼聪明，11岁时丧母，由继母李氏抚养。继母善良娴静，进张家门时仅有18岁，对张穆极为爱怜，使他重新获得了母爱。张穆对继母亦极为孝敬。继母过门次年，张穆父亲在

张穆画像

升任福建正考官途中,暴病逝于浙江建德县海面舟中。张穆的继母闻讣音,悲痛欲绝,誓与身殉,但又不忍抛下孩子。安葬了丈夫之后,她应表兄之邀,这年冬日,携张穆离开平定古州返京。继母含辛茹苦把张穆抚养成才,从此之后,她遂持长斋,终身不复肉食。

张穆16岁时,继母为他请了一浙江萧山师爷吴实教其读书。继母对他的学习要求甚严,夜夜让他执卷旁诵,灯昏漏歇,张穆学业大进。他19岁时,继母为其成婚后,因操劳过度,溘然长逝。这突如其来的打击,压在张穆的心头,使他抚膺呼天,痛哭流涕。他的生活道路充满了坎坷,后返回平定蒲台山、二道寺读书8年之久。他通五经六艺,精训诂、天算、舆地之学,少年时代就留意于边疆地理和民族问题。张穆的三嫂即专攻西北舆地之学的祁韵士的女儿,耳濡目染受到影响,更促使他痴迷于西北舆地学及诸儒学案。

道光十二年(1832),张穆以优贡考入正黄旗教习。道光十九年(1839)应顺天乡试。入试场时,他带了一壶酒,监考吏让他放下,他提起酒壶喝了些许,随手把酒壶扔掉。监考吏大怒,便下令打开他的行李,只翻拣出纸墨笔砚,一无所获。张穆拍着肚皮说:"这是我的书箱,夹带的文章全装在这里边。你们能搜出来吗?"监考吏便把他扭送到刑部,诬他怀挟入场。后经辩白获释,却失去了考试机会。此后,张穆鄙薄仕宦功名,无意仕进,改名为穆,一心著述。在京城,结识了龚自珍、魏源、何绍基、徐继畬等名流。张穆所点校书籍无不精审,各书肆争相翻刻,以此名震京师,上层人物及知名学者都愿与之交往。祁寯藻典学江苏时,曾延请他为幕僚。当时,著名汉学家程恩泽对张穆的著作十分欣赏,称赞其为"东京崔蔡之匹"。

鸦片战争后,海疆多事,四方兵革水旱,他曾抱着爱国热情,上书言事,奔走呼号,联络在京友人,通过纪念顾炎武的活动,振奋人心。

张穆是一位杰出的地理学家、书法家和编辑大家,也是中国近代史上一位重要的爱国思想家。他本着张扬国威、抵御沙俄侵略的目的,致力于西北边疆地理和蒙古史的研究,写下了《蒙古游牧记》《俄罗斯补辑》《魏延昌地形志》等著作。《蒙古游牧记》是他的代表作。该书16卷,详细地记载了蒙古各部落的四至、历史沿革,以及历代北方各民族间的交往关系。其史料丰富,考证精密,不仅具有补正史之缺的价值,而且是中外研究蒙古史的权威性著作,张之洞和梁启超都给予极高的评价,已被译为外文出版。可惜天不假年,张穆44岁中寿而殁。

兴盛的古代教育

历史上的平定和盂县一向是人文荟萃、教育昌盛的文明开化之区。由隋初确立的科考选士制度至清末废止,这1300余年间,究竟有多少阳泉人问鼎古代教育的最高殿堂、荣膺进士功名呢?

2005年,山西教育出版社出版的由王欣欣编著的《山西历代进士题名录》一书,载阳泉科考取士期间中式进士者共269人(其中盂县161人,位列全省第一,有"进士之乡"之称;平定县108人,列全省第七位)。详细分布情况:唐代进士1人(盂县1人);宋代进士36人(盂县36人);金代进士35人(盂县24人,平定县11人);元代进士51人(盂县49人,平定县2人);明代进士47人(盂县13人,平定县34人);清代进士99人（盂县38人，平定县61人）。由此观之，在古代教育最高级别的竞争中，阳泉境内的盂县和平定两县中式进士者多达269人，占到了山西全省100多个县中式进士总人数3725人的7%强，这是对阳泉古代教育繁荣、兴盛、人才辈出、尊师重教等最有力的证据和最有说服力的诠释。关于阳泉在历史上的这一亮点，即269人的进士题名录，已收录于方志出版社出版的《阳泉概览》一书之中。

在科考取士的漫漫岁月里，阳泉地区传承教育良风，续写教育辉煌，是一份十分珍贵的文化宝藏和遗产，给后人以启迪和昭示，很有认真梳理和总结的必要性。

一是家庭文化传承和家庭教育在个人成才中发挥了至关重要的作用。在阳泉的进士之中，出于同一个家庭或同一个家族的占有较大比例。这种引人注目的现象绝不是偶然的，而是家族之中或家庭内部重视文化教育并代代熏陶的结果。提及家族在科考史上的鼎盛及其续写的辉煌，境内历史上首推盂县张家。张氏延祐二年（1315）中进士，以后的300多年间，历14世人，一族之中中进士者就多达29人，这不能不说是科考史上的一大奇迹。《山西历代进士题名录·序》中高度评价了这一特殊的家庭文化现象："在盂县有唐初名臣张士贵一族，在唐朝以军功显，五代以后则以文

清乾隆《盂县志》书院图

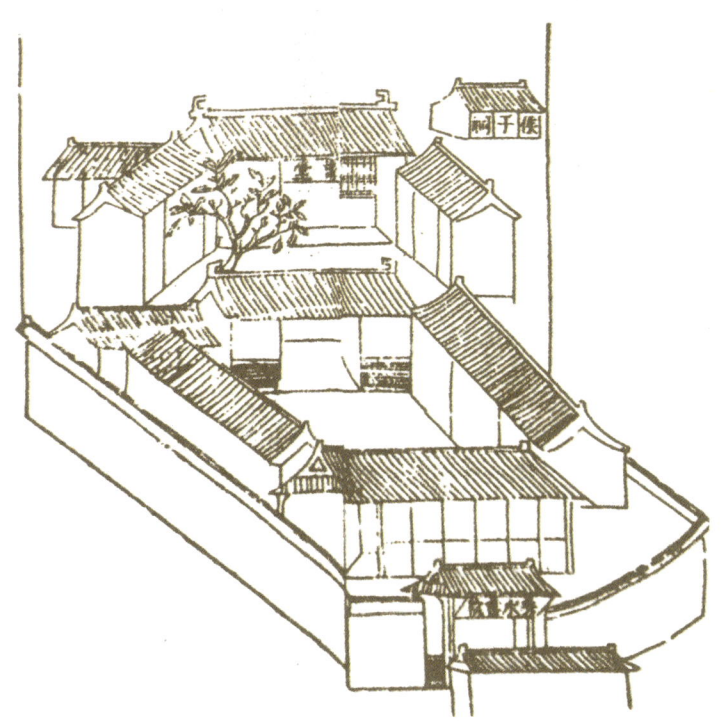

学显,宋金元三朝中进士者三十多人,诚为大观。"此外,祖、父、子三代进士者有:元代张聚、张知名、张起元(盂县);清代甄昭、甄汝翼、甄芮(平定)。祖孙两代进士者有:金代李孝信、李朝英(盂县);清代黄翼堂、黄汝梅(平定)。父子进士者有:李志学、李福(盂县);金代王普臣、王润甫(盂县);元代张德禄、张义甫(盂县);明代耿九畴、耿裕(平定);明代甄成德、甄敬(平定);清代田兴梅、田嵩年(盂县);清代田雨公、田国俊(盂县);清代张佩芳、张敦颐(平定)。兄弟进士者有:宋代李裕、李寿(盂县);金代吕宗礼、吕宗智(平定);元代杨用谦、杨用和(盂县);元代王仁、王义(盂县);明代李念、李愈(平定)。

二是重视书院建设,构筑优秀人才脱颖而出的平台形成一种传统。古代教育制度下产生的书院多在政治中心和经济文化发达区域内,一般在科考中取得举人或进士者,都有过在书院深造的经历。阳泉境内在历史上存续时间最长、最具影响力的书院有两个:平定冠山书院和盂县秀水书院。冠山书院据有关史籍记载始建于北宋年间,延办至金、元、明、清,元中书左丞吕思诚父祖数世就读于此。今冠山腹地的崇古书院为二进三合式院落,院中存多通明清碑刻,属山西省重点文物保护单位。冠山书院藏书最多时的元代达1万余卷,至清末尚存精典书籍957卷,其中经义类318卷、子史类524卷、治事类83卷、词章类32卷。另有图籍类8幅。秀水书院原名藏山书院,始建年代不详,清康熙年间易名慎交书院,后改称秀水书院,至科举制度废除的清末成为新学堂。书院在科考中有过特殊的贡献。清嘉庆十二年(1807)丁卯科乡试,平定学子一次15人金榜题名,其中解元1人、举人9人、副榜5人,传为佳话,时任知州吴安祖因此建"红牌楼",平定"文献名邦"由此誉满三晋;清同治元年(1862)壬戌科乡试,盂县学子一次有12人中举,为省内外所瞩目。

三是营造尊师重教氛围,形成全社会兴学的浓郁风气。古代的阳泉家有塾、党有庠校、州县有书院,培植人才,蔚然成风。在阳泉的古碑刻整理中,仅有关反映兴学教育内容方面的碑刻就有30通之多。《施增膏火碑记》(见《平定碑刻文选》,第122页)记平定城东关文童李桂泉,家本贫寒,却将平素节俭积蓄的大钱五百钱,情愿施入冠山书院,作本生息,加赠膏火费用。其中的膏火系指学堂灯油火耗,求学费用之所谓也。《施义学地碑记》(见《平定碑刻文选》,第123页)载平定信士吕时正、吕时阳兄弟情愿将自家14堰共22亩土地捐出，施归义学收管，广储生员，以图永远。碑文盛赞义举曰："隐怀育才之遗愿，由是日增月盛，充积弥丰，夕阳朝乾，讲学有资，学术有此隆，风俗有此厚。"特别要提到的是阳泉历史上出现过的一位尊师重教的典型，知名度很高的贤妻良母侯氏。侯氏19岁时嫁于宋太中大夫程珦，生子程颢、程颐，由于夫妇教子有方，"二程"皆成为北宋著名的哲学家和理学家。"二程"成名后，不忘母亲生前养育之恩，曾专程由洛阳至盂县讲学。今盂县肖家汇乡兴道村的程子岩即因此而得名。程子岩是境内历史上兴学之风气的一大亮点。

平定冠山书院

冠山书院，位于平定县冠山镇后沟村西南，为历代文人所仰慕。元朝中书左丞相吕思诚、明朝南京兵部尚书乔宇都曾在冠山书院读书治

绿满冠山

学。明末清初,民族志士傅山也曾隐居于此。这些志士豪杰都曾在此留下了不朽诗作。尤以乔宇诗碑、玄秘塔集五言刻石最为著名。

宋初,继全国的四大书院(白鹿洞书院、石鼓书院、应天府书院、岳麓书院)之后,北宋末年在平定州城西南4公里、山明水秀的冠山上

平定冠山崇古书院

建起了冠山精舍,书院属民间私办。元初,中书左丞吕思诚父祖数世读书于此。元代,在冠山精舍的基础上,扩建为吕公书院,亦称冠山书院,成为山西显赫一时、规模最大的书院。

冠山书院,又名崇古书院。平定旧志称:"冠山书院在冠山之腹,元左丞吕思诚父祖数世读书处。初名冠山精舍,后以宰相言,赐额,建燕居殿,设宣圣像,以颜、曾二子配。有会经堂,德本、行源二斋,藏书万卷,置山长一人。"这里所说的"宰相"即指吕思诚。吕思诚曾在乐平《松峰书院记》中说:"昔者,思诚立书院于冠山,奎章阁学士院奉中书礼部移文,宣慰司下冀宁路指挥,平定州储书万余卷。"进一步阐明了书院为吕思诚任左丞期间所建。在书院未建立之前,这里就有寺庙、精舍建筑。"古来名公巨卿,往往藏修其下"。"士皆卜筑为藏修游息之所,养其全以待用"。明万历年间,由于阉宦魏忠贤罢黜东林党人,下令毁天下书院,冠山书院自然在劫难逃,所以原书院的具体方位已无从查考。现存的冠山书院为清嘉庆十一年(1806)八月兴工,历时一年建成,集资兴办者为西关人孙裕。

冠山书院坐东朝西,背山面谷,为两重院,外院只有窑洞二眼,一明一暗,似为当年仆役憩息之所。院内正面窑洞五眼,居中者一明两暗,称"崇古书洞"。南窑三眼,一明两暗,额曰"广业",内藏孙毓芝集柳公权所

书《玄秘塔碑》中的字,集句而成五言诗石刻15块。原物共16块,惜最后题名的一块久已失落。北窑与南窑相同,额曰"新德",原藏有《石鼓文》石刻,已毁坏无存。书院布局幽雅别致,风格平易脱俗。书室建筑,内部看为石碹窑洞,外部看为起脊瓦房结构,正窑为五脊六兽硬山顶,配窑为两脊四兽卷棚顶。窑内冬暖夏凉。适宜居住,顶部分散排水,坚固耐久,集瓦房、窑洞之优点于一处,别具匠心。

冠山书院内有明弘治十三年(1500)山西布政使左参政汪藻书《冠山名贤书院》诗碑;明正德辛未年(1511)庐陵陈凤梧书《游冠山书院》诗碑;明嘉靖十年(1531)中秋,进士白金撰书《新建高岭书院记》。此外还有乔宇诗碑等,均完好无损。在冠山书院形成的一批大作,成为研究当地历史的重要依据。

平定"文献名邦"溯源

平定"文献名邦"盛誉,源于立于境内头道寺下的科名坊。《平定州志》云:"文献名邦坊,知州吴安祖为嘉庆丁卯科乡试中式解元李绳宗,举人王朝翰、刘垂绪、杨天德、赵发、黄璟、李印万、张观藜、耿以德、白中元,副榜潘令、甄方、耿以敬、曹铎、张汝乐建。"

嘉庆丁卯科乡试,是指清朝嘉庆十二年(1807),山西举行三年一次的乡试,平定取得了十名举人、五名副贡,并且其中一人名列全省第一(解元)的好成绩,这是自参加科举考试以来平定读书人乡试中录取人数最多的一年,自然是震动州城的大事。据光绪版《平定州志》记载:"浙江绍兴府会稽县人,荫生,十六年任。"荫生是凭借上代余荫取得的监生资格。吴安祖堪称江南才子,他在平定的文化建设史上做了两件大事,一是写了平定州境内八景诗,再就是修建了"文献名邦坊",并留下了"科名焜耀无双地,冠盖衡繁第一州"的名句。

吴安祖是在嘉庆十六年(1811)赴平定任知州的。此时,离丁卯科乡

试已过去四个年头。那么,吴安祖为什么要立科名坊呢?他通过私访获知,嘉庆丁卯科乡试,平定不仅在科举考试录取的数量上是"第一",而且所录取的人才也都是出类拔萃的。解元李绳宗担任河南永宁县知县后,倡蠲廉奉兴修水利,"享其利者数十村"。黄璟中举后,分发甘肃,任内兴办义学,引流浇田,赈济灾民,办理军需,不辞劳瘁,升安西直隶州知州,未到任而卒。刘垂绪中举后,又于己巳年(1809)考取进士,并担任浙江永康令。"岁逢旱,粮价腾涌,垂绪捐银千两,买米面贱粜之,又开仓平粜以济民,民多赖以全活"。刘垂绪登榜获嘉庆辛未年(1811)进士后,选授广东潮州府丰顺知县,上任伊始,整顿民风,抑制豪强,资利丰民。张汝乐中嘉庆庚午年(1810)举人后,署望都时,黎民感戴,称"白面包公"。同时,当吴安祖登上冠山的时候,冠山书院的沧桑历史和琅琅书声深深吸引着他。这里曾走出两位声名卓著的大才子:一位是元泰定元年(1324)进士,曾历任国史馆检阅官、翰林院编修、中书左丞和监察御史,并参与编写过辽、金、宋三史的吕思诚;一位是明成化年间进士,历任兵部尚书、吏部尚书,加太子太保的乔宇,有关"乔尚书冠山恋狐仙"的民

平定冠山科名坊

间故事影响深远,令人忍俊不禁。

吴安祖生长于江南水乡、文化古城绍兴,深受富庶江南深厚文化底蕴的熏陶,修养和眼光自然不同一般。他来到平定,不仅惊诧于号称全晋襟喉的冲繁之地的雄奇和险峻,还对诗书传家、经史继世的传统和民风深为感佩。嘉庆丁卯科乡试的辉煌绝非偶然,是从宋代开始的以书院文化为先导的古州文明的继续和发展。总结灿烂辉煌的历史,昭示冠盖相接、生众繁衍的未来,这正是他倡修"文献名邦坊"并亲自撰写楹联的初衷。

"文献",它的原意为典籍与宿贤。此二字出自《论语·八佾》,朱熹注云:"文,典籍也;献,贤也。"名邦就是著名的地区。由此,"文献名邦"指文章典籍丰富、贤人学者辈出的地方。

平定,跻身于"文献名邦"行列,完全是历史上逐步形成的荣誉,显示了它在中国古代文化中应有的地位,有着自身的特点。

历史悠久,商贸繁荣。平定地处晋东要冲。早在旧石器时代,就有人类繁衍生息。夏代属冀州之域,周代归并州管辖。战国时期,群雄割据,韩、赵、魏三家分晋,平定属赵国领地。汉武建元元年(前140),始设县治于新城,名曰上艾。唐天宝元年(742),迁县治于广阳。北宋开宝元年(968),宋太祖兵伐北汉,克广阳城,改广阳为平定,随之,县治由广阳迁至榆关。金大定二年(1162),平定升为州,属太原支郡,领平定、乐平二

平定圣庙

县。至此,平定又拉开了此后近千年快速发展的序幕。平定县城形成上下重城的独特格局。在上城,地处高阜,居高临下,易守难攻。淮阴侯韩信屯兵处——榆关雄踞城前,书写着战争的沧桑;署衙大门前一对威武的石狮,显示着法律的威严;榆关书院的牌坊上,"风行文教""雨化英才"八个大字引领莘莘学子深钻苦读。这一切都透着古城的自信和成熟。在下城,嘉河屈曲,绿柳成行,千房万井,烟火相接。圣庙中的大成殿金碧辉煌,与天宁寺的双塔交相辉映;横贯东西的商业大街店肆迤逦排列,行人如织,繁华景象绵延十里。而环绕上下城的城墙犹如屏障,守卫着错落有致的城池,雉堞、炮台、角台在夕照下愈发显得雄伟壮观,可谓"环城百雉山为障,铺地千家瓦欲流"。

丰富的煤铁资源推动了采煤、冶炼和陶瓷业的发展,柏井民窑的陶瓷器名扬三晋,砂壶和黄瓜干成为难得的皇宫贡品,平定菜肴成为晋菜的重要组成部分。平定大街聚集了千余家商号店铺,而且还将商贸辐射到驿道两面的乡村,形成赛鱼、大阳泉、义东沟、乱流、宋家庄、西郊、柏井、娘子关等商贸集镇,涌现出傅宝铭、刘维成、刘慕殷、黄伯焞、窦远堂、白毓震等一大批金融巨子和商界精英。

胸襟开豁,海纳百川。从金大定二年(1162)到清光绪二十八年(1902)的700多年的岁月中,在平定担任知州(刺史)的不下130人。他们大多都是经过科举"洗礼"的饱学之士,无论其来自何方,也无论其在职的时间长短,平定人民都给予他们足够的信任和尊重,而他们也都以自己的汗水和才华留下了足以令平定人民骄傲和自豪的文化印记,甚至是不朽的丰碑。赵秉文,字周臣,号闲闲,河北磁州人。他于金泰和三年(1203)来平定担任刺史,虽仅仅一年多时间,却政绩卓著。乾隆版《平定州志》云:"前政苛于刑而盗愈繁。秉文一尚宽简,旬月盗贼屏迹。民饥,出禄粟倡赈,全活甚众。征为翰林学士,拜吏部尚书。文章德业为时推重,至今人犹慕之。"在文化建设上,赵秉文也多所建树。最突出的是修建了涌云楼和涌泉亭,成为古州一道亮丽的风景。

平定以其穿越历史时空的博大胸怀,接纳来自九州大地的流寓者,居首的当数汉朝开国元勋、率兵东下伐赵的韩信。这位功名盖世的破楚名将为平定古城留下了驻兵遗址榆关门、练将坡和系马堰,还有颇具浪漫色彩的试剑峰,令拜谒者犹闻当年之"杀气"与"悲风"。元好问,字裕之,金兴定五年(1221)进士,累官左司员外郎。他的远祖是从河南迁到平定,后又从平定迁到忻州的。他以诗文的"奇崛而绝雕绘,巧缛而谢绮丽",高古沉郁,时出新意,成为金元时期最负盛名的诗人和文学家。他在平定寓居十余年,留下了《游承天悬泉》《水帘记异》《阳泉西谷》等名篇,《乡郡杂诗》则以饱满的激情抒发了作者对平定的挚爱,而他著名的《论诗三十首》石刻就保存在平定师范的碑廊里。最令平定人民敬重的当数明末清初的傅山。他不仅是思想家、书画家,还擅长医学。傅山,字青主,山西阳曲人。他博艺多才、重气节,有思想,有抱负,一生无意于仕途。他往来于石艾、仇犹的山水间,题诗作画,悬壶济世,冠山、药岭寺、七亘、娘子关都留下他的墨宝和诗篇,天宁寺、城隍庙、南天门等地都有他撰写的对联传世。元朝至元二年(1265),平定州署东北隅曾建六贤堂,祀赵秉文、杨云翼、元好问、李冶、王构、吕思诚;明洪武三年(1370),六贤堂更名崇贤堂,增祀耿九畴、乔毅、白侃、郗夔、孙承祖等。所祀之人,有官于斯者,如赵秉文;有生于斯者,如吕思诚;有寓于斯者,如元好问。

崇德向善,民风淳俭。从宋太祖改广阳为平定,迁县治于榆关之后,儒家文化和儒家思想一直在平定的地域文化中占主导地位。儒、释、道三教相容并存,深深地影响着平定人民的文化生活和精神生活。平定鹊山村,以及顺山势而建的扁鹊庙,使神医扁鹊救死扶伤的事迹广为传颂,也劝导人们积德行善,因为"积善之家必有余庆","积不善之家必有余殃"。战国时期,晋公子申生遭骊姬设计陷害的故事,在平定有着广泛的影响,人民为纪念这位"好仁而疆,宽惠而慈"的仁者,尊其为"薮泽之神",在嘉山之阳,在西关巷陌,建起晋公子庙,与此同时,在东乡瓦岭村,在乐平凤凰山,亦建起纪念晋文公股肱之臣的狐突庙,弘扬的是"受命不迁为敬,敬顺而安为孝","患不勤,不患无禄;患不从,不患无名"的精忠至孝精神。位于义东沟的三义庙建于宋金时期,里面供奉的是三国时的刘备、关羽、张飞。郭纮在他的《三义庙碑》中以陈寿《三国志》的史实为依据,颂扬了儒家"高义薄云天"的最高道德标准。

重教兴学,人才辈出。宋庆历年间(1041—1048),平定即设置教授,金元两代也有提控、教授、学正等记载。可见,到了金元时期,平定已形成了相当完善的官办学校、民间书堂、家塾义庄"三位一体"的教育体系,使平定成为当时晋东的教育中心。平定教育主要有塾馆和书院两种形式。按照办学资金来源划分,塾馆有家塾、私塾、村塾和义塾四种。家塾为本家族共设的塾馆,供其家族子弟入塾读书;私塾为年长有识者在家或择地设立书馆,招收学生,开门教徒;村塾亦称乡塾,以村集资设立书馆,延师授业;义塾,明代称社学,清代称义学,此类塾馆大多为地方官吏倡捐兴创,贫寒子弟可免收学费。清代,圣庙西侧就曾是义学书舍,涌现过不少捐资助教楷模,培养过不少有用之才。

平定的书院在山西是相当有名的。最早建于北宋末年的冠山精舍,后改成冠山书院,地址在县城西南4公里的冠山上。元初中书左丞吕思诚祖孙数代就曾在此读书。此后,又相继有吕公书院、石楼书院、名贤书院、高岭书院、槐音书院、崇古书院等。除石楼书院建在圣庙大成殿以西(因与城南的石楼山相对而得名)外,其余都建于冠山。乐平、盂县、寿阳也有书院建立。而崇古书院至今保存完好,院内明清两代的碑刻颇多,为不可多得的文化遗产。

嘉山书院是清代唯一一所官办书院。其地址不在冠山,而在上城州署西的学院行署,临榆关,靠嘉山,故又名榆关书院。此地还设有州署考院,故成为文化和教育中心。光绪二十九年(1903),废科举,兴学堂,上城官办书院改为平定中学堂。明清两代,平定、乐平、盂县、寿阳等学子,负笈远游,受业于名门之下,心系天下,苦读圣贤,他们中的许多人,如吕思诚、乔宇、郭纮、张三谟、张修己、窦瑸、黄翼堂、祁寯藻等,成为一代硕儒名臣。

科举制度从隋朝建立以后,直至清朝末年,达一千余年。山西全省考取进士总数3725人,而平定州(包括乐平、盂县、寿阳)就有344人,占全省9.77%,名列山西第一。全省进士达100人的县有7个,平定州就占有两个。其中盂县161人,名列第一;平定108人,名列第七。在州内西关到东关的大街上,在州城周围的通衢大道上,坊表林立。十字街南有专城坊,十字街北有城隍庙坊,城隍庙前有翊国福民坊,还有进士坊22座、举人坊74座。其中,柱国少保兼太子太保、吏部尚书乐平乔宇,父子尚书耿九畴、耿裕的职官坊,更是引人注目。像这样父子进士、兄弟蝉联、满门文星的例子在平定州是很多的。就从这一点看,平定"文献名邦"的称誉名至实归,当之无愧。

古村落与古民居

阳泉古建筑资源十分丰富。除了庙宇、寺观、祠堂、书院之外,大量的古村落、古宅院散落在晋东这块大地上,成为三晋文化的一个重要组成部分。这些古村落与古民居,最早兴建于唐朝与元代,集中成规模建于明清乃至民国。它比较完整地反映某一历史时期的传统风貌、地方特色和民族风情,具有较高的历史、文化、艺术和科学价值。根据保存的状况,可分成四个类型。

第一类是历史较为悠久、仍保留原貌的古村落和古民居。这一类型的古村落,大多处于偏僻地带,尚未遭到人为性大面积的损毁,原生态、原骨架、原味道是主要特点。比较有代表性的是盂县的千年古村落——大汖村。这个依山而建的村落,有着江南式样的吊脚楼。到2005年被外界发现时,仅剩的17口人几乎全部是古稀老人。这是个在地图上、GPS导航仪上都找不到具体方位的村落。大汖村属盂县梁家寨乡,依山就势,由下而上,形成了独特别致的造型。每座院落、每个房间,都由大小不等的石头用黄泥砌就,起起落落有着几十个石楼。步入其中,会让人产生一种迷宫般的错觉。村里有一座庙,庙里存有石制的神像。一尊最大的石像背后的文字记载为金代承安二年(1197)建造,距今800多年。整个村落与身后的青山融为一体,面积约22 000平方米,有院落40余处。院落建筑风格独特,几乎全是上下两层的造型。这里的建筑看似连接,其实各自分离,上下参差却实为一家。该房屋建造时就地取材,用山上的石头垒壁,用地头的黄泥抹墙,木头搭顶再铺上青瓦。其神态既有北方的豪放,隐约间又投射着南方的婉约秀气。尤其到了雨后,云雾缭绕,俨然刚出浴的江南女子,眉间带笑。整个村落建造在一块大石头上,再用小石头垒砌。二层楼上又建三层楼,一层比一层高,远看似西藏的布达拉宫。走进大汖村,脚下踩着的全部是石头,而且是步步登高的台阶,它们连通了村里的每一家每一户。这里完整保留了山西盂县古老的传统与民俗,真正体现了人与自然的和谐相处。这里的人们过着日出而作、日落而息的生活,民风淳朴,热情好客,村中夜不闭户、路不拾遗,至今还保持着原始的古风古貌。

第二类是比较成规模、周边生态和人文环境相对较好的古村落与古民居。属这一类型的有平定的桃叶坡、上盘石、下盘石、上董寨、下董寨以及小桥铺、乱流、南上庄和盂县的芝角村、大横沟村,都是以村为整体的建筑群,利于集中保护。桃叶坡古村,保存有从明代到民国400多年的一系列古宅院,反映了当地民居几百年发展的历史轨迹,是一座古代民居的博物馆,其中地穴式窑洞反映了远古穴居时代人类为使房屋利于保温而遗存下来的原始风俗和习惯。桃河流域的上、下盘石村及周边地带,是古代民居较为集中的地方。上盘石村有元代保存至今的石砌体窑洞,还可以看到明、清时期独特的二层木结构阁楼式的四合院,这些二层阁楼没有固定的楼梯,上楼取物都靠一个临时移动的木梯。若从文化上分析,应当与古人敬重谷神、把粮食供放在高处、以食为天的文化有关,同时可以有效地防止鼠害。上盘石村还保存有元、明、清、民国时期的石窑洞,有横窑,也有纵窑,反映了先民们对石头材料的把控技术,并可以从中找到由横窑逐渐改为纵窑的历史原因。在小桥铺,有几处清早期的宅院,砖雕、石雕的风格反映出当时人们的审美取向。其中有一眼窑洞的前墙处开有一门两窗,中心对称,十分少见,它反映了清初的民居在不断寻找解决主宅轴心对称的尝试。盂县的大横沟,村内有许多开阔的清代大宅院,均是以木结构房屋为主,因为当地气候偏冷,房屋建造得比较低矮,以利于防风保暖。比较有特色的是盂县人喜欢在院中央竖立一座砖木牌坊,以填补开阔庭院中的空旷之感,这与寿阳及整个晋中地区的习惯十分相似。

第三类是建筑设施齐全、拥有名人大贾的古村落与古民居。阳泉地处晋冀两省的交通要道,历史上的古村落中走出许多名人和晋商大贾,比如乱流的石家、宋家庄的王家、王家峪的陆家、小桥铺的高家、平潭街的牛家,都是曾经叱咤风云的晋商豪杰,丰厚的历史资源使我们的古民居也变得鲜活而生动。阳泉市郊区义井镇小河村,村中古建筑依然保存完整,呈现出一派古村落气象。村中现存明清及民国时期的各类建筑

34 630平方米，传统院落178处。其中代表性的大型宅院有石家大院、李家大院、石家老院等；寺庙建筑有关帝庙、观音庵等；祠堂建筑有石家祠堂、李家祠堂、窦家祠堂等；街巷有福地巷、李家祠堂巷、宜远兴巷等；商业建筑有当铺、商铺、醋坊等。石家大院亦称石家花园，因院中有一玲珑剔透的小花园而得名，堪称我国北方大院民居文化的代表。大院始建于清雍正年间，坐落在村西口西山坡上。石家大院院中窑洞65眼，起脊房112间，仅住宅面积就达1万余平方米。整个大院院中有院，院上有院，院中又有园。屋面清一色硬山式，石雕、砖雕、木雕三雕艺术精美绝伦。石家大院墙高院阔，高楼门，深门洞。主宅由21个小院组成，大院有前后大门9座。小院间由72道过门相连。72道过门一开，院院相通；过门一关，各小院自成一体。小河村关帝庙始建于明崇祯年间，占地约2000平方米，一正两厢，是典型的中轴对称式建筑。小河村还是著名"红色作家"石评梅女士的故乡。2007年6月，小河村入选中国历史文化名村。同为中国历史文化名村的阳泉市郊区义井镇的大阳泉村，北宋时已形成较大村落，古村遗存有完整的古街巷体系，晋商堂号、古店铺、古民居、古庙宇、古祠堂、古戏台、古公益学堂、古阁楼、古树名木等具有深厚文化内涵和很好的艺术科研价值。"魁盛号"，是清代晋商鼎盛时期的著名商号，由村人郗占魁创立，世袭五代，绵延180余年。业主发挥当地煤铁资源优势，励精图治，锐意进取，以冶起家，通货四方。营业期间仅华北、东北一带挂"魁"字的商行就有36座，堂、馆、店、铺200余家，鼎盛时超过360家，雇员3000多人，总资产达白银3000万两。当时常与日、俄和西方诸国通商。今大阳泉村内，留有"魁盛号"庄园，分为上号、下号两处，总面积3公顷之多。庄园建筑精美，恢宏壮观。其中上号院为"魁"字总号，人称"元宝宅"，规模宏大，三雕（砖雕、木雕、石雕）精美，以雄伟著称；下号（景元堂、正元堂、景义堂、大生堂）以精美闻名。饱览全景，足见当年商贾之"魁"、聚财之"盛"。

第四类是有规模但尚未保护、具有开发价值的古村落与古民居。这类型古村落由于没有加以保护，插入许多现代民居，打乱了人们的视线，整体上不协调，周边的生态和人文环境相对脆弱。这包括移穰、庙沟、孙家沟、良浒、宋家庄、冠庄、故关、冯家峪、王家峪、西锁簧、平潭垴古村等。良浒的潘家有清末制作的题材新颖的砖雕，故关的杨家有明代的微型小院,冠庄村有本地区尺寸最大的天帝爷神龛,另外,还有用砖材按真实比例仿制的木斗拱透雕屋檐,西锁簧有名气叫响的七十二道仙门,平潭垴村有大气磅礴的砖雕二龙戏珠,宋家庄有颇具规模的双层木结构厢房,等等。这些虽然都是古民居,但其建筑风格和特点不尽相同,若认真加以保护性开发,其历史、文化、艺术、科学、旅游价值就会充分体现出来。

阳泉的古村落与古民居,各具特色,各有千秋。靠东边接近河北井陉的风格,靠西侧接近晋中寿阳的特点。加快这些古村落与古民居的保护与开发,必将成为阳泉地区乃至晋东一带历史文化的一道靓丽风景线。

黄瓜干与阳泉饮食文化

早在500多年前,黄瓜干就成为阳泉地区人们酒宴上必不可少的小菜。这种黄瓜干,皮肉翠绿可爱,表面光洁无皱,食之脆嫩味甜,清香可口。清朝乾隆皇帝亲笔御批为"龙筋",被定为进献皇宫的贡品,也成为阳泉境内的一大特产。

黄瓜干主要产在平定县城关镇的河头、后沟几个自然村。制作黄瓜干的原料并不是一般的黄瓜,而是当地百姓长期培育出来的一种特殊品种。这种黄瓜外表光滑无刺、色泽纯绿、肉厚瓤少,特别适宜加工。用这种黄瓜制成的瓜干,经水浸泡后,就如新摘下的鲜黄瓜一样。旧时在寒冷的冬季、蔬菜淡季,用平定黄瓜干招待亲朋好友,确能给筵席上带来一丝春意。

这种黄瓜栽培有多道工序。播种前,种子要用煤渣粉加水浸泡、发芽;瓜蔓伸长后,需用玉米皮搓的软绳捆在瓜架上;在瓜田管理上还要做到"天旱不误锄田,雨涝不误浇园";采摘的黄瓜必须是45厘米至54厘米之间为宜。

在加工黄瓜干的过程中,必须严格操作。加工时,先用一种特制的工具削去黄瓜外皮,然后顺长分为四条,放在架杆上,用炉火烘烤,温度保持在50℃左右,经一昼夜的烘烤,便成了黄瓜干。将烤好的黄瓜干扎起后,密封于大缸内,可随食随取。装入塑料袋封口后,可长期存放而色味不变。黄瓜干是阳泉饮食文化的经典之作。

阳泉地区传统饮食以植物性食物为主。主食是五谷杂粮,副食以蔬菜为主。还常常采集一些野生植物的花、茎、叶、果作为饮食的调剂和补充,如槐花、榆钱、野菜、榆皮、豆叶菜等。

阳泉地区民间的调味品主要以谷物生产陈醋和老黑酱为主。所以,不少乡村有酱醋作坊。此外,花椒、大料、葱、姜、蒜、韭菜等,也都是本地老百姓不可缺少的调味品。食油主要有小麻油、豆油、核桃油、葵花子油、大麻油等,也有用猪油、羊油、牛油等炒菜的。

阳泉近靠太原,毗邻河北。阳泉晋商在铁矿、煤炭、硫黄、黏土矿产资源及其制品的交流中,吸收了全国发达地区的饮食文化,也丰富了自己的饮食习惯。

饮茶是阳泉人的习惯。茶叶以浓香的花茶为主,和北京的习惯大相径庭。平定冠山上的连翘花,传说是一种贡茶香茗,本地老百姓时常采饮。

饮酒是阳泉人的习俗。当地有酒厂,自产烧锅酒、老白干、二锅头、泉白酒。山西的汾酒、竹叶青自然也是阳泉人常用来待客的名酒。

阳泉的煤炭养育了阳泉人,家家日日燃着火,顿顿饭菜碗碗香。阳泉人吃面食的方式,一般不一锅煮,觉得汤浓影响口感,而是一碗一碗地煮,才觉得有香喷喷的味道。开锅拉面,开锅面条很好吃。就是日常吃的抿圪斗、饸饹、疙瘩,也必须面里有汤才感觉可口。

阳泉人的粗粮细作很是出名,是首屈一指的地方特色。比如玉米面,和面时掺入榆皮面或少许白面,细滑、劲道,还能吃出玉米的浓郁香味。豆面抿曲、饸饹是地方名吃,还有用米做焖饭配豆、瓜,糕有枣糕、油糕、豆糕、菜糕,以及玉米面的饼子、窝头、糊嘟、不漏、烫面饺、凉圪斗、搅拌面等,各有各的风味。

小麦粉作主食更是吃法多样,有煎饼、油条、麻花、馒头、花糕、包子、饺子、拉面、小开条、面条、疙瘩等,五花八门。阳泉汤饭更是独具特色,抿圪斗汤、饸饹汤、疙瘩汤、面条汤、片儿汤、黑豆汤、菜汤、米汤、羊汤、鸡汤等,难以枚举。

第六章

反帝保矿 开河实业
（晚清民国时期）

概述

　　一部中国近代史，足以令观者感慨万端，令智者从沉重和苦难中看到东方睡狮觉醒奋起的图存抗争。

　　清同治九年(1870)，德国地质学家李希霍芬来到阳泉，经过地质勘测，发现这里蕴藏有大量优质煤、铁矿石，由此引起了帝国主义列强的垂涎和觊觎。

　　清光绪三十年(1904)前，法国人从俄国人手里接过了正定到太原的铁路修筑权，出资把通往山西的第一条铁路——正(定)太(原)铁路修筑到阳泉，从而为帝国主义掠夺阳泉的煤、铁资源开辟了途径。当然，正太路开通乃至阳泉站设立，也开启了山西阳泉通向外面世界的第一扇窗，而且为阳泉成为晋东六县政治、经济、文化的中心，奠定了基础。

　　清光绪三十一年至三十四年(1905—1908)发生在山西的保矿运动势如潮涨，更是一次广泛而英勇的爱国爱乡反帝反封建斗争。1898年，经清政府批准，由山西商务局与英国福公司签订的晋矿开采合同，规定盂县、平定州、潞安(长治)、泽州(晋城)与平阳府(临汾)所属煤铁及他处各矿，统由山西商务局专办，转请福公司办理,限60年为期。阳泉人民对此表示强烈愤慨。为了抵制福公司掠夺侵占,爱国绅士李毓蕙、黄汝彦、张士林、黄守渊、池庄、刘焕斗、赵熙庭、廉士升、孙桂岑等发动民间力量与之针锋相对斗争,迫使福公司无处立足。阳泉人民慷慨激昂反对福公司的斗争很快得到了省内各界人士的支持。山西商界集资开办了保晋平定分公司,并在平定、盂县开矿多处,积极筹集资金意欲赎回矿权。在保矿的怒潮声中,光绪三十四年(1908)一月,山西绅民以275万两白银的沉重代价,硬是收回了矿权,保矿斗争最终取得了胜利。

山西最大的民族资本企业保晋公司迁址阳泉,正太铁路开通运营,使一批受封建地主、手工业主剥削及苛捐杂税的盘剥而破产了的农民、小手工业者及世世代代以挖煤为生者,成为阳泉最早的产业工人。光绪三十五年(1909),随着平定保晋公司所属的一些煤矿在提升、运输和排水中开始使用机器生产,开了阳泉近代机械化工业的先河。早期的产业工人,成为当时阳泉社会最基本的革命力量。

开明绅士、阳泉人张士林,从小注重品德修养,严谨治学读书,放开视野,接受进步,成年后以诚为本、以德见长,深为同辈所佩服。特别是作为保矿运动中一位重要发起者、组织者、指挥者,亲历了保矿运动的始终。张士林先生撰写的《保矿纪闻》,是他经历整个运动的日记,也为后来人研究保矿运动史提供了翔实的第一手资料。

清宣统三年(1911)爆发辛亥革命。1912年,伟大的爱国主义者、民主革命的先驱孙中山先生在山西著名的资产阶级革命者、平定娘子关人李素陪同下,由石家庄至太原视察山西路矿时,两度途经阳泉,登临娘子关,查看煤矿,看望工人。孙中山先生在视察太原和路经阳泉后说:"以平定煤铸太行铁,将来可操全国实业界之牛耳。"

在近代史的篇章中,激荡与抗争,勾勒出阳泉人民追求正义的奋斗足迹;奋起与坚韧,诠释了山城儿女实现梦想的内生动力。

义和团在平定

爆发于光绪二十六年(1900)的义和团运动,是中国人民自发反抗帝国主义侵略的爱国正义斗争,震惊中外。当时,列宁在《火星报》发表《中国之战》,对义和团运动给予了正确评价。周恩来也曾说过:"1900年的义和团运动正是中国人民顽强地反抗帝国主义侵略的表现。他们的英勇斗争是五十年后中国人民伟大胜利的奠基石之一。"平定人民同其他各地人民一道,参加了这次运动,创造了光辉的反帝史迹。

义和团原名义和拳,据说源出八卦教,是白莲教的一个支派,起于嘉庆年间山东地区,为民间的反清秘密结社,带有强烈的反抗阶级统治压迫的特点,参加的人大部分是农民和手工业者。到了义和团运动时期,因受帝国主义的侵略,阶级矛盾转化为民族矛盾,为清朝政府所利用,假称"义民",把原来"反清复明"的口号改成了"扶清灭洋",并且从山东、河南、直隶向山西等地发展。

平定义和团的首领名叫张大愣,是县城东关姜家沟人。他的家庭贫穷苦寒,长大以后他便到直隶深州(今河北省深州市)走染坊,是一个手工业工人,在那里加入了义和团。后来,由于债务逼迫,无法归还,他便逃回家乡来,在南关真武庙设坛,学拳练棒,办起了义和团。其时,东关有位老知识分子窦子蕃,曾经将平定义和团的活动记录下来,辑成《故乡庚子风云》稿本。

因义和团被清朝政府利用,所以张大愣办义和团,也受到了官方的支持。那时的平定知州白昶,命人打开州署机械库,取出所存顺刀、宝剑、红缨枪,发给了义和团。正因为这样,义和团得到了迅速发展,入团的人数与日俱增。南关真武庙的坛址小,容纳不下更多的人,义和团便想把坛址移到县城里的圣庙,由于地方绅士阻挠,后来才决定迁至东关龙王庙。龙王庙位于通京大道旁的高坡上,交通方便,目标显著,每逢义和团练拳授法时,观众人山人海,整个县城一时为之轰动。《故乡庚子风云》稿本描述坛场的盛况时写道:"张(大愣)红巾赤膊,授法时于东南方合掌念诀,伏地叩头。少时,唾沫盈口,起跃持械舞。乡曲愚民,无知童稚,多为其所惑,舞毕弃刀于地,当众演法,刀砍不入,观众互相顾盼,啧啧称羡。"

在张大愣的率领下,义和团充分发动群众,其中,有一个叫李大笨的,召集义和团成员,到平定北乡的苇泊(今属阳泉郊区),将洋人居住的天主教堂一把火焚毁,作恶多端的洋教士受到了应有的惩罚,吓得仓皇而逃,大灭洋人入我乡土飞扬跋扈的威风,为民除了祸害。

正当义和团运动在全国处于高潮阶段时,八国联军结伙武装入侵。清朝政府慈禧太后那拉氏丧魂落魄,挟持光绪皇帝仓皇出京,经过张家口、大同逃来山西太原,撕去了"支持"义和团的假面具,暴露了她卖国媚洋的反动本质。然而,帝国主义的侵略行动并未因此收敛,反而步步深入,变本加厉,百倍地猖獗起来。现存娘子关《八国联军入侵》碑文记载:"辛丑(1901)暮春三日,夷骑数出北峪口,逼关窥探,而武功军丧心不备,五日卯刻,乘虚破苇泽关,未刻破旧关,炮雷弹雨,血肉狼藉,凄惨不堪言状。"另据太原梦醒子刘大鹏所著《潜园琐记》一书中"岑中丞撤固关守兵,洋寇乘间进攻"条目记述,1901年农历三月初四日晚,以德、法为首的联军,向固关和娘子关进犯。进犯固关的侵略军被清军大炮轰击溃退。夜半昏黑,旌旗莫辨,进犯娘子关的侵略军错认溃军为清军,因此挥众力斗,奋勇搏战,"两寇格杀势极凶猛,呼声震山谷,烽烟逼星辰,血肉淋漓,尸骸狼藉。昧爽乃知以敌攻敌,自相残害,并无官(清)军埋伏突起战斗,两相诧异,不敢入关纠众而退,一路残虐百姓。"清朝政府目睹此况,不仅不组织力量抵抗,慈禧反从太原远逃陕西西安,并用镇压义和团的罪恶勾当向帝国主义求和。

这时,平定原知州因"支持"过义和团而被革职,新任知州密昌墀到职,平定义和团遭到了血腥镇压,首领张大愣以"莫须有"的罪名被残害致死。相传张大愣被抓时大义凛然,威武不屈,州衙皂吏捕快人人畏怯。押到公堂上,其威风依然不减当初,横眉怒目逼视镇压义和团的刽子手、知州密昌墀,刀砍双膝而不跪。后人有歌谣称颂:"张大愣、李大笨,烧教堂、杀洋人,苇泊回来遭横祸,威武不屈丧了命。"

八国联军入侵盂县

光绪二十六年(1900),八国联军入侵中国,天津、北京先后失陷,洋人窜扰各地,盂县境内各个关口,都遭到洋人的进犯。当时驻防在盂县东部地区沙井孤山只关、揽头起四道凹关、东关头十八盘关的清兵和乡勇,听到洋人进犯的消息,闻风丧胆,不敢抵抗,纷纷逃窜。致使洋人长驱直入,如入无人之境,疯狂地烧杀掠抢,盂县人民深受其害。

这三个关口,本来均有守兵,并有乡勇、民夫协助防守,易守难攻,而且在关上都修筑了防御工事。如能同仇敌忾、勇敢抵抗,是不难打退洋人的。当时洋人进攻三关,结果仅有孤山只关未被攻破,其余两关却相继失守。

说起孤山只关,这里地势险要,两面高山耸立,中间鸟道崎岖。防守在这里的清兵,在洋人未来之前,即发动民夫、乡勇,配合守兵,在关口两侧的山坡上,准备了很多滚木礌石。当洋人向关上冲来时,守军立即居高临下,奋力反击,一边用枪射击,一边指挥民夫、乡勇将滚木、石块蹬踩下去,或者用手往下推、往下扔,只打得洋鬼子人仰马翻、腿断腰折,不能前进一步。洋人虽有新式枪械,但不熟悉地形,无法抢占关口,只好带着死伤者垂头丧气地退走了,所以孤山只关未被攻破。

另一支洋人进攻四道凹关,看到关口两侧全是悬崖峭壁,山势险峻,军马难行,便没有从关下的大道上正面进犯,而是由汉奸带领,走了一条叫魏葫芦沟的羊肠小道,偷偷地冲上来。四道凹关守兵发现后,猝不及防,个个吓得魂飞魄散,慌忙四散逃走。有个指挥官强迫民夫做挡箭牌,打头阵抵抗洋人,而他们自己却乘机逃之夭夭,留下这些民夫手无寸铁,又无作战本领,难以抵抗洋人。这时,洋人手持刺刀,接连刺死了前面的几个民夫,其余民夫一见大乱,各自纷纷逃命,有的宁死不屈,跳崖而死。还有30余人躲藏在半山腰上的一个窝铺里面,被洋人发现后,用刺刀捅死了28人,只有王七宝、王明只2人,奋不顾身,夺下了洋人的刺刀,双手被割破了,一边反抗,一边流着鲜血逃跑,一直跑回山北村,才死里逃生。最后,洋人又来到了揽头起村,这时村民王六十二情急生智,把几包火药放在门外,逐个点燃,霎时浓烟滚滚,火势熊熊,炸声如雷,洋鬼子以为中了埋伏,便急急忙忙由原路退走了。

由于清军腐败无能,不敢抵抗,使四道凹关上的民夫伤亡百余人,这是八国联军入侵中国后在盂县制造的一次特大惨案。

十八盘关是盂县境内的重要关口之一,山路盘旋,地势险峻,具有一夫当关、万夫莫开之势。可是洋人来到这里时,防守的清军将领刘庞龙早已闻风丧胆,逃之夭夭。因此,洋人便不费一枪一弹,长驱直入,未遇丝毫抵抗,一直进到了东木口村。当时正值初春,农民一冬天往地里送粪,堆了许多粪堆,洋人一见,不知何物,以为是清兵设下的埋伏,提心吊胆,便不敢再往前进,急忙下令退兵。洋人撤退回到了东关头村,大肆疯狂抢劫,任意屠宰耕畜,仅群众逃走时未及赶走的耕牛就被杀了十余头,其他财物损毁无数。整整折腾了两天两夜后,洋人才从原路退到了河北省。

无数事实说明,八国联军入侵中国,给中国人民带来了巨大的灾难,清政府软弱无能、腐朽没落的本质暴露无遗,这是我中华民族最大的耻辱。今天,我们应记住"落后就要挨打"的历史教训,只有富国强兵,才能不受人欺负。

从晋商崛起到开启实业

山西人经商历史久远、声名显赫,明清晋商曾居全国十大商帮之首。由于历史、地理、环境等种种原因,阳泉晋商与处于主流地区的晋商相比,力量相对单薄,未能形成大气候。但作为晋商整体的一个组成部分,它拥有独特的兴衰轨迹和历史贡献。

阳泉境内商业贸易古已有之。平定早在秦汉时期就辟有驿道，至明清一直为晋省出境的主要交通驿路之一，沿途测石、平潭、义井、平定城、柏井驿、固驿铺、槐树铺、甘桃驿等设立驿站的地方先后形成商业集镇。境内出土的五铢钱，表明西汉时期这里的商业已经趋向繁荣。到北宋庆历二年（1042），平定州始铸大铁钱，这是境内商业发展的又一个重要凭证。此外，宋代时，盂县制铁铸造业已相当发达，今盂县尚存北宋宣和六年（1124）铸造的重约两吨的大铁钟。随着采煤冶铁业的发展，在今阳泉境内及周边地区逐渐形成了以铁制品交易为主的集镇。其中，铁锅、铁鏊、铁壶、铁制农具等在铁货行中享有较高的声誉，其行销"从东口到西口，喇嘛庙到包头"（东口指今河北省张家口市，喇嘛庙在今河北的张北县境内，包头即今内蒙古自治区包头市）。阳泉铁货集散地之广、交易销售之盛，可见一斑。

到清末，境内形成两个纵横连贯的商业网络：一是以平定县城为中心，由柏井、测鱼（今属河北省井陉县）、松塔（今属寿阳县）、平潭、河底、岔口、娘子关等集镇形成的商业体系；二是以盂县城为中心，由清城、牛村、上社、西烟等集镇形成的商业体系。这一时期，平定形成了煤、铁、

平定甘桃驿石佛寺

粮、油、百货、医药、土产、烟酒、棉布、旅店、饮食、文具、洗染、酿造等20余个行业。当时,平定城向东西延伸的2.5公里长街上,就有商号250余户,其中殷实的大商号有逄元号、荣聚兴、宝善昌、德裕厚、聚锦恒、三和馆、新盛魁等40余家。商业村镇中,仅大阳泉村的0.5公里商业街就有德裕成染货店、广泰昌木工铺、永庆成面铺等30家店铺。

民国初年,随着煤铁业的发展,盂县商业也出现兴盛期。县城商业发展到30多种行业,有百货、布匹、杂货、饼业、肉食、蔬菜、国药、旅店以及手工作坊式的油坊、酒坊、豆腐坊等,有30多种行业、330家商户（含银号业）,购销业务也拓展到了京、津、包、绥、沪、汉等地。此外,县城鸿春祥等经营京货、广货和外埠日用杂货的商号有60多户。就其资本而言,在盂县城有名气的银号和典当行有大有谦、宏远号、晋萃恒、万亿当等。清城镇由于手工业发达,铁制农具(锄、锹)出境较多,而被誉为"日进斗金之乡"。当年,上社、清城、西烟、牛村等集镇均有坐商营业,其中药业尤为发达。除县城有环海春等19家药业商户外,城外其他村镇还开设有小药铺56户。

清光绪三十二年(1906),正太铁路从河北省的石家庄修至境内小阳泉村东的沙江口,设立了阳泉火车站。随着交通运输的发展,煤炭、铁货的输出日增,火车站附近旅店、饭馆相继出现,原开设在平潭、荫营、义井、河底的商户以及其他本、外地商户都纷纷迁到阳泉站附近,阳泉集镇之雏形形成。尤其是1916年,山西商办保晋矿务公司总部从太原迁来阳泉,除在阳泉开设4个煤矿外,还在石家庄、保定、北京设立分公司经销煤炭,并于阳泉平潭垴村兴办了保晋铁厂。自此,阳泉的煤铁业有了新的发展,且直接牵动了商业的兴盛。平定县城和河北石家庄等地的一些大商号,陆续到阳泉建店或设立分店。阳泉颇有名望的逄元号杂货店就是由民国初年平定县城逄元号在阳泉的分店发展起来的。在商户日益增加的同时,行业更趋繁多,除一般的日用商品行业外,还增加了钱庄、京货行、广货行等新兴行业。到20世纪20年代末,阳泉镇各业商户达到百余户,形成了上站、下站及德胜街、福寿街、楼儿街等10余条街道,设立了街公所、警察所、商会等机构,成为由平定县管辖的重镇。

据《阳泉史志》记载,1937年抗日战争爆发前夕,阳泉境内有字号的商家共计619户,其中,阳泉镇158户、平定县278户、盂县183户,

平定柏井驿石额

其他无字号的商业网点也有许多。但到日军侵占阳泉期间，疯狂掠夺本地矿产资源，市场萧条，物价飞涨，苛捐杂税繁多，私营商业举步维艰，多数商家趋于倒闭。至1945年日本投降时，阳泉境内私营商户仅存189户，其中阳泉镇85户、平定县（不含阳泉镇）41户、盂县63户，仅为抗战前的30.53%。

综观新中国成立前阳泉商业的发展与兴衰，我们不难看出，阳泉晋商的起步及发展与其特有的地域环境、自然环境及其人文环境有着密切的关系，并有其自身的优势和局限性。

第一，古驿道的开辟运行，为阳泉商业发展创造了基本条件。从地理位置看，阳泉地处山西中部东端。背靠佛教圣地五台山，南接历史悠久但交通闭塞的上党地区，西连晋商实力之地晋中，东屏河北省。早在秦汉时期，市境南部的张庄—旧关一线即成为由关中经汾河谷地和潇河谷地东出太行、通往燕赵的捷径。隋唐以后，另一条通道，即由太原经寿阳至井陉的路线变得重要起来。它由今新店入境，沿桃河向东，经赛鱼、平潭、乱流到娘子关出太行山，并接张庄、旧关古道。据历史记载"汉五里一置，传送文书所至处，谓之邮亭"。境内历史上较著名的驿站、递铺有陡山驿、甘桃驿、固铺驿、柏井驿、芹泉驿等。在这条通京大道上，驿兵接踵而过，商贸络绎不绝。桥头村之《免号麦麸碑记》载："桥头开道以来，车驱络绎，商贸通行，开设面行店道者不少，每年纳官麸六十九石六斗。"到20世纪初，正太铁路（今石太铁路）的兴建，有力地促进了阳泉各沿线地区商业的繁荣发展，致使阳泉成为石太铁路中心枢纽，"附近所产煤铁以此为总汇，商业繁盛"（《中国古今地名大辞典》）。到20世纪40年代后期，阳泉实际上已成为晋东六县的经济中枢和山西省的经济重心之一。今郊区小河村石家，在清代时，从平定到北京的驿道两旁遍布其家经营的杂货铺，"石家的人到北京，打尖歇脚从不住店，全住自家商号"。

第二，丰富的自然资源尤其是矿产资源，为阳泉商业发展奠定了物质基础。"矿产者，命脉也。"阳泉是我国煤储量最丰富和最早发现并开发利用的地区之一，阳泉的经济发展与此有密切关系。据《山海经》载，仇犹国（今盂县）"白马之山，其阳多玉，其阴多铁，多赤铜"，此为有关本境铁矿最早的文献记载。北齐时，盂县就设有冶铁所，管理铁业生产。到宋代，铁业更加兴盛，已能铸造约两吨重的铁器。明代，当地工匠常被官府征召打造兵器，说明炼钢的技术在当时也得到了应用。明清时，阳泉的煤炭生产促进了冶铁业的发展，而冶铁业的发展又对采煤业革新起了推动作用。这一时期，平定、盂县出现了大量的民营冶铁业工场，郊区官沟村张家成为客居外地专门推销铁货的商家，大阳泉村则耕田与烧铁兼顾。清咸丰年间，在河底镇就设炉鼓铸铁钱，可见冶铁工艺日见完美。据记载，清同治九年（1870），平定可日产铁近150吨，每年生产约54 000吨。生产一吨铁需要三吨煤，据此推算，平定仅用于冶铁的煤炭日产量就约为450吨左右。1913年平定境内铁炉达1089座，年产铁货5万吨至7万吨。被商人引入流通领域的铁货有铁砧、大小筒锅、广锅、铁茶壶等，这些产品大量对外销售，进一步推动了当地商业的发展。由此看来，阳泉晋商的形成和发展同资源优势的关系较之其他地区更为明显，更为密切，更有其独特之处。

第三，恶劣的自然环境促使出外求生，客观上促进了阳泉商业发展。阳泉是一个十年九旱、风雹霜冻频发、自然条件极差的地方。据《平定州志》载："山西平定州等处，山多田少，粒食恒艰，小民向赖陶瓷器具，输运直省易来供朝夕"；"平定山多土瘠，民劳俗朴，国朝百余年来，休养生息，户口日繁，计地所出莫能给，力耕之外，多陶冶砂铁等器以自食，他若贾易于燕赵齐鲁间者十之五"；"铁产州北诸山中，居民冶铁为主，凡日用器具运货地方甚利便之。"可见阳泉境内人多地少，农业生产

条件差，生计困难，生民为了开拓生存空间，便利用当地的煤炭、铁矿、黏土等丰富的自然资源，烧炼铁器、瓷器、砂货等手工产品，为商品的经销和流通奠定了物质基础。

第四，阳泉人克勤克俭、淳朴诚信的品质，为阳泉商业发展提供了必要的保证。从史料中看出，阳泉商人历来都能谨守"以商招财，用财守本"的传统经商理念，大部分商人对做官不积极，与官府关系不密切，专一经商，因而锻造了他们更加强烈的开拓进取精神。如大阳泉村郗家先祖以制铁起家，经几代人苦心经营，依靠当地丰富的煤铁资源，在本地和外埠扩大销售规模，商行开到石家庄、北京、天津以及东北大连、营口等地，以"魁"字号领东，分号覆盖华北，到清咸丰年间达到鼎盛，号称"平定西门外第一富豪"，以骄人的业绩称雄晋东，撑起一方晋商的繁荣。近郊区管沟张家，以钉鞋置业，发展到用手推车贩运铁锅起家，之后在河北、山西、辽宁、吉林等地建立了"永"字号分店，最兴盛时资本达到约30万两白银，大小铺店40余处，从业人员三四百人之多。今郊区小河村石家则是从卖油糕发家，到后来开办了三义兴杂货铺和三义当当铺，其商号店铺遍布从平定到北京的驿道两旁，盛极一时。盂县路家村李家以靠赶驴卖炭为生，发展成为盂县夺魁的百万富翁。特别是平定染

盂县西关万益当铺

房帮和盂县洗染业的发展,也无一不是坚持专一经商理念的结果。

第五,阳泉商人所具有的民族气节,促进了当地民族资本主义工商业的发展。100多年前爆发的以"联群情,保利源"为主题的山西保矿运动,就是由阳泉绅商首先擎起反对帝国主义野蛮掠夺、反对政府昏聩无能的大旗的。特别是保矿运动的代表人物张士林,慷慨解囊,急公好义,成为阳泉晋商的楷模。这次运动持续三年之久,终于赎回了矿权,创立了保晋公司,为阳泉煤炭业的大规模发展提供了保证;同时催生了本地民族资本,提高了乡绅实力。在保晋公司合股联营模式带动下,阳泉地区的乡绅开始走向联合和扩张,资本实力得到增强,发展规模日渐扩大,外地资本也纷至沓来。清宣统三年(1911),武昌人周操柏在阳泉开办矿场4处,其中广懋矿场转销阳泉煤炭。1912年,陕西督军陆建章之子陆绍文相继在阳泉开办建昌公司和富昌公司,均为经营阳泉煤炭的专业公司。1915年,保晋公司部分董事及本地乡绅合股成立保晋中孚煤矿公司,开发同兴煤矿、全顺煤矿、平记煤矿、共和窑、公义窑等,商贾云集一时,民族资本主义在本地兴起和繁荣,揭开了阳泉近代工业的序幕。保晋公司首先使用机械和半机械化生产,步入了人工与机械相结合的工业化生产时代。在保晋公司带动下,其他产业也得到了较快的发展,其中染织业、丝织业、硫铁矿、陶瓷业、砂货业迅速崛起,奠定了阳泉现代工业的基础。

山西第一条铁路——正太铁路

正太铁路,1904年动工兴建,1907年全线竣工通车。当时途经"沙江口"(其中心位于正太路107公里+499米处),因其地域属小阳泉村范畴,故取名为阳泉站。正太铁路修成后,全程为243公里,设大小车站34个;在阳泉境内有69公里,由东向西设娘子关、程家、下盘石、岩会、乱流、白羊墅、阳泉、赛鱼、坡头、测石共10个车站。这不仅开启了阳泉通向外面世界的一扇窗户,而且为阳泉后来成为晋东六县政治、经济、文化的中心,人流、物流的重要枢纽,乃至太行山上的一颗耀眼明珠、娘子关内一座享誉海内外的山城,奠定了坚实基础。

早在清光绪二十二年(1896),富有远见卓识的战略眼光的山西巡抚胡聘之得悉清政府要修筑卢汉铁路(即京汉铁路),就曾奏议:"山西煤铁之富为华北各省之冠,鄂督张之洞已奏明要利用晋铁,而晋省境内山路崎岖,交通极为不便,拟于卢汉铁路之正定车站附近与太原府联一铁路。"五月二十八日得到清政府批准。消息传开后,各帝国主义国家竞相争夺投资权,以加强对我国的经济掠夺和政治控制。在这场角逐中,华俄道胜银行取得了胜利。于是,光绪二十四年(1898)四月初二,山西巡抚派山西商务局曹中裕与华俄道胜银行代理人璞科第在北京签订了《柳太铁路合同》。合同规定:线路由河北正定柳林堡起至太原止,计长250公里,工期3年,共借款2500万法郎,合银980万两,从拨款之日起按周年6厘计息,本利25年还清。借款未还清前,沿途50公里以内,不准中国再修建铁轨路和机械运行之路,路成后每年的余利,以三成拨归华俄银行。

《柳太合同》签订后,由于山西巡抚人事变更,加之八国联军侵略中国,义和团运动兴起,致使修路之事一度中辍。光绪二十八年(1902)五月,经华俄道胜银行同山西巡抚岑春煊磋商,又经清政府外务部和路矿

早期阳泉火车站

大臣研究复奏,议定:该路作为卢汉铁路分支,有关事宜改归卢汉铁路总理;原定商借商款改为官借商款;责成卢汉铁路总公司事务大臣盛宣怀,按照卢汉铁路办法与俄商签订详细合同。同年九月十四日,盛宣怀同华俄道胜银行驻中国总办佛威郎在上海签署了《一九○二年中国国家铁路五厘借款合同》。合同规定:借款总额4000万法郎,合银1300万两,年息5厘。同时还规定:借款时按九折付价,以虚数计息;借款付利还本除以中国国家所有的进款担保外,正太铁路为头等担保,每年行车所得余利,中国不得动用,直至借款全部还清为止;此外,中国每年还须按付利数的万分之二十五酬谢华俄银行;铁路总工程师也须由华俄银行遴聘,管理一切人权和财权;倘若中国与华俄银行发生争执,必须按照俄国驻华大臣与外交部共同评断,或另找一公证人公断。所订的《正太铁路行车合同》还规定:路成后,中国允许华俄银行代为调度经理;行车生利30年间,每年余利以十分之二酬谢华俄银行。

如此不公正、不平等的两份合同,在当时国力不强、政府无能的历史条件下,就这样草签了。甚至,在修筑的过程中承建这条铁路的法国公司,为减少费用,又以种种借口将原定的宽轨改为窄轨,起点由正定

正太铁路局(法)

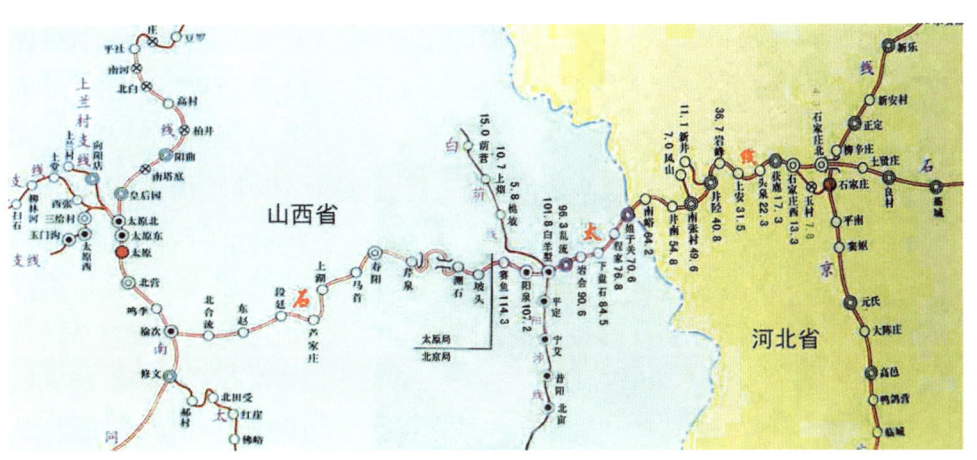

正太铁路线路站点图

的柳林堡南移到振头,即今天的石家庄。其间,因日俄战争爆发,帝俄战败,华俄道胜银行将正太铁路全部债权让渡给法国巴黎银公司。这样,于光绪三十年(1904)四月,也就是山西巡抚胡聘之动议修筑正太路8年之后,法国公司才在石家庄成立建筑总管理处,陆续开始分段施工,最紧张时,共有六段同时施工:第一段由石家庄至乏驴岭(光绪三十年四月—三十一年九月);第二段由乏驴岭至下盘石(光绪三十一年四月—三十二年九月);第三段由下盘石至平潭村(光绪三十一年六月—三十二年九月);第四段由平潭村至韩家城(光绪三十二年二月—三十三年五月);第五段由韩家城至段廷(光绪三十二年三月—三十三年八月);第六段由段廷至太原(光绪三十二年五月—三十三年九月),光绪三十三年(1907)九月得以全线通车。

清光绪三十二年(1906)八月,正太路修至古州平定的平潭村,于九月通车。因平潭历史上系平定通京大道上的古驿站,有一定的知名度,筑路人员在线路勘测时曾选定正太路"沿桃河北岸而上,经白羊墅、五渡直到平潭",并在此设平潭站。但因其背依狮脑山,面临桃河,附近又有多处矿井,空间狭小,无回旋余地,难以进一步发展,加之部分乡民反对,有人传言"筑路切断纲脉,贻害子孙后代",甚至聚众滋事,故修筑时又将站址东移在当时的沙江口(其中心位于正太路107公里+499米处)。只因此域属小阳泉村范畴,故而取名为阳泉站。阳泉站是北京铁路局二十大编组站之一。

平潭站

建站之初,阳泉站设备简陋,线路短而少,光绪三十三年(1907)正太路全线开通运营时,每日路经阳泉的旅客列车只有2对,混合列车1对,货物列车还不满10对。1932年10月正太路收归国有后,随着运量的逐渐增长,冬季运煤旺季,每日多达30余对,闭塞方法和调度手段也均有了新的改进,对支持抗日战争时期畸形货运和百团大战破袭,起到了积极作用。新中国建立后,为了恢复和发展阳泉地区的煤炭、生铁等主要物资的生产,支持国家建设,阳泉站从1952年起,先后进行了多次改造和扩建;与此同时,煤炭工业部于1957年至1959年间,又投资新建了阳泉站石卜咀(矿车)集配站,从而使阳泉矿务局各矿生产的煤炭不再经阳泉站,改由石卜咀集配站汇集编组发运,大大减轻了阳泉站的货运压力。特别是1972年9月石太线复线工程的全线开通、1982年9月石太线电气化工程的全线贯通,和在此期间选址新建的筒子沟编组场、石卜咀6502电气集中设备的投入使用,以及1991年10月9日投资1700多万元、建筑面积达12 143平方米、相当于旧站5倍的阳泉新火车站的投入使用,更加有效地改善了阳泉站的服务环境和软硬件设施,吞吐能力成倍增长,经济效益显著提高。

保矿运动在阳泉

近一个世纪前,山西近代史上最大的一家民营企业——保晋公司迁址阳泉,从此,掀开了阳泉工业发展和经济腾飞的新篇章。从1916年落户阳泉,到1937年日本侵占阳泉,保晋公司在这里历经了21年风雨,在内忧外患中艰难前行,不断发展,特殊时期铸就的精神,不仅在当时支撑着保晋人坚持不懈地努力,而且激励着后人勇往直前,与明清时期形成的晋商精神一脉相承,而且不断发扬光大。

阳泉矿产资源丰富,不但为历代统治者所关注,也诱使外国资本家觊觎、垂涎。清光绪二十三年(1897),英、意资本家在伦敦成立了旨在掠夺山西、河南煤铁矿权的"福公司",并于翌年五月二十一日,通过与山西商务局签订《山西开矿制铁以及转运各色矿产章程》,以白银200万两攫取了山西平定、盂县、泽州、潞安、平阳府等地的煤矿开采和冶铁权,定期60年。

福公司是甲午战争后许多外资企业中,想在中国经营路矿事业的其中一家。它在名义上由英国和意大利等国的资本家共同组织,开办资本2万英镑,由曾任职意大利驻华使馆的罗沙第发起组建,但在英国伦敦注册,并推举维多利亚女王的孙女婿罗翁侯爵出任总董,实际上是一家英国企业。

清光绪二十三年十月二十五日,刘鹗代表晋丰公司与福公司驻华总董签订借款开办山西矿务草合同,共五条,利用山西矿务用土法开采。合同签订之后,并没有发表,但还是被一些官僚、绅士发现,纷纷表示反对。

在清政府总理各国事务衙门的主持下,山西商务局和福公司于光绪二十四年(1898)五月二十一日修订了原合同,改为《山西商务局与福公司定山西开矿制铁以及转运各色矿产章程》(二十条),该章程第一条规定,开采地区除前有四处地区外,又增加了"平阳附属煤铁以及他处煤油各矿";第三、四条明确规定了福公司总董、经理在用人、财务、工程方面的种种特权;第六条规定了英福公司在利润分配上的优越地位。该章程还让福公司获得了为转运煤铁可以修路、造桥、开浚河港、填造分支铁道接至干路或河口的特权。由此,清政府把山西矿区拱手让于英国福公司,出卖山西矿权的行径比刘鹗更为卑劣。

光绪三十一年(1905)七月,福公司派人在紧张修筑中的正太路阳泉段两侧勘测矿地,绘制地图,而且在勘测过的方圆四五十平方公里的矿地周围均插上白旗,上书"福公司"三个大字;更有甚者,当他们在勘测时发现当地绅民也在打井开矿,大为恼火,即于七月十五日致函山西商务局;九月十八日又照会清政府,狂妄要求禁止山西平定等地民众开矿。

福公司的无理要求和霸道行径严重干涉了中国内政,并侵犯了中国人民的利益,激起阳泉人民和山西社会各界人士的极大愤慨。阳泉民众便自发地组织起来同英国侵略者进行斗争,一场声势浩大的保矿运动首先在阳泉拉开了战幕。

阳泉矿区赛剧戏台

当时，阳泉县爱国绅士李毓蕙、黄守渊、池庄、刘焕头、赵熙庭、廉士升等，多次在官沟村开明富商张士林家中磋商保矿办法，筹划应对之策。经过大家的努力，决定先在阳泉成立"保艾公司"（平定县在历史上曾称石艾县），作为保矿运动的常设机关，准备收回矿权，进行开采；同时成立矿产公会，组织起来，以统一行动。为了便于领导，除议定以蔡荣田、李毓蕙、张诚等人为首，在平定州城组建矿产公会外，各都（清代平定称州，州下分乡，乡下设都，都下为最基层的村）还均设了分会。

阳泉矿区御英保矿鸣钟

矿产公会成立后，一面派人赴省城、京城向当局请愿，联络留省、留京同乡组织起来积极声援；另一方面鼓励新旧煤矿多开采、多测绘、多占矿地，使外国侵略者无立足之地。他们在境内铁路两侧的大山巨石上，用鲜艳醒目的红色大字写上"×矿矿区"的标志，有的甚至将其标志凿刻在上面，与福公司对着干。

阳泉各界人民参加了保矿斗争，波澜壮阔，声势壮大，男女老少，各界均有。不但有绅士、矿厂企业主，还有工人，农民以及戏剧界演艺人员。《石艾乙巳御英保矿纪闻》中记载了当年平定晋剧名角葛熙贤（艺名"油糕旦"）身披御赐黄马褂，带领戏班在平潭开台唱戏，与英国福公司对着干。他唱的《老汉圪蹴》，演的就是平定人民反抗洋人抢占矿山、抢夺人民土地的斗争。该剧以辛辣的方言，通过老汉半夜解手发现洋人划界钉楔把自家牲口棚也圈了的情节，悲愤地喊出"从今往后吾没地"，于是"吾拿镢柄与他抵"，为生存而斗争，进而发出"大吼一声滚出去"的呐喊，反映出平定人民坚决的反帝斗争的意志。

阳泉民众的保矿之举，首先得到省城山西大学堂及部分中学堂的回应。他们纷纷通过罢课抗议、游行示威、开会发表宣言等,要求收回矿权;还派人到阳泉进行实地调查,表示声援。接着,影响到全省各界。许多学校罢课、商人罢市,知识界则在自办的《晋阳公报》上载文报道保矿斗争的消息。当与山西各界保持密切联系的山西籍留日学生同乡会闻讯后,立即发表声明,向清政府发电,并写了长达5000字的公开信,声援山西人民收回矿权的斗争。尤其是光绪三十二年(1906)八月十三日,山西籍留日学生李培仁为抗议清政府出卖山西矿权毅然蹈海献身之举,把这场斗争推向了高潮。之后,随着山西一些爱国绅士的卷入,由阳泉发端的逐渐波及全省乃至全国的保矿运动,历经三年,最终以白银275万两为代价将矿权赎回,取得了斗争的胜利。

阳泉人民反帝保矿斗争在山西全省的反帝斗争中发挥了重要作用,具有深远的历史意义。在这场波澜壮阔的伟大斗争中,阳泉人民以强烈的民族责任意识和顽强的革命精神,与外国侵略者进行了面对面的较量和不屈不挠的斗争,用正义、豪情和热血谱写了一曲反对帝国主义侵略的壮歌。平定人民开展的保矿斗争发生在帝国主义掀起瓜分中国狂潮以及向中国大举输出资本之际,具有十分浓厚的救亡图存的性质。这场斗争首发于阳泉,进而扩展到山西全省,影响到全国。国难当头之际,阳泉人民以国为怀,树起了一面爱国主义的旗帜。阳泉人民不仅是保矿斗争的参加者,而且是斗争的主力军。在风雨飘摇的旧中国,各阶层爱国志士齐心合力,团结斗争,维护民族利益,收回煤矿开采权,与帝国主义列强进行了顽强的斗争。在面临帝国主义瓜分中国的历史形势下,阳泉人民自强图存,不畏强暴,捍卫

阳泉矿区御英保矿纪念碑(复制)正面

了国家主权和民族的尊严,伸张了山西人民维护国家主权的正义,揭露了清政府丧权辱国和出卖矿权的罪恶行径。它以其声势之大、参加人数之广,开全国保矿运动之先声。保矿运动的胜利给全国收回矿权运动以极大的鼓舞,在全国范围内蓬勃开展的收回矿权运动中占有极其重要的地位,阳泉人民为此做出了不可磨灭的贡献,在近代史上写下了光辉的爱国主义篇章。

保矿运动与黄家大院

黄家大院位于山西省阳泉市平定县城学门街 65 号(原县城旗杆院)。黄家大院东西长 100 米,南北宽 85 米,建筑面积约 8500 平方米。建筑风格以明清建筑为主,儒商结合,北临学门大街,南依嘉河。这里是

黄家大院建筑模拟全景图

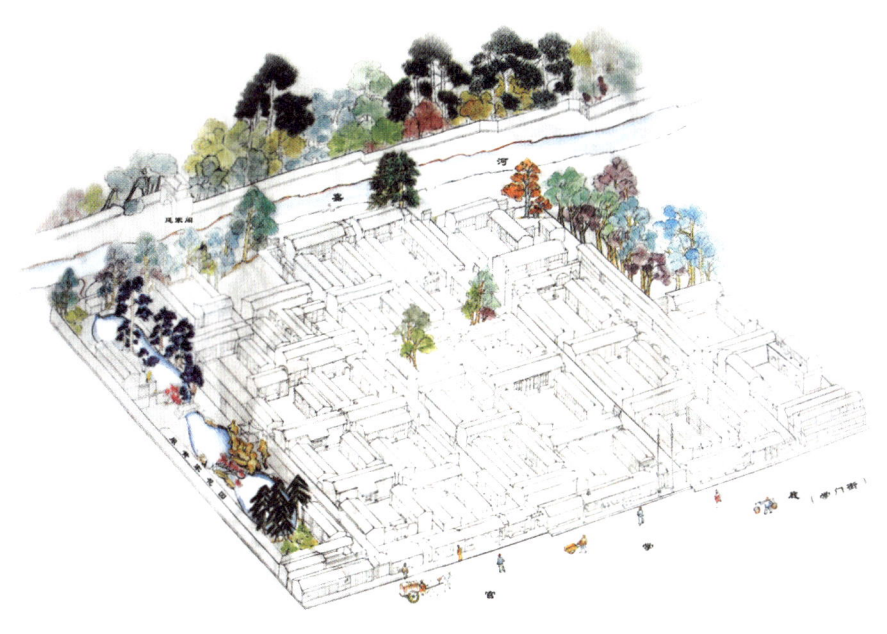

平定保矿运动的主要指挥地，有议事大厅、胡聘之住所、平定州矿产公会、保艾公司、固本公司、黄家火铺等几处主要议事地点。

明朝初期，黄氏先祖携外来文化卜居平定州，并以其训蒙子孙。随着族人的繁衍，经过多年战火洗礼后的平定文化逐步恢复并走向兴旺之时，黄氏固有的祖籍文化很快地揉入了平定文化兴旺之大潮中，在二者结合的过程中，逐渐形成了鲜明的氏族文化。在清末御英保矿斗争中，黄氏族人黄汝彦、黄晋三、黄兰溪、黄显庭、黄守渊、黄熺年、黄壬甫、黄益臣等

固本公司大门

祖孙三代人，不畏艰险，勇担重任，各尽其能，奔走呼号，发挥了重要作用，并升级为全省的保矿运动。清光绪三十一年（1905）二月十八日，为抵制英国福公司在平定勘矿，黄守渊召集诸乡贤张士林、池庄、周克昌、赵皋卿、刘焕斗、廉士升、孙雨亭、张朴斋、葛乾甫、蔡蓉田、李毓蕙、黄汝彦、黄兰溪、黄壬甫等人谋议矿事，提出"矿之不存，民将安否""保艾即保晋，保权即保民之生计"的主张，成立了护矿机构保艾会。前山西巡抚胡聘之，以"饕人"身份参加了平定州御英保矿史上的第一次会议。会议期间，胡下榻黄家大院黄守经宅院南屋，并在此密议了御英保矿斗争的大政方针。

在黄家大院巷东，即黄益臣、黄汝彦的院子里分别设平定州御英保矿常设领导机构保艾公司（前身为保艾会）、固本公司（前身为固本会）。随着保矿斗争的需要，光绪三十一年（1905）农历九月初七日，在黄氏家庙前院成立平定州矿产公会，以此来统领全境之保矿斗争。公会下设保艾公司、固本公司，十七都矿产分会。光绪三十二年（1906），阳泉简子沟

安姓窑欲借铁路洋人之手售于英国福公司,黄家大院忍辱负重,舍其族产,迫使其转售保艾公司。当时,因保矿形势需要,保艾、固本两公司和平定州矿产公会先后进驻黄汝彦房产之东院、黄氏宗祠之前院,黄氏族人还捐出重资用于保矿斗争,黄守渊捐银1万两充作保艾公司基费。由于黄守渊运筹帷幄,张士林、黄汝彦、蔡蓉田、荆震生等诸绅士的鼎力协助,广大民众的强力支持,终使平定州御英保矿斗争遍布三晋大地,波及全国。保矿斗争以光绪三十四年(1908)保晋公司的成立而落下帷幕。在这场平定州亘古未有、翻江倒海的群众性御英保矿斗争中,黄家族人们始终走在斗争最前沿。他们同心同德、为民请命、无畏强暴、前仆后继的斗争精神和忍辱负重、舍族产索矿权的奉献精神,以及斗争胜利后淡泊名利的崇高品质,在平定历史上留下了光辉篇章。

保矿运动总指挥黄守渊(1861—1937),字铸卿,平定城里学门街人。黄守渊先生出生于平定的一个名门望族、官宦世家,父黄尧臣,清道光年间举人,曾任内阁中书。其自幼勤奋刻苦,于清光绪二十年(1894)甲午科中举人,曾任沁源和河津县知事及省议会议员。

英国福公司为掠夺山西的煤矿资源,与晋丰公司签订了《请办晋省矿务借款合同》和《请办晋省矿务章程》。这样就把山西煤矿开采权让给了英国福公司。随着签约的公开,山西的官员和在京的山西籍官员坚决反对,并与之进行了不懈的斗争。

黄家大院院落全景

综观全局,分辨形势,进一步明确斗争的任务和目标。光绪三十一年(1905)以元宵节聚会为掩护的保艾会成立会议上,黄守渊先生就这场斗争作了一场堪称"隆中对"的分析决策和作战部署。首先成立保艾会,作为领导御英保矿运动的最高指挥部,确保这场斗争有组织、有计划地统一进行,其次抓住"御英"这个关键,动员人民群众,密切关注英人的动向,随时揭穿他们的阴谋诡计,不让他们有立足之地。

针锋相对,开展斗争,坚持了正确的斗争策略。保艾会在黄守渊的领导下,保矿运动结合实际制定了一整套正确的斗争方略。同时根据斗争的形势变化,及时调整战术,始终掌握了斗争的主动权。(1)在"御英"斗争中,首先采取了围困战,斗洋犬、围洋宅、堵英商、演戏斥洋人等办法,让英国人吃不香、睡不安,如坐针毡,惶惶不可终日。(2)在和县衙的斗争中,采取了闯州衙状告洋人、请州尊现场办案、抬棺材大闹公堂,促使州尊赴省请命,给省巡抚使压,为"废约"创造条件。(3)加强了舆论和宣传工作,组织州城的学堂进行广泛宣传,做到了家喻户晓,进一步发动人民群众,动员全社会的力量,参加御英护矿斗争。请报馆记者来平定调查访问,使御英保矿运动的情况在太原、北京、上海造成影响。(4)组织发动社会各界的声援活动。州城学生发动声援,黄守渊亲自到太原找巡抚汇报情况,组织在并平定籍人士策动了省城的学生运动,给省巡抚造成巨大压力。(5)成立平定州矿产公会。筹集充实保艾、固本公司购

黄涛故居

买矿地的资金,并先后制定六个议案,解决保矿中出现的重要问题。

当初战告捷、洋人被逐出平定时,黄守渊先生冷静分析,决定在洋人未返回平定之前,利用这短暂的时间抢占先机,筹建固本公司,统一管理全州的煤矿,动员全社会的力量,以抵抗洋人的占界划矿行动。在短短的两个月内,将400余座煤矿全部开工投产,使整个斗争由被动变主动,实现了新的转机。

当得知同济公司要把平定收购的矿地入股英国公司时,黄守渊当机立断,动员全州卖矿地于同济公司的人解除契约,并到州衙揭穿同济公司的阴谋,从而保证了斗争的彻底胜利。

在抗日战争初期,从黄家大院东巷道奔赴抗日前线的有黄涛、黄政基、黄云生、黄林生、黄亮基、黄瑞基、黄伟雄、黄绵基及爱人曹佩英、黄静英及表亲李佩林、李佩贞等12人。在战火的洗礼中,他们都成了威名远扬的八路军战士,其中黄绵基、曹佩英夫妇及黄静英、黄云生等4人在抗日战争中英勇作战,献出了自己年轻的生命。黄林生在解放战争中,带病坚持工作,最后病逝在工作岗位。黄涛精通党史、军史,组织编辑出版史书、纪实图书,在宣传革命英雄事迹、宣传我军优良传统方面有突出成就,对我军出版工作做出了重要贡献。

平潭人与保矿运动

平潭是平定县的一个古镇,也是一个集镇。清光绪二十九年(1903),英福公司就在平潭设立分公司,购屋建楼,长期驻扎。其进行确权划界勘测制图,引起以沈简堂、荆域、牛惇伦、翟培源、王振邦等为代表的平潭人的极力反抗。为抵制其侵吞我矿产,平潭民众开展了保民利、护民权、维民生的保矿爱国运动。

以家犬击洋犬。英福公司人员住在平潭街后,平潭人为了弄清其来意,质疑询问英商,由此发生了口角。英商避而不谈,并用洋狗看门护

平定平潭街南后底英商福公司旧址

平定平潭马王庙御英保矿前沿指挥部

院,断路伤人。平潭人十分气愤,牛惇隆、沈简堂等人以集中训练家狗攻击洋狗,逼使洋狗不敢露头。他们还聚众对洋人进行责问,洋人也只好每天早出晚归,秘密进行勘测。从此,平潭就开始了与英商面对面的斗争。

平潭民众围攻英商。英商的洋狗窜入平潭李家供奉列祖列宗的祠院,咬伤了一位老妇,引起了李家和众乡亲的不满。英商愿出钱进行补偿,但民众不让此事就此了结,便状告到平定州衙。当州官来到此地处理此事时,平潭百余民众手持农具,包围了洋宅,迫使其答应一切处理条件,大长了民众的志气。后来,平潭沈简堂、翟培源等人又带领着60多人围攻洋宅,进行抗议、责问。从此,保矿护矿运动在平潭地区全面引爆。

拔英旗、毁界石、斗英商。英商一伙人牵着洋狗,在平潭周边到处插英旗、埋界石、绘地图。牛惇隆等人知道后,率领民众拔旗、毁桩。洋人萨雯礼路经平潭蔡洼时,发现孙汝阳、朱委员和平潭人在蔡洼开矿,便恼羞成怒,通知萧密特加以制止,但遭到民众强烈的对抗,甚至发生械斗。特别是孙汝阳、朱委员的煤矿一直正常生产,使英商十分恼火,多次向清政府函告,并向清政府发出照会,要求禁止民众开矿,更激起了民众保矿护矿的斗争情绪。

抬棺材,闯州衙。平定绅士黄熺年从平潭返回平定时,在黑沙岭南天门因拔英福公司的界碑,被洋狗咬伤致死,引起平潭民众的愤慨。平潭人在沈简堂、翟培源等人的带领下,聚众500多人到州衙告状,事后又组织800乡人围困洋宅。在悼念黄君期间,平潭人牛惇隆雇民64人抬着棺椁,32人抬着棺盖,数十名吹鼓手、上千名群众,从平潭出发到平定吊唁。在州衙,牛惇隆义愤填膺,揭露英商罪行,致使英商惊恐不安,引起州衙晋府的重视。

平潭人在多次与英商斗争中,民众逐渐增多。为揭露英商的恶劣行径,专门组建了平潭剧地,将抗英保矿的内容编入剧中,通过演出,鼓动民众御英保矿。

在保矿斗争中,涌现了许许多多爱家、爱乡、爱国的平潭民众,他们与英福公司洋人展开面对面的斗争。这里,有不畏强暴的群众英雄牛惇隆、智勇垂范的好村长沈简堂、敢为天下先的平潭人翟培源,还有不畏强暴、爱家爱乡、敢于斗争的诸如荆械、王振邦、王愣三、牛惇功等,以及特邀艺人"油糕旦"葛熙贤、"燕毫旦"史凤存、"崇诚生"蔡义等。

保晋公司迁址阳泉

清光绪三十一年（1905），经过朝野上下的一致努力，山西人民争回了被英帝国主义强夺的煤铁开采权，并筹资创办了山西近代最大的民营企业——山西商办全省保晋矿务有限公司。

当时，保晋公司在省内设有平定、寿阳、大同、晋城四个分公司，隶属各分公司的矿区遍布全省南北各府州县；在省外则有石家庄、保定、北京、天津等多家销售分公司，产品销往全国各省、市。公司以开采煤、铁为主，同时还开采花岗岩、石英石、云母、硫黄、砂石等矿产。公司初创时，总公司机关设在太原海子边，首任总经理为清末进士、曾任驻日本横滨领事的渠本翘。由于执事者的敬业尽职，加之全省人民的鼎力支持，保晋公司创办后，很快便以显赫的业绩，有效提高了山西煤炭生产的总体水平，展示了山西人民攻坚克难的才智和气魄。据统计，保晋公司成立的当年，即光绪三十三年（1907），全省煤产量为2215吨，第二年增至5572吨，第三年产煤26 810吨，第四年55 223吨，第五年即达到133 261吨，产量呈逐年上升趋势，短短五年时间，产量增加了60倍还多。

但是，时隔不久，经费紧缺、人才匮乏、管理不善、运价昂贵等问题

保晋公司全景

便日渐显现出来，并直接影响到公司的发展，乃至正常运转。1916年7月，崔廷献被公司董事会推举为总经理后，他临危受命，大胆改革，采取一系列有效措施，扭转了公司下滑局势，逐步走向繁荣。

公司移址，强化管理，是崔总经理上任后走出的第一步棋。在省内的四大分公司中，平定分公司是既经营采煤又兼营运销的排头老大，且位居正太路之中点，东连石家庄销售分公司、西接寿阳分公司，与保定、北京、天津等销售分公司联

保晋公司总经理崔廷献

系也很便捷。为了就近统摄，便于管理，崔总经理上任后的第二个月，即1916年8月，便将总公司机关由太原海子边迁到阳泉火车站附近。与此同时，针对全公司实行统一核算，各分公司相互依赖、挥霍浪费严重等问题，取消了平定分公司建制，把其所属的各矿厂改由总公司直管，实行各矿厂独立核算、自负盈亏，明确职责，健全制度，并鼓励积极竞争，从而有效地调动了各分公司的生产积极性；各矿矿长的主人翁意识也普遍增强，想方设法开源节流，煤炭产量迅速回升，企业面貌为之一新。

接着，崔总经理又加大力度向官厅清算亩捐，渐将赎矿借垫之款收回。于是，添购机器，启动工程，以扩大生产；并派员调查平盂铁矿，以定开采方针；与正太路局订立奖励远销运煤减价办法，向交通部请准核减京汉运价，竭力扩大销路；改革内部机构，修改公司章程，致使公司各业一度复兴。

保晋公司的创立，特别是保晋总公司迁址阳泉，对阳泉工业的发展乃至阳泉城市的形成和经济的腾飞，其意义是不可低估的。如果说，正太路阳泉设站开启了阳泉文明之光，构筑了阳泉由农村向城市的拓展

之路的话,那么,保晋公司的创立及其总部迁址阳泉,则是为阳泉这部奔驰的列车加上了动力。这不仅是因保晋公司的创立和发展有效地维护了主权,保全了矿产资源,为阳泉后来的发展提供了资源保障;也不仅是因为保晋公司催生了本地民族资本,提高了商绅实力,使阳泉地区的商绅,在保晋公司合股联营模式的带动下,走向联合和扩张,资本实力得到增强,发展规模日渐扩大,刺激了民族资本主义在本地的兴起和繁荣;更重要的是,保晋公司开创了阳泉以机器为主要生产方式的工业化阶段,开启阳泉乃至山西近代工业之先河。同时,也为阳泉工人阶级的诞生和发展壮大,以及中共阳泉地方党组织的创立,奠定了基础。从这个意义上讲,没有保晋公司的昨天,就没有阳泉的今天。在阳泉发展的历史上,保晋公司及其总公司的迁址阳泉,功不可没。

保晋公司是山西商办全省保晋矿务有限总公司的简称,创建于清光绪三十四年阴历六月初三日(1908年7月1日)。阳泉的近代矿业,就是由保晋公司创办的。当时阳泉归平定管辖,保晋公司创建初期,下设平定、寿阳、大同、晋城四个分公司,平定分公司是四个分公司中的佼

1920年保晋公司第四矿厂全景(选自《山西矿务志略》)

佼者。

近代矿业,主要是指突破传统手工操作,在一定程度上采用近代机器和科技手段经营的矿业。在阳泉这类近代矿业,主要是指近代采煤业和近代冶铁业,而这两类矿业,都是由保晋公司创办的。保晋公司就是阳泉近代矿业的鼻祖。阳泉保晋公司先后有下列四任总经理。

渠本翘(1862—1919),原名本桥,字楚南,山西祁县城内人。渠源祯长子。渠源祯,字小舟,号称"旺财主",是祁县城内渠氏第十七代传人。先祖由山西上党于明洪武二年(1369)移居祁县,已有400多年的历史。八国联军攻陷北京时,慈禧、光绪皇帝逃往西安。渠本翘为救亡御侮,抱病疾驰,鞍马劳顿,深受朝野敬重。光绪二十九年(1903),受任于外务部驻日本横滨领事。次年返国,旋调任山西大学堂监督(校长)。光绪三十二年(1906),他在爱国保矿运动中,因特殊贡献,出任保晋公司总经理。

刘笃敬(1848—1920),山西太平(今襄汾县)人,字缉臣,号筱渠,清光绪乙亥(1875)举人。晚清时,刘笃敬在京期间与"戊戌六君子"之一的杨深秀交往甚密,接受了维新变法的新思想。宣统二年(1910)10月,刘笃敬任"以兴地利,而裕民生"为宗旨的保晋公司第二任总经理。1916年7月,原阎锡山都督府书记官崔廷献被董事会选为第三任总经理。

崔廷献(1875—1942),字文征,山西寿阳县仓村人。出生在一个贫寒的农民家庭。16岁以童子试第一名入学,光绪二十四年(1898)考取优贡,光绪二十七年(1901)中辛丑科进士。光绪三十年(1904)赴日本法政大学研究政治经济法律,寻求御侮强国的办法。光绪三十一年(1905)加入同盟会,成为山西政界中入国民党最早者之一。同年冬回国,正值山西民众保晋运动之始。崔廷献被山西大学堂西斋学生推举为代表,依据《万国公法》反对帝国主义的侵略和压迫。他理直气壮,不畏强暴,大义凛然,常使英人理屈词穷,无言以对。人们见其才高辩雄,推举其为山西全省保矿代表,到北平政府请愿。他坚持正义,始终如一,为最终夺回矿权起到了重要作用。他是光绪三十三年(1907)春成立的山西商办全省保晋矿务有限总公司的主要成员之一。

常旭春(1873—1949),字晓楼,榆次车辋常氏第十四世孙,"北常"第六代传人,常立仁次子,常赞春的胞弟。幼年在私塾读书,便对诗词产生了浓厚兴趣,少年时期即参加了家族的"诗社",后在太原令德堂和黑瓦关帝庙读书,成绩突出。光绪二十八年(1902)与胞兄常赞春同榜中举之后,入山西大学堂中斋学习,又经省府保送入北京京师师范学堂,后被点任法部员外郎宥恤司主稿。1921年,常旭春与常赞春等人一起筹集资金,在太原创办范华印刷厂。1923年1月,推举董事常旭春为代总经理。7月,常旭春出任"保晋公司"第四任总经理。

开明义士张士林

张士林,字墨卿,清咸丰六年(1856)出生在平定西乡官沟村(今属阳泉市郊区)一个富裕的农商家庭。优越的家境,加上父辈们的诚朴传教,张士林从小便注重品德修养,在治学读书上,除广猎子史掌故、医药小说外,尤喜有关修身齐家方面的书籍。所以,成年后无论办事还是交友,均以诚为本、以德见长,深为同辈所佩服。

士林的先辈,经过几代人的辛勤耕耘,以"永"字号命名的商铺,除在本省介休县开的"永义公"铁货铺外,兴盛时在河北、辽宁、吉林以及山西的其他县份都开有分店,成为平定西乡的首富。但是,传到他这一辈的时候,由于缺乏统帅人才,各处商店经营不善,渐趋混乱衰落之势,族中在寿阳所开的钱铺亏累尤甚。为了扭转这种局面,年方18岁的张士林继承先辈传统,精明果敢,亲赴寿阳办理收束事宜;并从调查研究入手,对"永"字号在各地的商铺进行了整顿。经过数年努力,终于力挽狂澜,把衰败的基业又重新振兴起来,其才干和德誉也因之在全县传播开来。

家业的兴衰使张士林认识到人才培养的重要性,所以,他对后辈的教育十分关心。清朝末期,他家里聘着两个老师,办着两个家塾。一个是为刚刚入学的儿童办的,另一个是为学"八股"应科举的童生办的。两个老师都是以优厚的待遇从平定县城里请来的。其实,当时在家塾里就读的只有张士林的长子鸿寿一人,其余都是平定县西乡(今辛兴、旧街一带)贫苦人家的子弟。后来,废科举、兴学堂,张士林顺应时代要求,又把两个家塾合为一个小学,定名为"官沟村养正小学",所用经费,仍由他一人负担。平定县举行全县小学生会考时,该校成绩曾荣列全县第二,轰动一时。

1913年,平定县成立了五所高等小学,其中第五高小设在赛鱼村(与官沟村相距里许)。当时,乡里人认为,笔算不如珠算快,洋书(当时人们对新课本的称呼)不如古书好,国文没有"四书"(指《大学》《中庸》《论语》《孟子》四种书)深,不愿送孩子到那里上学,致使学校办得很冷清。为了支持新学,张士林主动把养正小学并入第五高小,并把自己的两个儿子(同寿、恒寿)、两个孙子(迁善、丛善)都送到第五高小上学,以示倡导。翌年,他了解到外村学童不在第五高小就读的原因主要是家长怕花钱(因为要在学校起伙),张士林便自动拿出500吊钱,又动员大阳泉魁盛号郗家拿了100吊,作为补贴学生的基金,存放在赛鱼村较大的几家商号里,每学期把收回的利息分三等用来资助贫困学生。此法施行后,学生数量马上增加,并且一年比一年多。后来,该校就在官沟设了一

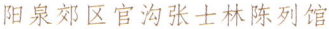

阳泉郊区官沟张士林陈列馆

个分校。由于张士林的慷慨解囊,热心助学,客观上帮助地方培养了两代知识分子。第一代是辛兴的王作宾、潘家峪的高涤源及中庄的王守正、王定远等一批清末秀才和他们的同学;第二代是1915年以后数年间,在五高享受津贴的学生。这些人中有的升了大学,有的念了师范或中学。阳泉市革命老干部甄华、甄杰人、刘征田、余子宜及在阳泉市从事教育工作多年的老教师商子和、杨子仪等,都是在第五高小读书时,身受其惠的人。

张士林对国家大事、民族利益也十分关心。平时,凡是有利于社会、民众的公益之事,他无不积极参加。光绪末年,山西省爆发了爱国士绅抵制清政府向英福公司出卖山西采矿权的运动。当时,作为煤铁之乡的平定,在这场"虎口夺食"的斗争中,李毓蕙、黄守渊、池庄、刘焕斗、赵熙庭、廉士升等一批进步士绅,通过成立保艾公司(平定历史上曾称石艾)、组织矿产公会,率先在全省举起了保矿、护矿的大旗,并以在正太铁路两侧大山巨石上书写标语、划定矿区的实际行动,与英福公司对着干。群情激奋,轰动一时。在这场运动中,张士林不仅是积极的参加者和组织筹划者,而且慨然捐出3000余两白银支付保矿费用。辛亥革命后,

阳泉郊区官沟银圆山庄全貌

山西省旧政府曾奖给他"急公好义"匾额,称赞他在保矿运动中的义举。

此外,对于婚丧无力办理、疾病无力医治、孤寡无法维持生活者,只要请求帮助,张士林无不热情资助。特别是每次灾荒救济,张士林均当仁不让,多有善举。而今,在作为旅游景点对外开放的"银圆山庄",我们看到的那道气势雄宏、远远望去好像拉萨的布达拉宫的大石坡,就是1920年遭灾时,张士林以工代赈修建的。因为当时做工的人少、吃饭的人多,所以此项工程造价昂贵。这又正是官沟村张家大院改名"银圆山庄"的缘由。

以平定煤铸太行铁

"以平定煤铸太行铁,将来可操全国实业界之牛耳。"这是1912年9月18日至21日孙中山先生在视察山西时反复强调的一句话。清光绪三十三年(1907)山西首条铁路正太铁路开通,为阳泉煤炭的开采和运输创造了有利条件。同年,平潭站东移沙江口建成阳泉站。由此,煤铁业的兴盛带动了商贸业和服务业的发展。随之保晋公司迁至阳泉,后多家开采煤炭的私营公司出现,逐渐开始使用机器生产。正是在这样的历史背景下,中国民主革命的先驱孙中山先生来山西视察。其间,两度途经阳泉(时称平定)。

1912年4月,孙中山辞去中华民国大总统后,为了探索中国民主政治和经济建设的前进道路,专门率领胡汉民等人,从南京先赴上海,继往武汉,再至福州、广州,最后又去华北,几乎走遍了大半个中国。其间,他到过很多城市,也去过不少农村,进行调查访问和参观。是年9月,曾赴山西一行,并两度莅临阳泉。据当时上海《民主报》载:孙中山先生赴晋,一为满足晋人渴慕民国第一伟人之诚意;二为考察正太铁路及山西之矿产;三为视察娘子关等地战后状况;四为联合各界发展铁路政策。

1912年9月18日上午8时许,孙中山先生乘坐京汉铁路专车离开北京,经保定、石家庄进入山西境内。山西人民在娘子关车站搭起五彩绚丽的彩棚,各种建筑物上悬挂着五颜六色的彩旗,隆重欢迎。山西都督府都督阎锡山、山西民军娘子关前锋司令部执事官蔡荣等军、政、民千余人到站迎候。中山先生一行下车与欢迎的代表们一一握手,而后由李素(娘子关人,当时系中华民国临时参议院议员)陪同,观看了娘子关险隘的壮丽气势,登上城堡瞻望了曾震动全国的娘子关民军与清军激战的地方。中山先生观后,不禁感慨万千。他高度称赞了山西军民响应南方起义、牵制清军南下的功绩。接着,又出娘子关东门观看了水帘洞瀑布及附近的山水景观。他指着眼前的景色对随同的人们说:"娘子关是个好地方,这里山水相连,山高关雄,无愧军事设防要地;特别是这里的水好,既可浇田,又可发电。"

当日12时,中山先生乘专车由娘子关经程家、下盘石抵岩会站。岩会站也搭起了高大影棚,山西都督阎锡山在站台上伫立恭候。中山先生下车后与阎都督及军队人员和群众代表挥手示意,并在车站会客室稍作休息和共进午餐后,又登上专车向太原进发。中山先生途经乱流、白羊墅、赛鱼、坡头、狼峪等车站时,仔细观察铁路,他说:"振兴中国的唯一出路是发展实业,而建筑铁路则是发展中国财源的第一要素。故交通为实业之母,铁道又为交通之母。"

9月21日,中山先生在太原视察后离并赴津。当专车驶抵阳泉时,曾特地下车视察了简子沟煤矿、聚源煤矿、铁炉沟煤矿、燕子沟煤矿等一些煤铁矿区,询问了当地的煤铁储量。当他看到矿工们身背篓筐、口鼻含煤挥镐工作的场面时,感慨万千,激动地说:"真是辛苦啊!"视察期间,他在与陪同的各界人士的交谈中,提出了以平定煤铸太行铁的工业强国思想。事实上,孙中山在太原考察期间,就强调道:"此次到山西,见山西煤铁甲天下。方今钢铁世界,有铁有钢可以自制武器,即能争雄于世界。兄弟拟在山西设一大炼钢厂,制造最新武器以供全国扩张武备之用,要求军界诸君赞成。"他又言道:"以平定煤铸太行铁,将来可操全国实业界之牛耳。"孙中山经过阳泉时,在火车上再三地讲:"山西有天赋之煤铁资源,前途不可估量。"当他看到阳泉煤铁矿藏量很大时十分高兴,对阳泉乃至山西的实业发展提出了远景规划:"以平定煤铸太行铁,发展山西,支援全国。"

斗转星移,一个多世纪过去了。如果孙先生在天有灵,看到阳泉翻天覆地的变化,他一定会深感欣慰的。

民国政治家李素与书画家王妙如

李素,生于清同治八年三月初十(1869 年 3 月 22 日),卒于 1944 年 4 月,字位斋,亦名畏斋,山西省平定县娘子关镇东口(小口)村人。

李素少年时接受传统的私塾教育,苦读诗书经史,光绪十八年(1892)州试以第一名居榜首,光绪十九年(1893)省试中癸巳科举人。以后,受新潮思想的影响,李素放弃科举从新学,考入保定直隶法政学堂学习,主攻法律,并受到维新思潮的影响。所以,当李素以最优等成绩毕业后,由于痛感清王朝政治黑暗、官僚腐败、对外割地赔款、对内压迫人民,遂拒绝被人引见去当知县,而到山西省咨议局任了议员,同时还任省女子学堂董事、提学使公署议绅、清政府咨政院议员,决心以法律为武器改造社会。

宣统元年(1909),李素以山西省咨议局代表身份,到北京与各代表组织请愿代表团,上书清廷,要求变法维新,召开国会,废除封建官制,成立内阁政府。这一义举被清朝官僚利用,内阁总理被误国殃民的庆亲王奕劻窃据。李素为咨政院议员,提案弹劾庆亲王,言词激烈,轰动京城,但因封建势力强大而没有成功。这使他认识到维新改良的道路在中国走不通,转而寻找新的救国途径。孙中山在南方组织的反清斗争,使李素在苦苦求索中看到光明,由维新转向革命,遂加入同盟会。

宣统三年(1911)9 月,李素从北京回到山西,积极从事革命活动。李素参加了同年 10 月的辛亥太原起义并被推举为山西军政府参谋,即赴晋冀边界的娘子关参与策划军事 40 余日。同年 12 月,李素被指定为山西都督府全权代表往南京进行联络,在上海各报宣布山西辛亥革命的情况,并在南北议和中揭露袁世凯的阴谋,力争山西为起义省份。12

月29日,李素代表山西参加17省代表会议,选举孙中山为中华民国临时大总统。1912年1月,李素任中华民国临时参议院议员,参与起草《中华民国临时约法》。

1912年9月18日8时,孙中山一行乘专车沿正太铁路从石家庄站出发,经河北井陉进入山西境内娘子关站。孙中山一行下车,与欢迎的代表一一握手,随即由李素陪同视察娘子关等地战后状况。作为娘子关人,又亲自参加了辛亥革命的山西民军抗击清军的战斗,李素为孙中山详细生动地介绍了娘子关战场情况。孙中山感慨娘子关山险关雄、无愧为军事要地,高度称赞山西民军响应南方起义、牵制清军南下对辛亥革命成功的历史功绩。接着,李素还陪同孙中山观看了娘子关水帘洞瀑布及其附近的山水景色。

返回车站,孙中山与欢迎的人群挥手告别,由李素陪同登上专车离开娘子关,到岩会、太原等地视察。

1915年年末,袁世凯称帝。李素忧恨交加,南下与议员孙洪伊等同谋倒袁。其时,袁氏侦探四出,势焰赫赫。李素倒袁心坚,不顾安危,先赴

李素故居内景

青岛、大连联络民党，继至奉天游说张作霖，旋又赴南京、镇江一带会晤驻军司令张调元共约倒袁，再抵上海发表文告"袁世凯不但不可使为皇帝，并不可使为总统"，在社会上引起很大震动。嗣后，广西、四川相继宣布独立，袁见大势已去，抑郁而死。国会恢复未及一年，段祺瑞任国务总理钳制并密谋解散国会，更有张勋复辟之役，国会被迫解散。这时，阎锡山遣人劝李素弃立法，就行政重任，但李素对富贵功名不挂心，唯对法律爱之如命。

1917年，李素毅然追随孙中山南下广州，参加护法运动。其间，他颠沛流离，多次遇险。

1920年，李素奉孙中山之命，不顾身体患病，假道越南，前往云、贵、川与唐继尧、岑春煊等各派军阀周旋，拥护孙中山倡导的革命运动。1922年，李素返广州任宪法起草委员，又任总统顾问、咨议诸职。是年6月，陈炯明叛变革命，李素从广州辗转北返，寓居北京。在北京，李素结识了李大钊、范文澜、齐白石、陈衍、范毓桂等人，与之往来，切磋学问，研究国事。

1927年，李大钊在北京遭反动军阀追捕时，李素挺身而出，让李大钊在其旧居西铁匠胡同24号避难。

1931年前后，李素筹集资金，准备在娘子关铁佛寺旧址建立高等小学校，振兴家乡教育。其夫人王妙如（齐白石学生）夜以继日作画，卖钱集资，以成夫愿。后因战乱，兴学未成。

日伪时期，李素拒绝出任伪职，闭门谢客，专事诗词典籍整理著述，著《水帘诗稿》465首，以及《论语质疑》《读易质疑》等文集。1944年4月，李素病逝于北京，享年75岁。

王妙如（1900—1936），字一真，原籍山西大同，自幼家贫，4岁丧母，寄养在姨母家，14岁便被辗转卖到娘子关李家，后嫁为李素旁妻。王妙如在家中处世洽而约，待人宽而厚，事无大小，咸有条序，有暇即读书学字，目不旁视，耳不妄听，灵秀凝重之气集于一身。民国初年，随夫李素南下参加孙中山先生领导的护法运动。在广州逗留期间，她有机会入学读书，专攻诗文书画，学业日进。她读书善领会，常常提出疑难问题，有时连那些教她的硕儒们也很难解答。她的书画篆刻作品，更是笔力苍劲，无闺阁之气，为时人乐道。之后，为了拥戴孙中山倡导的护法运

动,她陪夫辗转两广、云、贵、川及越南与各派系军阀周旋,出生入死,历经艰难困苦。

护法运动失败后,王妙如与夫返北平定居,遂进入艺术学校,师从齐白石等书画家,晨而出、暮而归,终日沉默,兢兢业业于所学,毕业时已名声大噪,求书画者接踵于门,轰动一时。她的书法无所不佳、画无式不精,为古今才女所罕见。康有为称其书画"直逼卫夫人、黄俊贤、齐白石"。王妙如于1936年故世,年仅36岁。李素亲自为她撰写了墓志,以寄托哀思。

她故世后的第二年,中华书局出版《王妙如女士画册》一部,入选绘画作品有山水画、人物画、写意画,书法作品有篆、隶、草体等。其画面生动,书法俊秀,书画上还有很多名家题词。其中一幅《小鸡》上有著名书画家齐白石先生题词:"余画动物稍有研究,似余者惟有妙如弟。"另一幅《螃蟹》的题词是:"妙如女弟善书,以篆隶笔法画蟹,无不佳。"

第七章

红色浸染　首创新城
（五四运动至阳泉解放）

■ 概述

阳泉，是中国共产党活动较早的地区，是中国工农红军第二十四军的诞生地，是抗日战争时期百团大战的主战场，是中国共产党在民主革命时期创建的第一座人民城市。

1919年的五四运动，使晋东文化受到了很大冲击，青年知识分子开始接触马克思学说，关心国家大事，寻求救国真理。1921年，阳泉籍著名女作家石评梅成为李大钊发起成立的马克思学说研究会的第一批会员。1922年秋，受马克思主义影响的平定籍学生戎业厚，利用假期从北京返回家乡宣传马克思主义，与先期回乡的进步青年杜鸿成共同创办马克思主义读书会，使马克思主义在平定古城得到了传播。

1921年7月，中国共产党成立后，即把工人运动提上了日程。1922年5月到11月，中共北京区委、中国劳动组合书记部北方分部先后派张昆弟、刘明俨、贾纡青、吴先瑞到正太路工作。11月，吴先瑞到阳泉并于12月上旬组建了正太铁路总工会阳泉分会。阳泉铁路工人在党的领导下，英勇地投入了正太铁路大罢工。阳泉分会副会长梁永福于1923年10月15日，经劳动组合书记部张志刚介绍加入了中国共产党,成为阳泉地区第一个共产党员。

1924年春,中共北京区委派高君宇到太原建党,不久,中共太原支部建立。1925年,日、英帝国主义在上海屠杀中国工人造成惨案,全国群情激愤。平定中学及县城、阳泉各学校师生在甄梦笔(甄华)、蔡文印、陈连绶、王彭年、甄秉起(甄杰人)、黄信诚等人的组织发动下,举行了轰轰烈烈的声援活动。同年10月,中共太原支部派王世隆到平定、阳泉开展工作。1926年初,中共太原地方执行委员会执行委员王鸿钧、王世隆介绍甄梦笔、王彭年、黄信诚加入中国共产党,并组建了阳泉第一个党组织——中共平定特别支部。

1931年4月,为配合中央苏区的第三次反"围剿"斗争,中共山西特委派谷雄一、牛清明和吴耀礼3人,来到驻扎在平定的国民党正太路护路军第十一师即高桂滋部,策反起义,发动了震惊华北的"平定起义",组建了中国北方第一支军级建制工农红军——第二十四军,军长赫光、政治委员谷雄一,起义部队在河北阜平县选举产生了华北第一个县级红色政权——中华苏维埃阜平县政府。红二十四军和阜平苏维埃政权的诞生,在华北引起震动。敌人惊呼,红二十四军是"北方之朱毛","较之江西有过之而无不及也",故全力围剿。平定武装起义的成功和革命火种一路播撒,推动了北方特别是山西工农武装斗争。

1933年3月,中共山西省特委吸收朱效成等3人入党,组建了中共阳泉铁路支部,阳泉恢复了党组织。8月,中共山西省委派原省委组织部长何英才(原名杨高梧)到阳泉矿区开展工作。何英才到阳泉后,他以矿工的身份深入工人当中,深入细致地做启蒙发动工作,为了团结矿工,改善非人待遇,组织了两次大罢工,并取得胜利。从1935年建立中共阳泉矿区支部到1937年2月获释出狱的原中共阳泉支部委员侯富山在家乡西烟镇创建盂县第一个党支部,至此,阳泉、平定、盂县都建立了党的组织,有党员近60人。在党的组织得到发展的同时,抗日救亡运动也得到很大发展。

1937年7月7日,抗日战争全面爆发。同年10月,日军攻陷晋东门户娘子关。八路军一二九师奉命驰援晋东。在师长刘伯承率领下,来到马山举行军事会议,确定了八路军在太行山建立抗日根据地、开展游击战的指导思想。刘伯承在马山村逗留后,指挥了著名的七亘大捷。这是中国军队在娘子关前线取得的第一个大胜仗,创造了我国现代军事史上著名的同一地点重复设伏的著名战例。与此同时,一一五师一部在聂荣臻领导下,在五台、盂县地区创建晋察冀抗日根据地;一二九师依托

晋东南抗日根据地创建了晋冀鲁豫根据地。

以正太铁路为界,晋察冀、晋冀鲁豫两大根据地在阳泉交汇,因此,阳泉成为中共领导抗日斗争的重要地带。由于日军对正太铁路和平(平定)辽(辽县,今左权县)公路的控制,阳泉地区被分割成几个部分,形成了正太铁路以北的盂(县)平(定)县、盂(县)阳(曲)县、平定(路北)县和正太铁路以南的平(定)东县、平(定)西县5个抗日根据地,分别归属晋察冀根据地的北岳区和晋冀鲁豫根据地的太行区。

1940年8月20日至1941年1月24日,为了打破日军封锁,切断日军交通线,八路军发动了举世闻名的百团大战。八路军各部经20余天在阳泉境内的作战取得巨大战果,先后攻克狮脑山、赛鱼、测石、娘子关、落摩寺、桑掌、上社、下社等20余个据点,给侵华日军以强有力打击。在百团大战中,平定(路北)、平(定)东、平(定)西等三县直接参战7400多人(次),支前群众达10余万人;盂县仅随主力部队行动的担架队就有1000多人。百团大战鼓舞和增强了全国人民夺取抗战胜利的信心。

1947年5月2日,阳泉解放。5月4日,阳泉镇由平定县划出,独立设市,组建了中共阳泉市委和阳泉市人民政府,成为中国共产党在全国胜利前创建的仅有的一座城市。阳泉建市后,以极大的人力、物力支援了全国的解放战争,成为支援全国解放战争的大后方。从1946年6月至1947年10月,阳泉境内有4次新的扩兵,共有11 192名青壮年光荣参军。阳泉不仅是兵员补充基地,还是后勤保障基地,盛产的煤、铁、硫黄及火药、手榴弹、地雷、炮弹壳等军用物资源源不断运往晋察冀和晋冀鲁豫两大解放区,同时为中共中央驻节西柏坡、接管北平、建立新中国做出了重要贡献。时任华北人民政府主席董必武曾赞扬说:"阳泉市虽然不大,但支援解放战争的贡献不小。"在抗日战争和解放战争中,阳泉先后有11.3万优秀儿女献出了宝贵的生命,为新中国的诞生与发展建立了不朽功勋。

由于阳泉解放较早,积累了丰富的城市建设和管理经验,也培养了一批优秀干部。从1948年4月至1949年8月,阳泉先后分5批共有511名优秀干部听从党的召唤,远离故土,北上南下,出色地完成了接管政权、剿匪除霸、土地改革、民主建政、建党整党等工作任务,有力地支援了新解放区各项工作。这些北上南下干部把自己的一生都献给了当地的革命和建设事业。

历尽沧桑成此景,人间万事出艰辛。历史也证明,无论是在怎样艰难困苦的条件下,无论是在怎样险象环生的环境中,阳泉地区各个时期的党组织和广大共产党员都能够砥砺奋进,舍生忘死,克敌制胜,赢得辉煌。

平定马克思主义读书会

1919年的五四运动,使晋东文化古城平定受到了很大冲击,民主、科学的新思想、新文化传入平定县。平定中学、平定县第一高小的青年知识分子们从"两耳不闻窗外事,一心只读圣贤书"的状态中觉醒过来,开始关心国家大事,阅读进步书刊,引发了一场深刻的思想革命。从平定中学毕业的优秀青年考入太原、北平等地高一级学校深造,开始投身到反帝反封建的斗争中去。

1920年3月,由李大钊主持创办了北京大学马克思学说研究会,介绍、研究和宣传马克思主义,在文化教育界产生了巨大影响,吸引着追求光明的先进知识分子。其中,阳泉平定籍女学生石评梅在高君宇引导下,参加了北京大学马克思学说研究会。石评梅是五四运动时期的

平定马克思主义读书会旧址

新文学女性,她较早接触到马克思主义思想,较早地涉足反帝反封建斗争领域。石评梅走进北京大学,聆听李大钊讲授,从而知道了中国广大劳动妇女之所以被压迫的根本原因并不是女人生来命苦,而是帝国主义侵略和封建主义压迫所造成的。她以一个女性的视角看到妇女解放的前途,她以马克思主义的基本观点指导文学创作,在思想上发生了一个质的飞跃。她在教学之余围绕反帝反封建主题,进行文学创作,致力于妇女解放运动。她的作品在平定知识界广泛流传,影响了一大批平定青年。

无独有偶。经过五四运动,接受了马克思主义熏陶的北京协和医院的杜鸿成,于1920年秋回到平定,在教会办的友爱医院当牙医。他利用工作之便,向平定青年传播马克思主义。1922年秋,燕京大学学生戎业厚也回到平定,两个信仰马克思主义的青年,共同在教会办的新民小学发起并建立了马克思主义读书会。参加读书会的有殷继增、殷继孟、韩刚、韩毅、陈有恒等十余人。读书会开办了图书室,订购了《新青年》《湘江评论》《小说月报》《东方杂志》《民国日报》等宣传新思想的报刊和《独秀文存》《胡适文存》《吴虞文存》《通俗资本论》以及鲁迅、郭沫若等人的著作。这些报刊和书籍,不仅供会员和新民小学的师生阅读,其他学校的师生也可以借阅,从而扩大了马克思主义在平定的传播范围,在平定进步学生中引起了很大反响。

1924年,国共第一次合作正式形成,使人们看到了中国革命的前途。为了扩大影响,平定马克思主义读书会将马克思、恩格斯、列宁、孙中山的画像翻印给进步青年,并将《共产党宣言》《工人革命与农民运动》和《中国国民党第一次代表大会宣言》《向导》等进步书刊提供给青年们阅读。读书会印发传单、张贴标语、宣传国民革命的活动引起地方当局的不满。是年冬天,读书会负责人杜鸿成、戎业厚被迫离开平定。至此,马克思主义读书会停止活动。杜鸿成返北京前,将北京的高继先介绍给进步青年甄梦笔,并通过在京工作的平定人王者佐与高继先取得了联系,一些革命书刊和时事信息依然不断由北京传回平定。马克思主义读书会的建立和活动的开展,为中共阳泉地方组织的创建提供了理论基础和思想基础。

阳泉铁路工人大罢工

中国共产党成立后，党组织集中力量领导工人运动。从1922年1月至1923年2月掀起了工人运动的第一次高潮，全国工人罢工达180多次，参加罢工人数达30万人以上。其中，规模大、影响广的罢工有香港海员大罢工、安源路矿工人大罢工、京汉铁路工人大罢工等。而正太铁路工人两次大罢工，也是在这个时期发动的。

中国共产党在正太铁路阳泉站的活动，始于1922年。其间，在中共北京区委和中国劳动组合书记部北方分部的领导下，北方工人运动蓬勃兴起。共产党员张昆弟、刘明俨、贾纡青、吴先瑞先后被派到正太铁路工作，建立起正太铁路工人自己的组织——正太铁路工业研究会附设工人传习所，下设石家庄、太原、阳泉3个传习所。在此基础上，1922年12月，根据中国劳动组合书记部在香山卧佛寺召开的全国铁路工人代表会议关于划一组织的决定，3个传习所的代表齐集石家庄，成立了统一的

正太铁路大罢工纪念词

工会组织——正太铁路总工会，3个传习所分别改建为正太铁路总工会石家庄分会、阳泉分会、太原分会。张昆弟任正太铁路总工会党团书记。

同年12月上旬，在吴先瑞的指导下，正太铁路阳泉分会正式成立，大会推选出委员12名，由张四（张德祥）任会长、梁永福任副会长、吴先瑞为指导员、冯德耀为秘书。从此，阳泉有了党领导的工人群众组织。分会在车站附近租了3间房作为办公场所，房上竖起分会的会旗。分会举办了工人夜校，每晚上课，组织工人学文化，讲劳工神圣和团结起来解放自己的道理，在党的指引下，阳泉分会带领工人积极投入了全路工人大罢工。

正太铁路总工会义勇奖章

正太铁路总工会义勇奖章

正（定）太（原）铁路全长243公里。1904年日俄战争爆发，沙俄战败。华俄道胜银行遂将正太路借款合同转让给法国承办，正太铁路债权即为法国所有。当年4月，正太铁路施工历时三年半，1907年9月全线竣工并正式通车。

由于正太铁路长期为法国资本家所把持，工人劳动条件较其他国有铁路尤为恶劣，而且因军阀连年混战，物价飞涨，加之正太路自建路20年来工人从未涨过一次工资，生活极为贫困。总工会成立后，12月12日，为增加工人工资、实行8小时工作制、改善恶劣的劳动条件，向路局提出9项要求。14日，路局对总工会代表全路工人所提9项要求置之不理，总工会遂决定15日起举行全线总罢工，并发表罢工宣言。

15日清晨6点，汽笛长鸣，罢工开始，200多公里的正太线完全陷于瘫痪。但在6点以前，由太原朝石家庄方向开出的一列客车未接到罢工通知，正驶往阳泉途中。如让其继续运行，势必会破坏整个罢工斗争。共产党员、阳泉分会指导员吴先瑞和分会长张四研究后，以阳泉铁路分工会的名义做出决定，一定要把列车截留在阳泉站，同时要把旅客安置好。分会负责人梁永福接到命令后，立即做了传达部署，并组织起了工人敢死队、纠察队、宣传队。上午11时，当这列客车开进阳泉站后，根据工会的命令，司机和乘务人员都跳下了车，投入了罢工行列。旅客经过工人的宣传和妥善安置，也都对罢工持同情和支持的态度。但该列车还挂有路局车务处总管法国人白聂的专车，白聂为了破坏罢工，乘人不备自己爬上机车，拉响汽笛企图强行开车。此时，阳泉分工会副会长梁永福率领200余人的工人纠察队，奋不顾身地卧轨拦车，将机车团团包围，高呼口号："争人权，争自由，争生活；不获全胜，誓不罢休！"愤怒的工人强行将白聂拉下车，使列车静静地停在路轨上，不能前进一步。白聂无可奈何，只好狼狈地雇了一头骆驼回了石家庄。阳泉铁路工人的截车斗争，为整个正太铁路全线罢工斗争的胜利做出了重要贡献。17日，北京《晨报》以"正太铁路全体罢工提出9项要求"为题，报道了正太铁路罢工的消息。正太铁路工人大罢工，很快得到了全国铁路工人的大力支持。

罢工坚持到第10天。12月26日，正太路大罢工在全国各工会团体声援和支持下取得了胜利，法国铁路当局被迫接受工人先后所提14项条件。阳泉工人从罢工中看到了组织起来、团结起来的力量，受到了极大的鼓舞。

1923年2月7日，爆发了闻名中外的京汉铁路工人"二七"大罢工，正太铁路总工会坚决响应中国劳动组合书记部的号召，举行了正太铁路工人全线声援京汉铁路的大罢工运动。京汉铁路工人"二七"罢工遭到反动军阀吴佩孚的血腥镇压，正太铁路阳泉分会负责人梁永福也被开除，轰轰烈烈的工人运动转入低潮。

在这两次大罢工中，阳泉铁路工人表现出了高度的阶级觉悟、勇敢的牺牲精神和较强的组织能力。1923年10月，深受工人爱戴的阳泉铁路工人的优秀代表、分会副主席梁永福，经张志刚、施恒清介绍加入了中国共产党，成为阳泉地区第一名共产党员。

中国现代文学史上的"怪杰"

高长虹（1898—1954），山西盂县人，原名高仰愈，字九死，号残红。著名爱国人士。

高长虹是一位杰出的诗人、作家。20世纪20年代中后期，他写了各种形式的大量文学作品和理论批评文章，编辑出版过大都以"狂飙"为名的十几种杂志和六七种丛书，他的个人杂志《长虹周刊》至少出版了22期。他的作品，以诗和散文成就最高，既有较高的思想价值和审美价值，也有独创价值。高长虹是最早使用现代派手法、特别是象征派手法写作的作家之一。他的某些作品一出版，就被翻译成好几种外文。

高长虹对中国文学和文化事业做出了多方面的贡献。1924年8月，他发起组织了狂飙社，开始是一群山西文学青年参与，几个月后成为一个全国

高长虹像

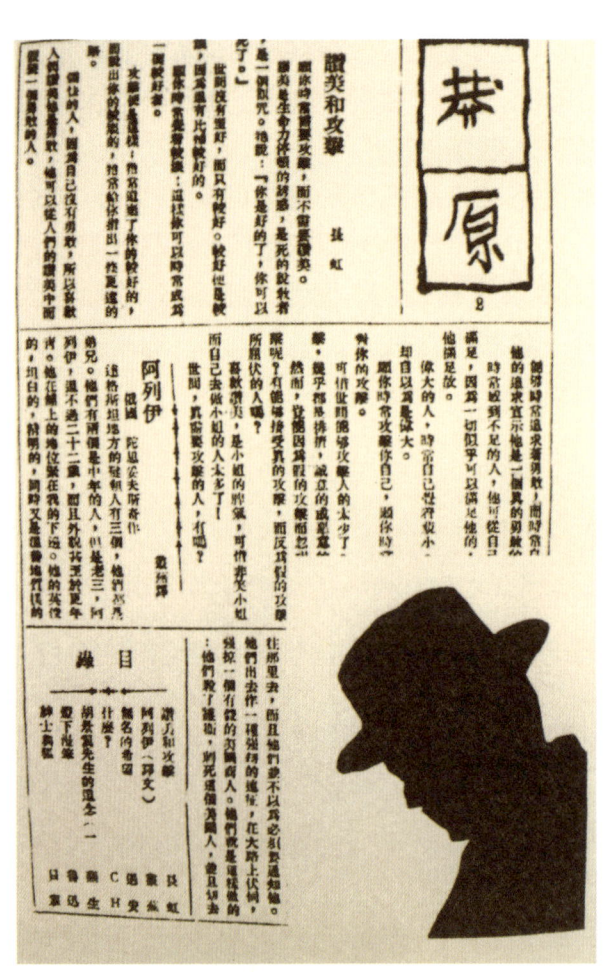

高长虹在《莽原》上刊登的文章（封面）

性社团，成员来自10多个省份。狂飙社是五四以后仅次于文学研究会的国内第二大文学社团，其成员有70人左右。狂飙社的活动范围远远超出一个文学类社团。它后期开展狂飙戏剧运动，在上海、北京、南京、天津、太原、厦门等城市演出。它还涉足出版印刷和妇女解放等领域。狂飙社又是向中国共产党和革命队伍输送了很多新鲜血液的一个社团，它的主要成员后来大都参加了革命，有许多人在党内担负重要职务。在狂飙社后期，它的主要成员都入了党，以主要精力从事党的地下工作。狂飙社后来难以生存，走向解体。

高长虹在北京开展狂飙运动之初，就受到鲁迅的称赞和器重。鲁迅创办《莽原》，首先被邀请参加的是高长虹。鲁迅同乡文学青年许钦文出版第一部小说集，本应鲁迅作序，但他让给高长虹，而且执意坚持，这在鲁迅一生是唯一的一次。后来两人发生思想冲突，双方都有激烈的言辞，但鲁迅后来肯定了高长虹为编《莽原》所付出的辛苦和文学成就。鲁迅说他对论敌"一个都不宽恕"。曾长期担任中宣部副部长的张磐石，在给诗人王玉堂和董大中的一封信中说："在20年代的我国文坛，长虹是一位有相当影响的人物。长虹倡导的狂飙社，同样是当时国内有相当影响的文学社团。"这个评价是中肯的，公允的。

高长虹一生积极追求进步。青年时代,高长虹受歌德"狂飙突进运动"影响较深,想在中国也开展一场狂飙运动,所以他把他所组织的社团称作狂飙社。20世纪20年代,马克思主义在中国迅速传播,高长虹支持他的弟弟和朋友加入共产党;他的三弟高远征在中学时代就担任党的支部委员,曾参加八一南昌起义,但在其后的一次突围中光荣牺牲。他鼓励朋友翻译《共产党宣言》。1926年冬天,他亲眼看到了上海工人在武装起义中所表现出来的巨大力量,世界观发生转变,认识到只有工人阶级才能把"士"(知识分子)解放出来,他对工人阶级表示了崇敬,不久把名字中的"虹"改为"红"。在搞狂飙戏剧运动期间,英文版《资本论》是他经常阅读的一本书,也是他立意研究经济学的最大动力。30年代初,他放弃文学事业,远赴日本,目的之一就是研究新生的苏联和十月社会主义革命。"九一八"事变发生,他愤而离开日本,远渡重洋,前往德国研究马克思主义。1938年,高长虹回国参加抗日战争。在重庆,他以中华全国文艺界抗敌协会一员的身份,写作了大量政论、杂文和诗歌,对抗战多所建言,同时一改过去的写作风格,大力提倡文艺大众化,支持工农兵群众写作。对国民党的不抵抗政策和官员的贪污腐败,高长虹难以忍受,撰文质问"为什么抗战不能胜利?"发出"这社会得换一副面孔"的呼吁。他要寻找光明。1941年春天,高长虹离开重庆,徒步数千里,奔赴延安,参加了革命,以后再未动摇。他把他最后一部诗集命名为《延安集》,乃是他献给革命的一份礼物,也表现了他对革命圣地的热爱、尊敬和忠贞。

高长虹是一位坚强不屈的爱国主义者。他在欧洲的几年,正是日本侵略者的铁蹄践踏中国领土、对中国人民犯下滔天罪行的一段时间。高长虹于1934年在荷兰创办救国会,编印《救国周报》。1935年负责华人旅法救国会工作,"一·二八"纪念日在巴黎创办《中国人民报》。同年夏秋,在瑞士、德国旅行期间,写了《行动,科学与艺术》一书,着重论述中国的民族意识形态和国防政策。1936年,在巴黎写了一部名为《中国》的长篇小说,抒发他的爱国情怀。同年9月20日,全欧华侨抗日救国联合会在巴黎成立,他在其中搞宣传工作。高长虹在欧洲期间,既非团体派遣,又无正当职业,过着"盖报纸过夜,吃山药蛋充饥"的艰苦生活,但却把整个身心投入到组织、负责救国团体的工作中去,这在中国作家中

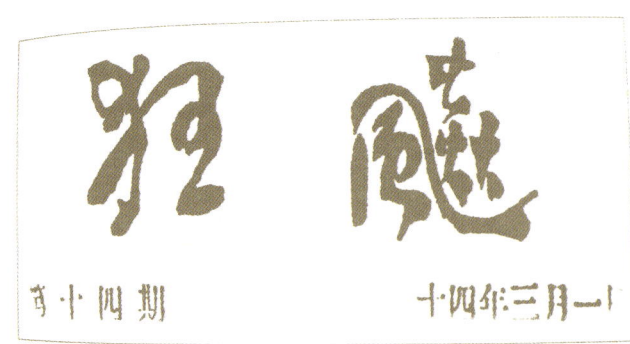

1925年，高长虹主编的《狂飙》月刊刊头

是少有的。

高长虹性格孤僻，不擅交际，自恃有才，独来独往。人们都视他以"狂"和"傲"。他有独特的思维方式。他的许多想法，在他人看来，是"匪夷所思"的。在重庆期间，他是"捐款献机"的积极倡导者，为许多朋友所不理解；他又几次找孔祥熙的儿子，建议开发金矿，同样受到人们的讥笑；解放战争期间他选择到东北去，最主要的目的，是去开发金矿，支援祖国建设。同时，高长虹从未以文学为自己的终身事业。他的兴趣不断转变。狂飙时期，急着出国；正当创作力旺盛时，却要研究行为学；在日本期间，着手编中文大辞典；后来又把经济学作为主攻方向。在《长虹周刊》上，他表明自己的愿望是："愿意十年后的朋友忘记了我是一个曾经写过文字的人。十年后确乎可以有那么些朋友，忘记我曾经写过文字。"在《一点回忆——关于鲁迅和我》中说自己"平常很喜欢文艺，却绝不想做一个专门的作家"。

高长虹要人们把他忘掉，但历史老人不允许。凡是在历史上做出过重要贡献的，历史就应当把他记载下来，否则，历史就不完整了。中国现代文学史上不能没有高长虹，不能缺了狂飙社作家群所做出的贡献。

高长虹作品的价值在于他总是从全人类的思想、情感这个角度切入，观察生活，描写生活。他的思维方式独特，思想活跃。他不固守成规，他顽强地表现着自我。他能发他人所未发，言他人所不言。他的一些作品，避免不了"虚无的反抗"，还有些作品"常有太晦涩难解处"，（以上均为鲁迅语），但都来自他的真诚和坚守。他运用和创造了多种形式和表

现手法。他所创造的文学形象和意象,是独具特色的,也是从他人作品中很难看到的。他给我们展现了一个崭新的世界,有的可以说是寓言世界。他的"难解处",未尝不说明着作品思想的深邃和作者思维方式的特殊。他在抗战期间所写的大量政论,更是一个普通知识分子在民族解放事业中真实思想和心路历程的充分表达,具有特殊的意义和价值。他的成就和不足,他所走过的每一个脚印,他的每一次脉动,都能从其作品中感受出来。他的喜怒哀乐,他对婚姻的悲悼和对爱情的憧憬,他对美好世界的向往,也都表现在这里。

高长虹与狂飙社的影响与作用极大。第一,高长虹等人点燃了山西知识青年对文学的热情,极大地扩充了文学创作队伍和后备力量;第二,文艺积极分子大量从狂飙社中涌现出来,后来成为全省及全国各地文艺事业的组织者和领导者;第三,高长虹与狂飙社成员的文学精神和文学成就,在中国现代文学史上占有极重要的地位。

抗战胜利后,1946年春,人民解放军进军东北,高长虹随军来到沈阳,以作家的身份住在沈阳市招待所,主要从事新字典和新文法的研究与编撰工作。1954年暮春,因突发性脑溢血病逝。高长虹一生出版了至少20种文集,创作了1000多部(篇)文学作品,是一位文学创作多产作家。高长虹的一生,其旅程艰难而又曲折,然而他却始终没有停止过对帝国主义和封建势力的奋力抗争,没有动摇过对真理与光明的执著追求,他的政治立场坚定不移,始终站在中国共产党和人民大众一边,他是伟大的爱国主义者。

盂县高氏三杰

20世纪二三十年代,盂县从事早期革命活动很有影响的代表人物,当属清城乡(今路家村镇)西沟村的高长虹、高歌、高远征三兄弟,人称"高氏三杰"。高氏三兄弟自幼聪明好学,青少年时期都曾以优异成绩先后赴省城太原求学,其中,尤以大哥高长虹最为出名。

关于高长虹的生平事迹详见前文《中国现代文学史上的"怪杰"》。

高氏二弟、进步作家高歌(1900—1966),少时聪颖,勤奋好学。1917年高歌考入太原省立第一师范学校,和高沐鸿、高隽夫、张磐石等进步青年一道,热衷研究新文学,阅读陈独秀、李大钊、胡适、鲁迅、茅盾等作品。其间,受五四运动影响,思想发生了很大的变化。1923年学业期满,高歌回到母校盂县一高任国文教员。任教期间,积极宣传新文化,反对旧礼教。他讲授鲁迅、茅盾、俞平伯、冰心等的作品和新文学知识,受到学生欢迎。他还利用节假日,组织学生演他自己创作和改编的文明戏,其中有《少奶奶的扇子》《犹是春闺梦里人》《兰芝与仲卿》《赌博之害》等,群众踊跃观看。当时的县长张清哲也很受感动,给予了支持。但他的行动却受到了校长及封建顽固派的排挤和打击。

1924年,高歌愤然离开家乡到北京,加入到高长虹组织的"狂飙运动"中,开始了他的文学创作生涯,先后发表《爱的报酬》等8篇小说,讴歌光明,向往自由,批判封建顽固与保守,具有对封建体制进行彻底批判的精神。他一边办刊物搞创作,一边到北京世界语专门学校学习,并结识了鲁迅和张稼夫等人,在文风及思想上受鲁迅的影响很大。1925年,高歌在北京协助高长虹办《弦上》周刊,在上海继续追随高长虹从事狂飙运动,并与长虹合编《狂飙周刊》,发表小说、杂文、诗歌、戏剧小品等作品数十篇。同时,协助长虹编辑出版过多种狂飙出版物,是狂飙运动的发起者和主要骨干。1927年4月,高歌受潘汉年邀请,来到武汉,为中央革命军事委员会政治部主办的《革命军日报》工作,负责主编副刊《革命青年》,后被调回上海中华全国总工会宣传部工作。1928年年底,高歌加入了中国共产党,次年被捕,被关在苏州反省院,出狱后与党组织失去联系,只身到安徽生活。

高歌是一位进步作家,一生出版过12个集子,其中包括其翻译出版的《荷马史诗》——《伊里亚特》和《奥德赛》。高歌的主要作品有《压榨出来的声音》《野兽样的人》《情书四十万字》《生的旋律》等。值得一提的是,发表在1928年2月16日《东方杂志》上、后被收入《中国文学大系(1927—1939)·小说集一》中的《生的旋律》,表现了高歌坚定的反封建精神和追求光明的决心。作品中的"我"刚刚冲出封建家庭的囚笼,却又落入了封建社会那个更大的牢笼之中。"我"决不屈服,仍然在枪林弹雨中向前冲;"我"被抓捕,被戴上手铐脚镣,甚至被判了"剐刑",仍然坚定地相信"外面虽然在黑着,但黑里已透出了曙光",于是"我"就毫不犹豫地向着那曙光走去。

抗战爆发后,他孤身一人到了重庆,靠当会计维持生活。新中国成立后他依然在重庆工作,曾在粮食局、财政局任科长等职,一直独身,1966年去世。

高氏三弟高远征(1908—1927),原名高仰慰,是盂县最早的共产党员、革命烈士。少年时代的高远征,酷爱学习,加之才智甚佳,备受师长钟爱。在古镇清城,他以优异成绩完成了小学学业。1923年暑期,考入了太原进山中学。这是阎锡山为培植亲信而创建的一所新式学校,然而,与阎锡山的初衷适得其反,在党组织的影响、教育、培养下,进山中学竟然变成了革命的摇篮,不少同学后来都成了我党在政治、经济、军事及文化战线上的骨干分子。高远征是进山中学最早接受马克思主义的青年之一。他思想进步,为人正直,有正义感,天生一副好口才,颇有组织能力,在同学中很有威信。1924年,高远征经纪廷梓介绍,加入了中国共产党。为了表明自己不惜抛头颅、洒热血,要为共产主义事业奋斗终生的决心,他将自己的学名高仰慰改为高远征。1925年,进山中学秘密成立了党支部,毛源为支部书记,尚文为组织委员,高远征担任宣传委员。此时,正值国共合作、进行第一次国内革命战争之际,北伐战争节节胜利,反动军阀势力土崩瓦解。为了促进山西革命形势发展,他经常在进山中学学生宿舍所在地的地下室里开会或油印各种宣传资料。他参与组织了支援上海五卅运动、庆祝北伐战争胜利等活动,尤其是反对阎锡山征收房税的"五一八"反房税斗争,规模大、范围广,几乎全省中等以上学校的学生都上街示威游行,最后迫使阎锡山收回成命,取消了房税,斗争取得了完全胜利。

高远征受二位兄长高长虹、高歌的影响,高长虹、高歌也非常器重三弟,经常给他邮寄进步书刊,并鼓励他为《狂飙》月刊及《莽原》《弦上》等杂志撰稿。高远征也是狂飙社的成员之一。

通过新文学运动团结广大同学,进行革命宣传,是高远征革命活动的重要内容,在他周围凝聚了不少革命者。1926年秋,他决定创立一个文学社,办自己的刊物,并命名为"石燃社"。高远征是石燃社的负责人兼《石燃副刊》的总编辑。参加者有裴丽生(曾任山西省省长)、辛安亭(曾任兰州大学副校长)、席尚谦(曾任兰州市师范大学教授)、宋绍文(曾任晋察冀边区副主席)、常凤(曾任山西大学外语系教授)、杨达三(曾任山西大学中文系教授)、狄景襄(曾任上海市委副书记)、张琦(后参加南昌起义牺牲)共9人。是年冬天,《石燃副刊》的创刊号与读者见面了,刊头字由擅长草书的宋绍文亲笔题写,头版首篇文章是高远征的杂文。《石燃副刊》是山西省报刊史上第一个文艺副刊,一直办到1927年春。"四一二"反革命政变后,阎锡山加紧了反共活动,进山中学被白色恐怖笼罩,石燃社无法继续进行活动,《石燃副刊》便随之停刊。

石燃社停止活动后,因局势急转直下,进山中学的革命活动引起了反动当局注意。1927年6月的一天,阎锡山下令逮捕校内的共产党员。我地下党组织得到情报,及时通知已暴露身份的高远征和张琦迅速转移,远赴武汉。

其时,应潘汉年之邀,已从上海来到武汉的二哥高歌,见三弟来到身边,非常高兴。他劝三弟从事自己最擅长的文艺与宣传工作,但远征认为,打败国民党反动派是当时唯一重要的事业,舍此,什么工作也没有意义。经高歌介绍,他参加了周士第教导团。

1927年是多事之秋,继蒋介石"四一二"反革命政变后,7月,汪精卫在武汉也撕下了革命的伪装,全国形势骤变,白色恐怖日甚一日。根据党的指示,贺龙、叶挺决定率领部队开往南昌,准备起义。高远征先在贺龙第二十军学生队,后转入号称"铁军"的叶挺第十一军二十四师七十二团学兵队。7月26日,贺、叶率部浩浩荡荡开赴南昌。8月1日凌晨2时,南昌起义的枪声打响了。高远征所在的第二十四师官兵向敌人发起了猛攻。起义胜利后,起义军撤离南昌,向南挺进,要打到广东去。南下途中,被国民党反动派包围,高远征身负重伤,壮烈牺牲,年仅20岁。

南昌起义参加者有两万多人,留下姓名的为数不多。2007年,南昌市建起了新的八一起义纪念馆,馆内树起数十米长的南昌起义参加者名录墙,至今只有查明情况的858人的名字列在上面,高远征的名字按姓氏笔画排列在其中。

青春才女石评梅

　　石评梅，是一位五四运动时期从古州平定走出的蜚声北京文坛的著名女作家、诗人，妇女解放运动的先驱，倡导教育改革的先锋。她集现代作家、诗人、教师、记者、刊物主编和女权社会活动家于一身，成为五四新文化运动中一位卓有成就的青春才女。

　　石评梅，名汝璧，字评梅，乳名心珠，1902年9月20日生于平定县城。1912年，评梅随父来到太原，先后在太原师范小学、太原女子师范学校读书。1919年7月，17岁的石评梅以优异的成绩，从太原女子师范

平定城关镇姑姑寺石评梅故居

学校毕业。太原女师是当时山西省的女子最高学府,这里汇聚了全省各地来读书的优秀女学子。石评梅在这所学校度过了她近五年的中学时光。恬静、温和而颇有才气的石评梅笃学奋进,不仅功课优异,而且兴趣广泛,写得一手潇洒不羁、柔中见刚的毛笔字。石评梅绘画喜欢清新淡雅、灵秀质朴的画风,更喜欢用画笔潜心直意去描摹梅花的傲骨凛然,以寄托心志。评梅口齿伶俐,音乐天赋也不逊色,是师生公认的活跃分子。每逢学校开会或举行文艺演出,常常是评梅担纲主持,或者参与其中演出。她能很娴熟地弹风琴、吹箫和跳舞。后来当她回忆起在太原女师读书、生活的这段时光时,她用"天真烂漫""赤血搏动""光亮洁白""奥妙圣洁"来形容自己的心境和感受,她说那是她一生中最快活的一个时期。石评梅以各方面显露的才艺和灵气,被人们赞誉为"三晋才女"。

1919年7月,石评梅叛逆旧的传统,冲破封建礼教对女性的束缚,勇敢地走出娘子关,只身负笈来到京城。1920年考入北京女子高等师范体育系,这是全国女界教育的最高学府,人才荟萃。石评梅在北京女子高等师范学校读书深造的四年,也是她生活、思想、情感乃至事业经历着丰富变化的时期。当时,女高师的校长是许寿裳先生,这是位博学多才、思想进步、作风正派、爱才如子的学者型教育家。在他任校长期间,不仅大力提倡科学与民主,鼓励学生独立思考,而且还经常聘请知名的进步学者、教授到学校讲学,传播新思想、新文化,其中李大钊、鲁迅就是两位影响力最大的人物。1920年夏,当时任北大教授的李大钊应邀在女高师讲授《社会学》和《女权运动史》,石评梅对这样的讲座十分感兴趣,所以每场必到,认真领会,悉心记录,令评梅思想豁达。她十分敬仰李大钊先生,尊称其为自己的启蒙老师,后来与之结下亲密的师生之谊。

石评梅在京期间,像一枝凌霜傲雪的红梅,迎风绽放。1920年开始的几个月里,在李大钊的指导下,北京大学的罗章龙、邓中夏、高君宇等人,秘密成立了北京大学马克思学说研究会、北京共产主义小组及北京社会主义青年团等组织。就在这年的下半年,石评梅认识了高君宇,在他的影响和帮助下,石评梅经常参加一些进步活动,并且于第二年加入了北京大学马克思学说研究会,成为会员中的第一位女性。她时常阅读《新青年》《每周评论》《晨报》等革命报刊,从中勤奋寻觅着拯救国家前

途命运的真理,许多新观点逐渐渗透和影响着她敏感的思维。之后,她又逐渐同中国文化革命的主将、在女高师任教的鲁迅和中国新闻界的先驱、中共地下党员邵飘萍有了交往,并从他们那里得到了支持和帮助。高师毕业后在北师附中任教时,她在教学中大胆为学生讲解马克思主义阶级论。

石评梅还同一批有才华的进步青年,诸如庐隐、陆晶清等结成志同道合的姐妹。1924年,她和陆晶清参与编辑《妇女周刊》《蔷薇周刊》,以文学的形式发表了大量战斗性很强的作品,批判封建社会,抨击黑恶势力,揭露反动当局,宣传五四精神,倾吐爱国心声,尤其是为妇女解放和民族解放大声呐喊,成为阳泉人引以为自豪的中国新文化运动女杰。在教育方面,石评梅主张师生之间人格平等,提倡用真情教育学生,倡议普及小学教育,广设贫民学校,使贫苦儿童受到教育。

从1923年9月石评梅踏进北京女师大附中开始执教,到1928年9月因病去世,只有短短6年。这6年,她是在居无定所、六易住处、爱情坎坷、伤悲至痛、日事繁冗的情况下,燃烧着青春的生命,用一腔真诚无私的爱,培育浇灌了一代新人。她是在五四精神熏陶下,用崇高的职业信念和时代的使命感,为沉闷的教育界开拓出了一线新希望。她是有理想、有追求,执著探索教育革新之路的先行者和实践者。石评梅的同仁们高度评价她:"女界杰出之秀","杰出之女教育家";石评梅的好友、志同道合的姐妹们由衷地赞誉她:"她在教育上有很大的贡献,尤其在师大附中,她的教育成绩最昭著";石评梅的学生们真诚地感激她:她是"我们的星","永远不能忘记的良师益友","她那爱护、栽培、指导、教诲的厚恩,我们没有方法去报答她!"

特别是在同中共早期革命活动家高君宇的生死之恋中,石评梅的生活、思想和情感发生了转折性的变化。评梅更加坚定勇敢地追求真理,追求光明。石评梅和高君宇在生前由相识、相知到相爱,结下了深厚的感情,高石之恋凄婉动人。高君宇1925年病逝后,评梅悲恸欲绝,亲自为高君宇书写了碑文。1928年,26岁的石评梅英年早逝,安葬在北京陶然亭高君宇墓侧,实现了她"生前未能相依共处,愿死后得并葬荒丘"的遗愿。

石评梅,这位20世纪20年代活跃在京城教育和文学阵地、成就斐然的青春才女,用她的品格塑造了青春的光华,用她的挚爱,编织了那个时代正义事业的经典。

石评梅的生命是迅忽而短暂的,犹如火花和彗星。但生命的价值不仅以时间的长短而论,更为重要的是看其给予社会的价值所在。石评梅以她丰富的思想情感、追求真善美的精神,在文学和教育领域,在妇女解放事业中,用青春和生命筑起了属于女性世界,同时也属于全社会的一座永远值得纪念的丰碑。

1983年书目文献出版社出版了《中国作家研究资料丛书·石评梅作品集》,包括了其诗歌、散文、戏剧、游记和书信等所有作品。邓颖超为其题写了书名,书中有学者杨扬对石评梅作品的全面评介。此后,各地相继出版了一批不同版本的石评梅作品集,并有不少专家学者进行研究评述。2002年,在石评梅诞辰百年之际,国内一批学者和专家,首次比较全面、系统地研究和评价了这位才女,探寻了她在中国现代文学史上的地位和影响。

平定三杰

20世纪二三十年代,山西在北京读书的学生中,有三个学业上出类拔萃的青年,因籍贯都是平定,被尊称为"平定三杰"。他们分别是在北京女子高等师范、北京师范大学历史系、北京大学读书的石评梅、张恒寿、关其侗。从文献名邦走出的这三位优秀人才,成为山西的骄傲。关于石评梅的生平事迹,详见前文《青春才女石评梅》。

张恒寿,1902年3月24日生于平定县官沟村(今属阳泉郊区),是一位历史学家。其少年时代就酷爱文学和史学,在太原一中读初中时,就因发表一篇批评梁漱溟《评东西方文化及其哲学思想》的文章而轰动一时。以后相继考入北京师范大学历史系、国立清华大学研究院,师从我国著名历史学家陈寅恪,著名学者闻一多、朱自清和当代哲学家冯友兰等。

在大学，张恒寿尽力从当时的进步书刊中去寻找、接受马克思主义，并积极投身于救国救民的政治活动中。1925年，张恒寿考入北师大预科班，3年后升入北师大英文系，后又转入历史系。1928年，他的同乡、中共地下党员甄华（曾任山西大学校长）在平定被捕。张恒寿知道后，当即赶到太原营救。"九一八"事变后，他和甄华、郭绳武（后任西北大学副校长），在家乡发起成立了平定青年奋进社，举行讲演会，筹办流动图书馆，创办《奋进》《平定评论》杂志，并亲任社长，撰写文章宣传抗日，揭露国民党政府的投降卖国政策。

张恒寿像

1934年，张恒寿考入清华大学研究院继续深造，毕业后一度留校任教。抗战时期，张恒寿宁可在家赋闲也不与日伪政权合作，后执教于北京国立艺术专科学校（中央美术学院前身）、辅仁大学等高等学校。1952年调入在天津的河北师范学院，后随历史系调入河北北京师范学院（现河北师范大学）。历任河北师院历史系教授、主任、名誉主任及中国哲学史学会顾问、中国史学会理事、中华孔子研究会顾问、河北省社会科学联合会副主席、河北省历史学会会长、河北省政协第四届常委。

总结几十年来的治学经验，张恒寿说："我认为一个史学工作者起码应该做到三点：第一，要正确处理好论与史的关系。要注意加强马克思主义的理论修养，同时还要注意加强文史考据基本功的训练，二者不可偏废。第二，研究中要坚持实事求是，写自己的真实体会、心得，不可做学术上的'风派'，写一些没有学术价值的应时文章。第三，对功名利禄要淡漠，青年尤其不可为了急于出名而抢发文章。即使是自己满意的文章，也要仔细推敲，务使文章中提出的观点，都经得起时间的考验。"

张恒寿是这么说的,也是这么做的。他一生治学严谨、成果丰硕,他的论著都有较高的学术价值。如他的著作《庄子新探》一书,就历经几十年的研究和撰稿,融入了他多半生的心血。在清华研究院学习时,张恒寿攻读中文专业,但他喜爱哲学,就确定了以《庄子》为研究对象,指导教师为国学大师刘文典,从此开始了对《庄子》一书的考证与研究。在校时,曾因进修冯友兰的中国哲学史课程写过一篇《庄子与斯宾诺莎哲学之比较》,毕业时,完成了庄子研究的论文,却因为七七事变的发生而搁置一边。新中国成立后,几经周折,才终于完成了全书的写作,于1983年由湖北人民出版社出版发行。他的《庄子新探》一书,不落前人窠臼,在庄子研究方面独辟蹊径,既有透辟的理论论述,又有深厚的考据功夫,在学术界受到广泛赞誉。他还应邀为《中国古代著名哲学家评传》一书写了《孔子详传》部分。有《韵泉室旧体诗存》存世。1991年3月7日,张恒寿病逝。

关其侗,笔名关文运,又名关琪桐,1904年出生。1931年毕业于北京大学英文系,相继在中华教育文化基金董事会编译委员会、中德学会救济总署、长春大学外语系供职。1951年调入山西大学外语系任教授,并担任省政协委员、《哲学译丛》编委等职。关其侗为胡适弟子,也是民国时期声名能跨越娘子关的山西少数几位学人之一。他毕生致力于西方古典哲学的研究和译介,自30年代起开始翻译康德、笛卡尔的著作。新中国成立后,主要致力于西方资产阶级经典作家及马克思、恩格斯著作的翻译。他学识渊博,精通多种外语,出版译著几十种,是译著宏富的杰出翻译家。主要译著:《人类知识原理》(巴克莱著,商务印书馆,1936);《新工具》(培根著,商务印书馆,1936);《人类理解研究》(休谟著,商务印书馆,

关其侗像

1957）；《哲学原理》（笛卡尔著，商务印书馆，1958）《人类理解论》（上、下册；洛克著，商务印书馆，1959）；《实践理性批判》（康德著，商务印书馆，1960）；《人性论》（上、下册；休谟著，商务印书馆，1980）等。

石评梅、张恒寿、关其侗被誉为文献名邦的"平定三杰"。三人年近同庚（关其侗仅比石评梅、张恒寿小一岁），都生逢半封建半殖民地社会转型的时期，受社会新思潮的影响，都表现出了力求上进、叛逆传统和反封建的意识。关其侗1919年升入平定中学就读，这年，震惊全国的五四运动爆发。关其侗受其影响，多次和同学们一起上街宣传抵制日货，并带头起草驱逐反动校长的宣言。在大学读书期间，便在北京《新民报》上连续发表译作。张恒寿虽然出身于一个财主兼商业资本家的家庭，但他离开家庭到省城太原读书，看到了外面的世界，接触了新思想、新知识后，精神面貌即为之一新。初中时，便在《平定留省学生》季刊上发表批判梁漱溟的文章，在太原知识界引起很大反响。"九一八"事变激发了张恒寿的爱国热情，他协同在北京和太原读书的平定籍学生回乡，发起组织了平定青年奋进社，亲任社长，宣传抗日思想，振奋民族精神，对家乡民众特别是青年的觉醒产生了积极影响。石评梅较之关、张更为出色，在京读书期间即参加了马克思学说研究会，并投身五四新文化运动。

"平定三杰"都以教书为业，忠于职守，并奉献了一生。特别是石评梅，虽然投身于教育事业的时间短暂，但她大力提倡女子教育，深切关心妇女解放运动，主张"情育"教育。关其侗精通英、俄、德三种文字，治学严谨，为人笃诚。到山西大学外语系执教后，还兼任多职，工作异常繁忙，但从不懈怠。张恒寿终生事教，默默耕耘，年近九旬还指导研究生有关儒学和中国文化的研究。

"平定三杰"都精于探究，勤于著述。尤其是被誉为"现代杰出翻译家"的关其侗，译作等身，一生翻译的关于西方的古典哲学著作就有50多部，总计在1000万字以上。张恒寿一生专著不多，但篇篇珠玑，他的《庄子新探》可以说是他一生心血的结晶，出版后，获河北省社科优秀成果一等奖。石评梅英年早逝，仅26岁就走完了她的人生旅程，但她的文学才华令人瞩目，垂芳青史。

中共平定特别支部的诞生

中共平定特别支部，是中共在阳泉地区建立的第一个基层组织。经过五卅反帝爱国运动的洗礼，平定中学学生甄梦笔（甄华）进一步萌发了参加革命的思想，但苦于无处联络。1925年10月，国民党山西省临时党部开始筹备，甄即给负责筹备工作的王瀛（中共太原地方执行委员会国民运动委员会书记）写信，表达了自己要求参加国民革命和国民党的要求。同年10月26日（农历九月初九），王瀛派王世隆到平定中学找到甄梦笔，向甄了解情况，并介绍了国民党一大召开的情况以及国民党改组、国共合作的意义。同时，要他多注意同学中倾向革命的青年，做些社会调查，了解平定附近工农的生活疾苦和要求。当甄了解到国民党一大联俄、联共、扶助农工三大政策后，进一步提出了参加共产党的要求。

1926年初，中共太原地方执行委员会派王世隆、王鸿钧到阳泉，在平定中学向甄梦笔传达了太原地方执委批准他为中共党员的决定。同时入党的还有黄信诚、王彭年，王鸿钧宣布组成中共平定特别支部，甄梦笔任书记，支部代号为"石爱德"。中共阳泉最早的地方组织——中共平定特别支部正式诞生。

由于当时正是国共合作时期，共产党员多以个人名义参加国民党，各地国民党党部大多由共产党帮助筹建。此时，王鸿钧、王世隆也介绍甄梦笔、黄信诚、王彭年和另一进步青年荆彭年加入了国民党，组成了中国国民党平定县临时党部，并指定由甄梦笔负责临时党部工作。他们以国民党组织的身份公开活动，广泛团结进步青年学生开展各种运动，扩大共产党人的影响，通过这一公开合法的途径，逐步发展和壮大中共党组织的力量。

中共平定特别支部成立后，根据太原地委的指示积极开展工作。为了推进阳泉工人运动，特支书记甄梦笔与保晋公司阳泉铁厂工人侯富

中共平定特别支部旧址标志碑

中共平定特别支部旧址

第七章 红色浸染 首创新城

山取得了联系。为了宣传革命思想,积极向青年、学生推荐《共产党宣言》《向导》《新青年》《中国国民党第一次代表大会宣言》等书刊。积极物色和培养进步青年杨风钧、商富贵、杜鸿玉、张德生、王侗等人作为培养对象,并支持杜鸿玉报考了黄埔军校。为了扩大党的影响,中共平定特支于3月12日召集平定中学、晋友中学部分学生秘密集会,纪念孙中山逝世一周年。同年8月,中共太原地方执委派周玉麟到平定,召开支部会议,安排甄梦笔毕业升入太原三晋中学后的支部工作,决定由黄信诚接替甄梦笔任平定特支书记。

1927年4月,由于蒋介石叛变革命,时局日趋紧张,平定特支负责人黄信诚遭到恐吓,迫于压力,中共平定特支停止了活动。

中共平定特别支部旧址,位于阳泉市平定县冠山镇上城街中段的阳泉高等师范专科学校(原平定师范学校)院内。其坐北朝南,东西22.6米,南北14.2米,占地面积321平方米。现存大门、正房和东西厢房。

平定起义

1930年,在平定驻扎的西北军高桂滋第十一师反动军官不断加重对士兵的压迫和剥削,每个士兵的菜钱只有七八个铜板,不但没有菜吃,就连汤也喝不上。不少士兵面黄肌瘦,穷得鞋袜没有底,有的连被子也没有。不少军队三四个月不发饷,即使发了也无济于事,因为晋币3元才顶1块现洋花,每月每个士兵伙食费就达七八元,不但没有剩余,有时还得倒贴5角。冬天士兵裂手冻足者十居七八,却得不到医治。当官的打骂、体罚士兵,已是家常便饭。流传在士兵中的"阎老西土包子,关饷关的纸票子;阎老西不吃香,破鞋破袜破军装,吃的小米掺着糠"的歌谣,形象地勾勒出晋绥军士兵的生活情景。广大士兵不堪忍受这种痛苦生活,有的结伙逃跑,但抓回来后不是被打死,就是被活埋。仅在1931年1月至平定兵变爆发以前,高桂滋部打死、活埋逃兵竟达30余

名。士兵们爆发了反抗行动,为了要回被七扣八扣的军饷,他们推举代表排着队去向团长、师长要饷,结果每个士兵发了大洋2元。革命根据地的存在、工农红军的壮大,对该部士兵有着深刻影响。他们向往红军和苏区,有的士兵还保存有山西特委办的《士兵之友》小报。许多人盼着红军打入山西,有不少人开小差去河南投奔红军,还有的自动组织起义的团体,准备响应共产党的号召发动起义。

赫光像

高部地下党组织的活动,对士兵斗争起了相当大的作用。早在大革命时期的1926年冬,中共豫陕特委指示在该部入伍的赫光、苗广义、刘明德、蒲子华等十几名共产党员在各连部建立与发展党组织,开展兵运工作。大革命失败后,蒋介石疯狂屠杀共产党人,党决定包括赫光在内的一部分未暴露身份的共产党员继续留在高部工作,并指定赫光为该部地下党负责人。党组织在高部做了大量工作,建立了互济会、读书班等组织,影响和争取了许多官兵。高部有党员60多人,在各团建立了士兵委员会、军官干事会,有的营长、连长都是共产党员,有的连队已为共产党所控制。高部秘书处机要室译电员,就是1925年加入共产党并长期潜伏在该部的陈子毅。

1930年,中共中央军委在《军事工作计划大纲》中指出:"派人去高桂滋部组织兵变改造为红军,但同时要注意整理内部,特别注意防止对老军官的幻想或潦草的发动。"同年9月24日,中国共产党六届三中全会指出了李立三"左"倾冒险主义错误,停止了组织全国总起义和集中所有红军进攻中心城市的冒险行动,决定恢复党、团、工会的独立组织和经常性工作。会后,党中央对山西的形势做了深入分析,反复研究了蒋、阎、冯混战中的山西局势。认为山西地方群众斗争的力量对发动武装暴动非常有利,因此,把山西作为中国北方革命的重点。瞿秋白、周恩来找出席这次会议的贺昌(中共中央北方局书记)谈话,对山西革命斗争做了指示。为了实现中央指示山西的奋斗目标,中共中央北方局于同年10月在天津召开了扩大会议,传达了中央指示,决定在山西实行革命兵变,建立工农红军,创建苏区;决定派刘天章担任省委书记、魏文伯担任省委秘书长兼宣传部长、娄凝先担任省委委员兼共青团山西省委书记。贺昌指示刘天章、魏文伯,去山西后要抓住阎、冯战败后的形势,积极稳妥地发展党组织,开展兵运工作和土地革命。会后不久,又派具有军事工作经验的谷雄一赴山西担任省委委员兼军委书记,专做兵运工作。

同年10月,刘天章、魏文伯、谷雄一奔赴山西。在太原夜以继日地找人谈话,秘密深入工厂、学校、晋绥军中整顿和重建党的组织,发展党员,向党内宣传六届三中全会精神,纠正"左"倾盲动主义在党的组织和群众中的影响。整顿后,山西省委先后在太原兵工厂、晋生纱厂、东山煤矿、太原邮政局和运城、绛县等地建立了党组织,发展了近300名党员,其中很多人是晋绥军士兵。省委和省军委分别编辑出版了《山西红旗》《工农兵小报》《士兵之友》等油印报刊,深受革命群众的欢迎。全省共有5个地方党部、21个支部,并建立了秘书处和并州养蜂场,作为省委和太原市秘密联络机关。中共山西省委把重点放在开展晋绥军工作方面,省委领导仔细地分析了当时山西的形势,抓住高桂滋部军心不稳之机,集中力量通过该部地下党组织和党员进行秘密活动,组织士兵委员会,加强对进步官兵的思想教育。11月初,刘天章派李志敏以省委特派员的身份到平定高桂滋部秘密巡视党的工作,并对李志敏布置了任务。李志敏接受了党交给的任务,到平定分别和中共在高部的负责人赵树生、蒲子华、史仙舟、刘子祥等取得联系,开展工作。后来,

谷雄一像

因李生达部二一四团驻扎在与平定县相邻的昔阳县，李志敏在这个团曾当过文书，并在1929年冬在唐山发动过该团未遂兵变，恐行动不便，易于暴露，故省委调李志敏回太原，对高部工作另做了安排。

1931年1月中共六届四中全会以后，中央决定撤销北方局，成立中共顺直省委。同年1月，顺直省委派贺昌、薄一波入晋，解决山西党组织对待六届四中全会的态度问题，贺昌、薄一波在太原接连参加了山西省委召开的几次会议。在中共联络员孟香莲(革命烈士宋熹之母、党内称她为"宋大娘")家中(太原白杨树村)召开的一次会议上，谷雄一代表特委提出在高桂滋部举行兵变的行动计划。贺昌、薄一波当即代表顺直省委表示完全同意，并和与会人员做了研究。从此，山西特委加快了兵变准备工作的步伐。4月24日，中共山西特委和太原市委秘密举行联席会议，确定了对兵变工作的领导。会后，特委调太原市委杨继雄到高桂滋部队进行兵变的组织准备工作。到1931年夏天，党在高桂滋部发展了不少共产党员，士兵委员会也发展到1000多人，为起义奠定了良好的政治基础和群众基础。5月，山西特委召开军事会议，研究制定了兵变计划。会议指出：党的工作核心必须在准备兵变方针的指导下，发展、组织力量，开展斗争。会议根据中共中央军委的统一规划，决定在国民党陆军第十一师的3个团里实行兵变，组成中国工农红军第二十四军。会后，刘天章、娄凝先为平定武装起义昼夜奔忙。他俩一方面组织平定阳泉地区的经济斗争，以配合兵变；另一方面，刘天章亲自起草部队起义的文告，刻制印章，制定土地革命纲领；娄凝先制作了红二十四军司令部、政治部的旗帜。高部地下党组织负责人赫光和其他党员对兵变计划、行动方案和应变计划做了充分的准备工作。赫光借故离开平定赴太原向特委做了汇报。与此同时，山西特委请示顺直省委同意后，又派军委书记谷雄一携带准备好的起义部队旗帜、文告、印章和传单，在马芳庭的掩护下常住平定，以加强对该部兵变准备工作的领导。谷雄一把吴耀礼、牛曦(又名牛清玉)二人调离太原商震部军官教导团，分别派往高部的二团、三团，负责共产党在这两个团的全盘工作。谷雄一除亲自掌握这支部队、进行全面领导外，还负责与阳泉煤矿、河北唐县等党组织联系，进行必要的人员补充和调配。此时的山西已处于山雨欲来风满楼之势，所有这一切都预示着一场新的革命风暴即将来临。

1931年6月下旬，正当起义准备工作按计划紧张有序地进行之时，因叛徒告密，在高部担任排长的共产党员刘玉珊突然被捕。这一事件的发生，在高部引起了波动，不少人结伙潜逃。地下党组织面临被破坏的危险，起义眼看就要夭折，形势万分危急。党组织派担任副营长的地下党员刘明德星夜赶往太原请示特委，刘天章听取了汇报，分析了错综复杂的危险局势，代表特委决定起义提前举行。7月3日晚上，高部党组织在平定南山外的小坟地召开了党员骨干紧急会议，谷雄一主持了会议。他向与会人员传达了中共中央山西特委关于政治形势的报告和提前举行兵变的指示，阐述了这次武装起义的重要意义，参加会议的全体人员一致同意提前行动。起义的时间选定在次日晚12时。因为这一天，高桂滋要带下属3个团长王子宜、高建白、刘杰桂等人回北平给其父庆贺60岁生日。这一天又是星期六，军官们都要回家，正是举事的极好机会。7月4日，在同一地点谷雄一继续主持召开党员骨干会议。会议传达了报请中央批准在高部举行兵变的具体计划，确定在当天午夜12点打响。赫光宣布了行动方案：一团占上城司令部，解救被押在监狱里的政治犯，封锁反动军官的家，收集军需物资和畜力，并派部队严密监视孙楚、李生达两军的动向，担任掩护任务；二团、三团党员较少，离驻地尚远，故担任攻占阳泉火车站和破坏兵营的任务，陈子毅负责破坏敌人的通讯联络。规定12时以鸣枪为号，首先击毙高桂滋的亲信——其表弟袁营长。并指出：在城墙的东南角有个通向城外的暗道，如被敌包围，可通过那里撤退，并指定了部队集合的地点——平定东关友爱医院门前。

万事俱备，只等枪声。岂知师部手枪连的一个班长（地下党员）于行动前的几个小时内，在新盛魁饭铺喝酒，因醉泄密，致使敌人在城内增派岗哨，严加警戒，调兵控制要道。另外，临时负责师部工作的一团二营营长刘孔彰，对当日发生的事情有所察觉，便找七连连长窦世雄、八连连长王子固（两人均是地下党员）谈话，探听虚实。赫光得知这些情况后，果断地命令部队提前半小时行动。晚11时30分，平定起义的枪声打响了，随着一声清脆的枪声划破寂静的夜空，平定武装起义开始了。起义的士兵全副武装冒雨迅速到达一团二营的驻地平定城隍庙集合。参加起义的部队有一团7个连，共1000余人。队伍集合完毕，谷雄一在雨中宣布脱离高桂滋的部队,接受中国共产党的领导,建立一支工农自己的革命武装。赫光指挥一团二营攻占了敌团部,消灭顽抗的反动军官。紧接着向上城敌师司令部进攻,因敌人已有准备,冲锋几次没有奏效。起义部队恐孙楚所辖正太护路军、李生达所部二一四团赶来支援高部,顾不得接应二、三团,1000余名官兵便迅速撤出战场,冒雨连夜撤离了平定。自此,平定起义成功地带出一支正规革命武装。

红二十四军的足迹

平定起义成功后,起义队伍经过白羊墅向盂县方向进军。因一团提前行动,二团、三团的进步官兵未能及时响应,所以,没有拉出部队,只有三团的部分官兵在牛清玉、蒲子华带领下假借了解情况离开驻地,赶往平定城内。混战中他们夺取了师部的马匹,追上一团,原计划配合这次起义一起行动的阳泉矿工暴动也没有实现。7月5日,起义部队在山西盂县清城村外的交叉路口进行了整编。谷雄一宣布:经中央批准,起义队伍编入中国工农红军的序列,为第二十四军,赫光任军长,窦宗融任副军长,谷雄一为政治委员,刘明德为参谋长,刘子祥为军政治部主任,杨继雄为政治部副主任。军下属两个纵队,靳树生(共产党员)任第一纵队队长,王子固(共产党员)任参谋长;穆春芳(共产党员)任第二纵队队长,牛曦任纵队政治指导员,蒲子华(共产党员)任参谋长。赫光在全军大会上讲话,鼓舞士气。谷雄一把起义的情况报告了山西特委。特委向全国发出通电,历数国民党反动派的罪状,宣告中国工农红军第二十四军的诞生。盂县成为红二十四军的创建地。

红二十四军诞生后,在谷雄一、赫光的率领下,按原订计划,由十八盘登山,7月8日在盂县上社镇歼灭了伪团队,缴获了一大批枪支弹药和1台发报机。部队于11日到达五台山的柏兰镇,俘获敌保安队全部人马。因敌人在该县境内驻有重兵,所以红二十四军改变在五台山建立

233

根据地的计划,决定在地处晋冀交界、太行山中段的阜平一带建立革命根据地。部队从柏兰镇折往东南方向,于7月13日进入河北省平山县蛟潭庄、柳木园一带。7月17日,队伍进入灵寿县陈庄、岔头,而后向阜平前进。

7月17日,红二十四军进至阜平,即向县城发起政治攻势,令守敌投降。但该县敌县长拒不投降,反而命令保安团300余人前往城南堵截。当日下午6时许,红二十四军与敌保安团遭遇,红军一小部沿山峰与敌枪战,另一部分左右两路绕道包抄敌人,大部由正道陆续前进。指战员们个个奋勇争先,口喊"我们是红军,兄弟们不要打兄弟们"等口号,集中冲锋。保安团惊恐万状,四散逃命。敌县长及各机关人员皆各自逃生。在打退敌人的阻击后,谷雄一、赫光一面派通讯员顾昌华进城联络,一面召开全军大会。他俩做了进城动员讲话,指出:我军进城要遵守纪律,公买公卖,不许骚扰群众,本着革命纲领,发动群众,开展工作。部队入阜平城后,群众因被敌人威胁而去,城内一空。部队领导即令第一纵队驻交通要道——王快镇;第二纵队驻留县城,分驻县城的有利地形。

19日上午,红二十四军政治部广贴布告和标语传单,宣传土地革命纲领,申明我军政策,并组织阜平县劳苦民众召开分粮大会。谷雄一在会上讲话,号召开仓放粮,平分土地。当天有2000多人分到粮食,3天内该县仓库所存粮食300石一分而尽。广大人民群众欢天喜地,大呼:"我们的救星到了!"此后,红军还打开高阜口、东庄、五丈湾、王快等

孟县红二十四军成立大会旧址

地的官办粮仓和富豪粮仓,赈济饥民。与此同时,赫光率队打开监狱释放了政治犯。

阜平县地下党组织协助红二十四军大力开展宣传活动,几乎天天组织讲演会,向群众介绍中央苏区和其他革命根据地粉碎蒋介石军队"围剿"的胜利情景,宣传革命道理,鼓励劳苦大众在共产党的领导下建立自己的民主政府。通过开仓放粮、释放政治犯和宣传讲演,扩大了红军队伍,普遍地发动了群众。部队和地下党还走访贫苦群众,物色骨干分子,为建立工农政权做了大量准备工作,成立苏维埃政府条件已成熟。7月26日,红二十四军和中国共产党阜平县执行委员会在该县旧衙门正堂的大院内,召开了阜平县各乡镇劳苦群众代表大会。参加大会的有80余村的贫民代表和工人代表共1300多人,部队和地方的负责人出席了会议。谷雄一、赫光、牛曦等先后在大会上讲话,他们号召全体工人、农民团结起来,当家做主人。大会宣告:中国北方第一个县级苏维埃政权——中华苏维埃阜平县政府正式成立。同时推举苏维埃政府的组成人员:牛曦为主席,刘应融为副主席,张远仁、李英兰、王德修、孔令明、石德义等人为委员。会议主持人当众焚地契、账簿和文书等。大会庄严地宣布:过去旧政府的章法和法规一律无效,官僚政府、资本家和地主的条约、契约全部作废!随后苏维埃政府成立了工会、农会、农卫队、教育委员会、邮政委员会、商会、锄奸团等团体,成为政府工作的有力助手。

会后,为了保卫红色根据地、巩固工农民主政权,苏维埃政府在红二十四军的帮助下,逮捕和处治了一批土豪劣绅、恶霸地主,镇压了敌伪保卫团头子二郎成,枪决了阜平人称"二知县"的最大的地主。地方游击队配合红军主力,肃清了根据地内的反革命武装,在五丈湾、王快镇一带消灭了民团,缴获了他们的武器,解散了保安队,没收了地主乡绅的武器。

红二十四军的创建及阜平苏维埃政府的成立,对华北人民是一个极大的鼓舞,给了反动政权以沉重的打击。北京《益世报》曾以"共产色彩的山西兵变"为题发表社论,惊呼"此变虽部分不大",但"实非小可","决不可使华北此时有共军策动之变化,走出星星之火"。天津《益世报》发表社论《高部兵变,急应剿灭》,把平定兵变与井冈山红军相比较,称之为"北方之朱毛","较之江西,有过之而无不及也"。

正当阜平苏区生机勃勃、各项工作热火朝天之时,国民党反动当局也在部署"围剿"行动。国民党军阀石友三派沈克残部来扑灭这刚刚燃起的革命之火。沈克是土匪出身,狡猾奸诈,阴险狠毒。他深知力战难克,便派人向红军诈降,一面令各部向阜平秘密进发,包围红军;一面令其第二十七旅旅长赵海清和第二十六旅旅长赵渤向赫光写信诈降。8月8日,赵海清写信给驻阜平城的红二十四军军长赫光,进行诈降,欺骗红军。

红二十四军的领导收到敌人的诈降信后,即刻开会研究,并决定主要领导人亲到敌营改编和受降。当时虽有少数人反对,可惜未能引起主要领导人的警觉。红二十四军领导人对中国革命发展的曲折性、艰难性缺乏正确的估计,主观地夸大形势对革命有利的一面,忽视了革命力量相对弱小的基本状况,对敌情做出错误的判断。他们错误地认为敌军已到了山穷水尽的境地,晋绥军急于成为革命者。基于这种错误认识,他们轻率地做出错误决定,中敌诡计。

1931年8月10日,红二十四军政委谷雄一、副军长窦宗融、政治部主任刘子祥,以及苏维埃阜平县政府委员刘维廉、李英兰等人,率领干部和战士20多人,前往王快镇改编敌军,被敌所俘。就在当天,敌人再次诱骗,诡称部队给养已非常困难,军心涣散,恳请赫军长尽速前往受降,以稳定军心。第二天,赫光率政治部副主任杨继雄等13名军政干部去敌营受降,遭敌围击,在枪战中赫光、杨继雄等9人壮烈牺牲,仅有1人冲出重围,速返回军部报信。

在阜平县城坐镇的红二十四军参谋长刘明德,以及两个纵队的参谋长蒲子华、王子固和苏维埃县政府主席牛曦等,接连听到谷雄一被俘和赫光等牺牲的消息,万分震惊,誓与敌决一死战。然而,敌人早有准备,调动千余步兵和骑兵向县城包抄过来。经过激战,终因我军力量薄弱,加之仓促上阵,只能且战且退。最后,红二十四军集中兵力,从城东北角突出重围。突出重围后,刘明德、王子固、蒲子华等人对部队进行了整顿。刘明德继任红二十四军军长,王子固为副军长,蒲子华为参谋长,率领部队向陕西省转移,并派人赴太原向中共山西特委汇报情况。部队途经灵丘、浑源等县,转战于山阴、平鲁、左云和右玉等地,于8月下旬到达绥远省的清水河县(今属内蒙古自治区),被敌追剿包围,经激战又迂回至山西省偏关县一带。9月中旬,红二十四军从河曲县强渡黄河天

险进入陕西境内，又遭敌军追剿，再次受到重创。10月中旬，在敌军重重包围之中，红二十四军孤立无援，弹尽粮绝，兵败将亡。只有少部红军指战员逃散后，历经艰险辗转找到陕北红军，继续投入革命斗争。

在平定爆发的武装起义，是中国共产党在北方领导的一次成功的武装起义；平定起义后组建的红二十四军，是中国共产党在北方创建的第一支军级建制的红军正规军；红二十四军在河北省阜平县创建的中华苏维埃阜平县政府，是中国北方第一个县级苏维埃政权；平定县是中国共产党在北方创建工农革命武装力量的策源地。

平定武装起义，是党在中国北方开展武装革命的先声，和毛泽东、朱德领导的南方革命遥相呼应，唤起了工农群众的革命热情，在山西省乃至中国革命史上写下了光辉的历史篇章。

阳泉矿工武术团

阳泉矿区自大革命失败后，党的组织工作遭到严重破坏。1933年春，中共山西特委派曾任中共太原兵工厂特支书记、中共山西省委组织部长的何英才（原名杨高梧）到阳泉矿区开展工作。何英才到阳泉后，人地生疏，便以挎小篮卖花生、饼子为掩护，四处走访，主动接近群众，向煤矿工人宣传革命思想。他结识了原在高桂滋部任武术教官、兵变失败后与党失去联系、在保晋公司二矿工作的矿工领袖王凤山（原名焦岐峰，河北省高邑人）及其母张秀坤，遂打入保晋公司二矿当了井下工人。

何英才打入二矿后，在煤矿工人中宣传矿工受剥削、受压迫的原因，宣传工人阶级要求得解放，必须团结起来同帝国主义和统治阶级斗争。在此期间，吸收了王凤山及其母亲张秀坤入党，张秀坤成为阳泉地区第一位女共产党员。57岁的张秀坤为人诚恳、正直、热情，在工人和家属中有很高威望。其入党后，不避风险，整日奔波，天不亮就将何英才、王凤山刻写、印刷的传单散发到阳泉、平坦街、石卜咀、赛鱼等地，扩大了革命的影响。

1935年3月,为了反抗矿方和把头对工人的剥削和压迫,争取提高工资,改善待遇,何英才、王凤山分头发动和领导二矿井下工人和四矿厂面推车工人举行联合大罢工。这次罢工声势浩大,参加的工人有1000多人。工人捣毁了二矿矿长办公的八角楼,慑于工人声势,矿方满足了罢工工人提出的要求,斗争取得了胜利。通过这次罢工,人们看到了团结斗争的力量。何英才等又及时引导工人为抗日救国而斗争,群众的觉悟和党的威信都有了很大的提高。1935年初,中共阳泉矿区支部建立。1936年2月,阳泉矿区党组织为进一步扩大党的影响,宣传党的抗日救国主张,启发工人要为自身解放而斗争,根据矿工的特点,把一批喜爱武术的进步青年矿工团结起来,建立了党的外围组织——阳泉矿工武术团。武术团以共产党员王凤山为首,成员有张振安、王凤岗、王化功、邓会成和杜秀荣等30余人。他们遵照党的指示,平时练习武艺,工余时间以表演为名,利用传统节日和庙会进行街头宣传,走遍了矿区和附近农村,为唤起工农群众的觉醒和斗争意识起了重大作用。1937年春,中共阳泉矿区委员会(又称中共阳泉工人特别委员会)成立,受中共山西省委领导,下辖二矿、一矿、四矿和建昌煤矿4个支部,何英才任书记,王凤山、杨凤岐任委员,党员40余人。

七七事变后,全国掀起了抗日高潮,中共阳泉矿区区委在矿工武术团的基础上,组建了第一支阳泉煤矿工人武装抗日游击队,这是阳泉地方党组织领导下的山西最早的城市产业工人抗日武装力量。游击队共有队员500多人、枪300多支,由王凤山任队长、何英才任政委。

阳泉沦陷前,这支抗日队伍奉命与平定学生游击队、正太铁路工人游击队共同开赴太行山革命根据地,点燃了太行山区的抗日烽火,成为八路军一二九师秦赖(秦基伟、赖际发)独立支队的主力。

娘子关保卫战

平定县娘子关位于太行山中段,是晋东咽喉,倚壁临渊,易守难攻,为屏障山西的重要关口,历来为兵家必争之地。为此,娘子关成为日本侵略军争夺的战场,娘子关防御战对于决定华北战局有着极其重要的意义。

1937年10月10日,沿平汉路南下的日军占领石家庄后,即迅速沿正太路南进娘子关。日军为了策应在忻口的第五师团攻占太原,先后占领苇泽点、旧关一线。以右纵队(即雪花山至旧关一线)沿井陉、新关、石门大道地区推进,进入中国守军的背后。为加强娘子关的防御,国民党方面,第二战区司令长官阎锡山即派副司令长官黄绍竑赶赴娘子关指挥作战。八路军方面,周恩来与彭德怀、南汉宸及著名爱国将领续范亭一行,在保定同第一战区司令长官刘峙和河北省政府主席徐永昌会谈后,对娘子关军事要塞进行了实地勘察。

10月12日,日军第二〇师团向雪花山发起进攻。黄绍竑令三十八军第十七师在师长赵寿山指挥下固守雪花山,并以一部向长生口出击,以迟滞敌人。13日拂晓,日军猛攻雪花山。中午,雪花山右翼刘家沟阵地遭敌飞机大炮猛烈轰击,阵地失守。下午,赵寿山指挥部队分三路向井陉南关敌之侧背出击,收复部分阵地。13日夜,第一〇二团团长张世俊率部坚守雪花山,击退日军十余次进攻。14日,日军飞机、大炮轰炸,夺得制高点。张世俊率部反攻,夺回雪花山后,又带领部队追击逃敌。不料另一部敌人从侧翼迂回,占领雪花山,向娘子关方向炮击,使娘子关处于敌火力控制之下。15日,日军向乏驴岭阵地发起攻击。中国守军顽强抵抗,牺牲惨重。至19日,日军西进兵团在飞机掩护下,以优势炮火向乏驴岭猛攻。中国守军弹药殆尽,至黄昏时分,乏驴岭阵地失守。第十七师在雪花山、乏驴岭面对日军精锐部队浴血奋战九昼夜,付出了惨重的代价,顽强地抗击了日军进攻。

日军在进攻雪花山的同时,于10月13日拂晓,向旧关阵地发动进攻。冯钦哉第二十七路军与日军激战,午后旧关失守,守军退守旧关以西高地。13日夜,曾万钟第三军向旧关反攻,未夺回阵地,形成相持局面。14日,日军第七十七联队向新关和苇泽关进犯,中国守军将敌击退。15日,中国守军与日军在旧关附近激战。16日拂晓,中国守军对旧关附近之敌发起全线反攻,战斗甚为激烈。

日军向旧关进攻时,即向关沟进行穿插,企图经关沟夺取娘子关。20日下午,日军经关沟进入娘子关,包围了娘子关车站。21日晨,日军第二〇师团第七十七、七十八联队沿公路通过旧关,增援进入娘子关的日军。当日,中国军队第三十八军教导团(团长李振西)请战,奉命急驰关沟堵截日军,歼击日军第七十八联队大部。22日,日军第七十六联队在飞机、大炮掩护下进攻。李振西团浴血奋战,坚守到23日,原3000余人大部牺牲,只剩下100余人。

10月21日,八路军第一二九师师长刘伯承到新关村曾万钟第三军指挥所联系合作抗敌。22至24日,第一二九师三八六旅先后以袭击、阻击、伏击等方式,三天内三战三捷。先是在旧关东北之长生口歼敌一部,接着在娘子关以北的东石门歼敌200余人,在马山村、罗鼓寨歼敌百余人。

10月23日,日军以强势兵力突破石门关,经东回、柏井东折,向新关侧后穿插,包围第三军曾万钟指挥所。黄绍竑急令邓锡侯第二十二集团军(川军)三六四、三六六旅前往迎敌。25日午前,三六四旅在东回村附近与日军遭遇,激战一天,终因装备落后、衣着单薄、气候不适,伤亡1800余人,营、连、排长几乎全部阵亡。随后的三六六旅在东回、西回两村之间被敌阻断,困到次日拂晓,大部阵亡。

10月25日,日军在西回村打退川军,尾随追击,追至柏井村。午后,转锋向东,逆袭新关之背,娘子关腹背受敌。25日夜,娘子关正面战场中国守军向西撤退。26日,在日军飞机、大炮猛烈轰炸下,山西东大门娘子关失守。

娘子关战役先从雪花山阻击战开始,国共两党军队并肩英勇抗敌,以损失将士2.7万人之代价,打死打伤日军数千人,阻敌前进20余天,

延滞了日军占领太原的时间,粉碎了日本帝国主义"一个月侵吞山西,三个月灭亡中国"的企图,谱写了中华民族抵御外敌入侵的壮烈篇章。

附:娘子关保卫战纪念碑文

一九三七年七月七日,日本发动全面侵华战争。是年十月,战火燃至娘子关。娘子关挺立太行通道,凭险扼要;固关紧握长城咽喉,锁燕蔽赵;两关雄踞晋冀要冲,互成犄峙,为山西表里河山战略重地。

十月十二日,日军川岸兵团进攻娘子关,大敌当前,二战区副司令长官黄绍竑为总指挥,汤恩伯为副总指挥。在以娘子关和固关为中心,北南六十余公里防线上,陈兵十万抗敌。冯钦哉率二十七路军防守正太线至雪花山以北,孙连仲率二十六路军防守娘子关至旧关以东,曾万钟率第三军防守固关接昔阳。刘伯承率八路军一二九师挺进敌后参战,侧击日军。

娘子关保卫战于十月十二日始,十一月七日结束。历时二十九天,在以娘子关、固关为核心,东起井陉县,西接寿阳县,南连昔阳县,北接

娘子关保卫战纪念碑

盂县的千余平方公里、多达三十多个战场上，中国军队与日军进行殊死搏斗。十月二十一日，日军娘子关正面进攻受重创，向南偷袭井陉县石门，迂回测鱼，另辟入晋通道。邓锡侯率川军截敌。十月二十五日，日军占领东回、柏井，重兵直逼固关和关沟。正面战场腹背受敌，八路军一二九师和一一五师先后在七亘、黄崖底、广阳、户封伏击日军。二十六日，全线守军奉命撤退，娘子关、固关失守。

娘子关保卫战是抗击日本法西斯侵略的一次重大战役。此役，中国将士牺牲二万七千零四十三人，毙敌数千，阻敌前进二十七天，谱写出抗日救国英雄篇章。二〇〇七年，中国人民解放军中将、全国政协委员王吉连提案修建纪念碑馆。经全国政协和山西省委批示，交平定县委、县政府组织实施。中央军委副主席迟浩田题写碑名。勒石以记。

周恩来赴娘子关前线指导抗战

1937年9月5日，中央军委副主席周恩来根据毛泽东的指示，以党中央代表的身份，与八路军高级将领彭德怀、林彪、聂荣臻、徐向前、萧克、程子华等到达太原，与阎锡山商谈八路军入晋后抗战事宜。周恩来在山西期间，曾经往来于晋冀两省，会见当局军政要人，筹划联合抗战大事。周恩来从战略高度着眼，十分关注山西东线的防御和抗日救亡运动。戎马倥偬间，周恩来路经娘子关，对平定县抗战工作做了重要指示。

娘子关是山西省东大门，地处晋冀要冲，地势险要，具有重要的军事战略地位。对此，中共正太特委派出党员、牺盟会干部陈岱，并从教五团抽调干部梁文英、张雨帆等人，以牺盟会工作组的名义到娘子关开展工作。

陈岱，女，湖北武汉人，曾在汉口中学读书。1935年参加一二九运动，1936年加入中国共产党。同年冬到太原，参加了山西省牺盟会举办的军政训练班，七七事变后调到平定牺盟中心区工作。他们到娘子关

周恩来在平定活动地（娘子关火车站）

后，住在苇泽关村，深入群众家里访贫问苦，到田间地头宣传抗日救国。群众抗日积极性很高，不久成立了自卫队，还建立起抗日游击小组。

1937年9月21日，中共正太特委书记彭涛到娘子关，告诉陈岱："周恩来副主席明天要来娘子关视察，还要找在这里工作的党员谈话。明天上午十点来钟，你们到东边小亭子里等着。"这一消息让陈岱等人非常兴奋。

第二天一大早，陈岱他们吃了早饭就跑到东边亭子里等着。10点左右，彭涛陪着周恩来副主席来到这里。陈岱等人赶紧跑过去问候："周副主席好！"周恩来微笑着对他们说："同志们辛苦了！"并且和牺盟会干部们一一握手，问询姓名，然后就在亭子里坐了下起来。周副主席首先谈了抗日形势，国共合作。他说，我们必须又团结又斗争。抗日战争是持久的，斗争也会很残酷，这里地势险要，也许日本人不久会打过来，所以最重要的是充分发动群众、武装群众。可以先组织自卫队，然后建立起游击小组、游击队、武工队。敌人来了和他转山沟、打游击，让他的新式武器用不上，只要我们建立起坚强的敌后抗日根据地，打人民战争，将

牺盟会成立大会会址(平定县实验小学,原名城里学校)

来配合八路军作战,最后一定能够战胜日本侵略者。周副主席又问这里有没有阎锡山的军队,同志们说没有,只有蒋介石的一支骡驮大队。周副主席指示同志们要做好各方面的统一战线工作,并加重语气说:"党的领导、武装斗争、统一战线是我党工作的三大法宝。"大家又向周副主席汇报说:"现在我们已组成了农民抗日自卫队和几个游击小组,我们可以通过薄一波向阎锡山要枪,组织了20人,我们要30支枪,留有余地,好壮大我们的队伍。我们几个人都学过军事,会教自卫队一些枪法。"周副主席听到这里哈哈大笑,说:"不要看你们人少,倒很会工作嘛。"这时周副主席突然转身看着陈岱说:"娘子关,女同志到娘子关很好嘛!"他对妇女干部到娘子关发动抗日救亡工作给予了高度评价。

同日,周恩来还在娘子关接见了平定牺盟会特派员成振山等人。周恩来分析了当时形势与民族矛盾和阶级矛盾的变化关系,阐述了党的抗日民族统一战线政策,并对东线抗战提出了指导建议。中共平定县工委贯彻执行中共中央抗战方针政策,坚持党的领导,开展武装斗争,发展壮大牺盟会统一战线,把广大群众团结聚集到抗日民族统一战线阵营中来,逐步成为抗日战争中的重要力量。

被收进教科书的七亘大捷

1937年10月初,刚刚改编不久的八路军第一二九师奉命驰援晋东。19日下午,师干部在师长刘伯承的率领下,来到平定县马山村,在马齿岩寺召开了由一二九师师部、三八六旅旅部及七七一团、七七二团营以上干部40余人参加的军事会议。会上,传达了毛泽东主席、朱德总司令和中央有关领导人对当前局势的分析和指示。这次会议是八路军第一二九师进入太行山后的第一次大型军事会议,确定了八路军在太行山建立抗日根据地,开展游击战争的指导思想。会后,刘伯承在马山村逗留几日后,实地勘察了七亘村,指挥了著名的七亘大捷。

七亘大捷主战场

七亘大捷主战场石门关,自古有"石门锁钥"之称,是太行山中段的重要隘口,战略地位十分重要。10月24日,刘伯承率一二九师三八六旅侧袭支援娘子关,当日驻马山村。25日,刘伯承师长亲自到七亘察看地形,决定以少数兵力正面牵制敌人,以主力迂回敌侧背。26日拂晓,三八六旅七七二团副团长王近山率三营设伏在七亘村东西两侧的高岭。上午9时许,日军第二十师团辎重部队在200多名步兵的掩护下到达高岭沟下,待先头部队走过,三营随即发起攻击,以拦头、截腰、堵尾的战术将日军先头部队、辎重部队、掩护步兵分割成三段。激战两小时,除少数日军逃回测鱼外,击毙日军300余人,缴获军马300余匹及大批军用物资,取得了第一次七亘大捷。27日晚,一二九师指战员和地方党组织在晋冀交界处的东冶头村召开了祝捷大会。

　　第一次七亘大捷后,西进的日军第二十师团与后方交通联系被切断,大批军用物资堆积在测鱼镇急需向前方运输。刘伯承师长抓住日军迷信"兵无常势"的弱点,令三营九连于27日夜再次设伏于七亘村。28日,日军辎重部队在一个骑兵中队、两个步兵中队掩护下果然仍循原路进发。三营战士冒雨伏击日军,击毙日军100多人,缴获满载军用物资的骡马100多匹。

　　八路军第一二九师三八六旅七七二团在七亘村三日内连续两次伏击日军,歼敌400余人,缴获大量军用物资,取得了八路军自平型关大

七亘大捷纪念碑

捷以来抗战的又一重大胜利,创造了我国现代军事史上著名的同一地点重复设伏的著名战例。七亘大捷意义深远,北京军事博物馆、卢沟桥抗战纪念馆及武乡八路军太行纪念馆等均有文献资料记载。七亘大捷这一典型战例,被许多军事教科书收录。

附:七亘大捷纪念碑文

七亘村属于东回镇管辖,位于平定县城东五十公里处,位于晋东边陲,地当晋冀要冲。东临石门关,与固关、娘子关互为唇齿;西接柏七路,扼太行山中部咽喉;山陡而崖崇,谷深而川长。山路狭窄,蜿蜒曲折,是娘子关之南的又一重要的战略要地。

一九三七年七七事变,日本侵略军发动了全面侵华战争。十月,娘子关告急。十月中旬,刘伯承师长率部驰援娘子关,在七亘山上设伏,布下了天罗地网。连续两次伏击,首次运用"重叠待伏"战术,八路军以伤亡三十余人的代价歼毙敌人四百多名。取得了辉煌的战绩。七亘大捷的光辉战例,揭开了太行山抗日游击战争的序幕,打开了平(东)定县抗战局面。

老一辈革命家驻足阳泉

抗日战争和解放战争时期,老一辈革命家朱德、任弼时、周恩来、刘伯承、彭德怀、贺龙、关向应、王震、彭真、薄一波、徐向前等,先后在阳泉境内做过停留并予以指挥、指导。

朱德、任弼时夜宿盂县。1937年8月25日,中共中央军委发布中国工农红军改编为国民革命军第八路军的命令。朱德任总指挥,彭德怀任副总指挥,叶剑英任参谋长,左权任副参谋长,任弼时任政治部主任,邓小平任政治部副主任。下辖三个师:一一五师、一二〇师、一二九师。9月23日,八路军总部到达山西五台县,进驻南茹村。为了扩大抗日根据地，中共中央根据当时的抗日形势，决定八路军总部由五台山向太行山区转移，领导和组织华北地区的抗日斗争。10月22日，朱总司令和任弼时主任率领八路军总部越过盂县与五台县的分界山脉牛道岭，来到了盂县梁家寨乡的椿树底村。

椿树底村背靠海拔963米高的羊骨朵尖山，西邻牛道沟，沟内河水清澈透明，向南汇入滹沱河。这里是扼守忻州、五台、定襄、盂县、平山五县的交通要道。山沟里绿树成荫，鸟儿争鸣，整个村庄就藏在这大片的绿树丛中。八路军的到来，给这秀丽的山庄带来了无限生机。村内有一家大地主，清朝武举人家，在当地很有声望。家中兄弟二人，哥哥梁开印掌管家务，弟弟梁佩印担任村长，负责接待官方公务人员。朱总司令到来后，就选择住在了这家。夜晚，梁家兄弟殷勤接待部队，不敢怠慢。朱总司令对弟兄二人说："我们的部队需要你们帮助时，自会提出，不需要时，绝对不能打扰老百姓。你们弟兄在村里有威望，是大家族。你们要看清当前的形势，中国需要全民团结，一致抗日。有钱出钱，有力出力，只有国家有希望，老百姓才能过好日子。你们可以好好想一想，该做些什么？"弟兄二人是明白人，当即表示，感谢八路军首长的教诲，一定为抗战出力。事后，梁家兄弟才知道这位首长就是朱德总司令，并打心眼里佩服。

平型关大捷后，八路军一一五师返回盂县休整期间，就驻扎在梁家

朱德、任弼时路居盂县东白水村旧址

寨乡椿树底村。为了解决部队的供给和新扩充的950名新兵穿衣的需要，盂县抗日民主政府在上社镇专门召开了一个"请财神会"，邀请梁开印等50多个富绅参加会议，请他们捐献钱物，支持八路军抗日的军需。在会上，梁开印首先带头捐出白洋500块、粮食5万斤，在他的带头下，50多个富绅都捐出了钱物。抗日政府当即宣布梁开印是支持抗日的开明绅士。梁佩印是梁开印的弟弟，长期支持八路军抗战。他们多次对别人说，是受到朱总司令教育后思想才发生转变的。

10月23日早上，八路军一行离开椿树底，向南来到了上社镇。上社镇是盂县北部地区的大镇，也是通往盂县城的必经之路。朱总司令一行在上社镇宿营时，接见了山西省牺牲救国同盟会领导人、山西青年抗敌决死总队政委薄一波。早在9月份，薄一波就根据朱德总司令的指示，率领决死队第一纵队1500余人，于24日由五台开赴晋东南时途经盂县，驻足上社镇。这些年轻人精神饱满，充满朝气，英姿勃发，待人热情。他们一边军事训练，一边帮助老百姓劳动，宣传抗日救国道理，纪律严明，很受欢迎。

当晚，薄一波向总司令汇报了决死队的工作情况，受到了朱总司令夸赞。总司令明确指示薄一波："滹沱河沿岸地区是重要战略位置，山高隘险，进退皆宜，北上可以威胁北平，南下可以直取太原，八路军准备在此建立根据地，你们决死队要快速进发晋东南，抢占国民党丢失的地盘，这对整个抗战有着重要作用。"按照朱德总司令的指示，薄一波率领的决死总队人员在盂县开展了大量的抗日工作，扩充新兵120余人，还给盂县中学师生做了抗日形势与任务的报告，并派出一总队成员宋创（女）、李淑文（女）等在上社镇成立了盂县第一个抗日救国儿童团。在盂县工作将近一个月后，他们转到平定县路北的荫营村继续开展抗日工作。

朱德总司令一行在上社镇宿营一夜后，24日早，行军到了距盂县县城不远的东白水村。在一所普通的民房里，总司令听取了三五九旅七一七团政委刘道生关于战地工作团和五县（盂县、平定县、阳曲县、寿阳县、榆次县）建党工作情况、抗日斗争工作情况的汇报。当总司令得知这个地区已经成立了抗日行政机构，有共产党领导下的战地工作团和游击队时，十分高兴。当即表态："这里地理位置重要，群众基础好，抗日救国工作局面打开了，一定要把这里建成牢固的抗日根据地，将来我们的部队在必要时可以到这里休整，你们一定要把这里搞成自己的大后方。"朱总司令的指示，使刘道生等基层领导深受启发，他们认识到了在这个地区建立根据地的长远意义。

25日清晨，朱总司令率领八路军一行继续南下，越过方山山脉，取道寿阳县的宗艾、界铺，进入太行山区的和顺县马坊镇，与彭德怀副总司令率领的指挥所200余人会合。同时，由政治部副主任邓小平和民运部长傅钟以及陆定一率领的政治部机关和刚成立的随营学校师生约600余人，也路经盂县下社、上社、下曹等村，进入寿阳县境内，穿越同蒲铁路，渡过汾河，进入吕梁山区的汾阳、孝义一带，与八路军总部形成犄角之势，开辟抗日根据地。

贺龙、关向应路居盂县梁家寨乡御枣口村。1938年12月28日，贺龙、关向应率一二〇师三五旅七一五团、七一六团、教导团和独立第一支队及鲁艺学院部分学员计6000余人，由晋西北开赴冀中时路经盂县，沿途先后路经盂县西潘乡的尧子坪、进圭村，下社乡的牛郎湾、庄里村，于12月31日晚上到达梁家寨乡御枣口村。

贺龙师长就宿营于御枣口村的小学校。在简陋的教室里，贺龙师长打开地图与师部领导开会研究军事。适逢1939年元旦，师部宣传队和当地边区政府共同在梁家寨村举行了军民联欢会。在临时搭建的舞台上，部队点起了汽灯，一片通明。在军乐队的伴奏下，部队女兵表演刺枪舞和活报剧，合唱抗日歌曲。附近御枣口、椿树底、沙湖滩等村的不少村民前来观看。当地少年儿童还上台演唱《晋察冀好儿童》等歌曲，歌词是："别看我们年纪小，我们是晋察冀好儿童，新生活把我们锻炼成钢……"

贺龙、关向应、甘泗淇等师部领导和村民一起观看了文艺演出，贺龙师长在演出结束后讲话。他指示边区政府干部要树立抗战必胜的信心，积极发动群众起来抗日，夺取抗战的最后胜利。晋察冀边区政府给部队赠送了猪、羊和核桃、柿子、黑枣等食品来慰问部队。1月4日，贺龙师长率部向东到北峪口村宿营，就住在北峪口村的韩满红家。据村民回忆，看见一个身材魁伟、胡须和头发很浓很黑的干部，嘴里叼着一个烟斗，身后跟着2个护兵，在韩满红家住了一个晚上，当时谁也不知道那就是贺龙同志。

1月5日早上，贺龙、关向应部队离开北峪口，出盂县境域，进入河

北省的平山地界,向抗日斗争更为艰苦的冀中挺近。

徐向前途经梁家寨乡。1937年10月26日,娘子关失守,朱德、彭德怀从寿阳景尚村发电报给一二九师副师长徐向前,要他率领七六九团南下昔阳,打击和牵制娘子关方向的进犯之敌。27日,徐向前便率七六九团一千余名官兵一路南下。当到达五台县永安村附近时,团长陈锡联、副团长汪乃贵等人都想到徐向前的老家看看。中午,徐向前的嫂子亲手给他们做饭,吃的是莜面推窝窝和羊肉炖山药。饭后,徐向前告别了亲人,率部于28日进入盂县境内,经梁家寨乡大柏凹村及下社、上社、兴道、茬池等村,过县城、东坪村向昔阳方向进发。

群众见有部队路过,慌忙各自躲藏。徐向前发现后,对陈锡联等干部说:"俗话说,'人过留名,雁过留声',我们不能光走路,也得宣传宣传,做点群众工作,让大家知道八路军是人民的子弟兵,是真正打日本的。越在群众不了解我们的地方,越要严格遵守群众纪律,秋毫无犯。行动是最好的宣传,要让群众亲身感受到八路军是爱护他们的。我们要留下这个名。"指战员们按照徐向前的指示,向群众讲解抗日救国的主张,耐心细致地唤醒民众,休息时,还帮助群众担水、磨面、劈柴。群众的情绪果然很快安定下来,军民之间显得异常亲近,犹如一家人。

在盂县境内行军途中,徐向前获悉日军两个师团正从娘子关、石门口分路向阳泉、平定进攻。一二九师师长刘伯承也发来电报,要他率领部队迅速向正太铁路以南开进。徐向前原计划从盂县经河底到平定直达昔阳。由于情况有变,遂改变行军路线,转赴寿阳、平定间通过铁路,于11月1日早晨,同一一五师三四四旅会师。数日后,徐向前率七六九团配合三四四旅和一二九师三八六旅,在广阳、沾尚地区伏击敌二十师团一部,毙伤敌人1000多人。战斗结束后,徐向前率七六九团赴昔阳,在赵壁村同刘伯承、张浩、李达等师首长会合。

彭真渠,位于距盂县县城59公里的梁家寨乡滹沱河北岸,傍山而凿,依崖而筑,蜿蜒迂回于巍峨苍郁的群山峻岭之间。此渠西起蔡家坪,流经鳌头、独自口、梁家寨,东至沙湖滩,全长12.5公里,渠宽2米、深1.2米,引水流量每秒1.5立方米,可灌溉田地1300余亩。

该渠最早是清朝嘉庆年间始筑的一条小水渠,由蔡家坪、鳌头、独自口三村合修,故取名"三义渠"。清朝年间,盂县的北部地区很贫穷,商贸不发达,农民主要靠种植土地为生。北乡的土地量不足,多是山地,旱地多,产量不高,以上三个村庄的乡绅便商量筑渠灌溉旱地,变旱地为水田。由于当时条件所限,只开凿了一条宽不足0.6米、长不过2.5公里的小水渠,浇地也不足百亩。到了抗日战争时期,晋察冀边区政府号召群众开展大生产运动,并积极支持农民兴修水利,发展生产。梁家寨一带群众迫切希望修筑一条大渠,变旱地为水田,但因财力不足,无法开凿。1941年2月,当时任中共中央晋察冀分局书记的彭真得知此事,便亲自批准并拨给梁家寨等五村小米三万斤,资助扩建三义渠。因日军的干扰,修渠的事断断续续、时建时停,直到1945年才建成。新建的大渠扩宽渠面,加长里数。新渠西起蔡家坪,东至沙湖滩,犹如一条晶莹洁白的绸带,蜿蜒在滹沱河沿岸巍峨苍郁的崇山峻岭之间。渠水源于滹沱河,流量大,能灌溉1300余亩农田,不仅当时为贫苦百姓解除了灾难,而且至今受惠无穷。当地群众为感激彭真和边区政府的关怀,亲切地称呼清水长流的灌渠为"彭真渠"。此渠是抗日战争时期阳泉境内最大的水利工程,也是向广大人民群众进行革命传统教育的生动教材。1987年被盂县列为县级第一批重点文物保护单位。

梁家寨彭真渠

此外，百团大战期间，聂荣臻、萧克、陈赓、杨成武、陈锡联、秦基伟、李德生等参与指挥了在阳泉境内进行的大小战斗。阳泉解放前后，杨献珍、胡耀邦、杨得志、黄敬等革命家均在阳泉战斗工作过。华北人民政府移驻阳泉平定时，董必武、邓小平、谢觉哉、林伯渠等先后来到阳泉，对阳泉的工作给予充分肯定并做了重要指示。老一辈革命家的奋斗足迹遍及阳泉，给我们留下了宝贵的精神财富。

日军在阳泉的暴行

从1937年10月26日日军攻陷娘子关，到1945年8月15日日本宣布投降的8年中，日军在阳泉地区制造的较大惨案就有40多起，加上长年接连不断的"扫荡""清剿""蚕食"和"三光"政策，阳泉人民伤亡和财产损失惨重。

2008年8月伊始，国家社科基金特别委托项目"抗日战争时期中国人口伤亡和财产损失"之阳泉地区抗战时期人口伤亡和财产损失课题调研工作正式启动。这是阳泉建市以来，首次大规模、大范围地逐村入户、全面细致地对抗战损失进行调查。经过近一年调查，依据来自社会调查证人证词的伤亡数以及历史档案、文献资料提供的数据，由《抗日战争时期中国人口伤亡和财产损失·阳泉卷》统计，抗战期间，阳泉地区直接伤亡人口为46 433人、间接伤亡人口为155 778人，伤亡总数为202 211人。内含革命烈士1611人，军队（包括国民党军和八路军）伤亡27 043人。财产损失方面：居民财产，土地91 560亩，粮食180 922 800公斤，房屋139 368间，树木125 838株，耕畜120 294头，服饰2 954 234件，生产工具2 268 989件，生活用品286 783件。社会财产，工业直接损失计13 156 932 270（国币元），交通、铁路直接损失计706 040 000（国币元），农业直接损失粮食755 400石，商业直接受损店铺519家、计13 962 600 000元（法币），金融（黄金、白银）直接损失223.51斤。文化方面,图书直接损失 3394 册,文物直接受损 165 件,古迹直接受损 72 处。教育方面,学校直接受损 668 所(处),公共事业机关团体直接受损 36 个。日军发动的侵华战争,给阳泉人民带来了一场亘古未有的大灾难。

前小川惨案 1937 年 10 月 25 日傍晚,由石门关(今平定县)迂回入晋的日军第二〇师团 4000 余众窜入前小川村(今属平定县东回镇),烧杀抢掠,犯下滔天大罪。村民李桑锁一家兄弟 4 人被日军用刺刀捅死,妯娌 4 人被强奸。李九州来不及躲藏的 4 个儿媳妇全部被杀害。全村 23 个妇女被逼得投井丧生。18 个躲藏在土窑洞里的村民,除 1 人逃生外,全部被绑架至龙王庙杀害。43 个在红梅垴、三角坪躲藏的村民全部被驱赶至枣林沟活埋。日军在前小川一天一夜共杀害村民 92 人,烧毁房屋 100 多处,抢劫牲畜 60 多头。

桥头惨案 1937 年 10 月 27 日下午,由平定旧关西犯的日军突然包围了桥头村(今属平定县石门口乡)。日军在村边将村民刘富科开枪打死,后几辆汽车从其身上开过,尸体被碾得惨不忍睹。村民耿小旦和他的两个儿子被从土窑洞里搜出,日军用刺刀将父子三人刺死后把肚肠挑出示众,因回娘家幸免一死的耿妻返回村后见此惨状,受到极度刺激,精神分裂。耿铁妮及女儿在炕沿下被搜出后,遭日军轮奸,耿用头撞向蹂躏她的日军,被刺刀劈死。日军还将被轮奸的 7 名裸露着身体的妇女捅死,把心脏、肝肠挑出来,强迫村民围观。第二天,日军将搜山搜出来的 200 多名村民押到石桥旁,村民们不堪欺凌,一齐扑向敌人拼命,被日军用洋刀当场砍死 37 人,其中男 26 人、女 11

平定桥头惨案遗址

盂县活川口惨案遗址

人，石桥上下顿时一片血腥。日军在桥头村大屠杀4天，共杀害村民117人，烧毁房屋114间，抢劫粮食数万斤、牲畜120多头。

马家庄惨案 1940年9月，在百团大战中遭到沉重打击的日军，对平西县抗日根据地进行报复性"扫荡"。13日，800余名日军在汉奸的带领下分两路合围马家庄村（今属平定县冶西镇）。日军先行至小南庄烧杀抢掠，有55人被残杀。紧接着到了大南庄，把搜寻到的百姓集中到一孔窑洞里，然后开炮轰炸，38名村民被炸得血肉横飞。午饭时分，日军开进马家庄后，把村民驱赶进羊圈里。日军在羊圈周围的柴草木料上泼了汽油，纵火焚烧。霎时间，羊圈里嚎啕声、呼喊声不断，悲惨至极。傍晚时分，日军又将村外搜寻到的30余名村民赶到羊圈里，放火烧死。马家庄惨案死难者共计312人，其中马家庄170人、小南庄55人、大南庄38人、南头2人、赵家2人、孟家1人、端岭7人、下冶头15人，另有无法辨认籍贯者22人。

活川口惨案 1940年9月21日，驻盂县、井陉、阳泉日军共1000余人对盂县北部地区进行报复性"扫荡"。行经苌池、兴道、上社等村，杀害村民87人，烧毁民房2000余间。22日傍晚，日军抄小路进入活川口村（今属盂县北峪口乡），见人就杀，见房就烧。韩万珍一家11口人全部被杀，无一幸免。村民崔双凤被日军轮奸后又遭杀害，李根昌老汉面对日军的倒行逆施破口大骂,被活活烧死。23 日,日军把抓到的 30 余名村民赶到一起,用五六颗手榴弹当场炸死 20 多人,没死的五六人又被刺刀捅死。日军在活川口村共残杀村民 106 人,烧毁房屋 400 余间,抢掠宰杀牲畜 150 余头,粮食、衣物被抢劫一空。

张家峪惨案　　1941 年 1 月 31 日晨,日军包围了张家峪村(属盂县清城镇),把村民驱赶至麦场上,在追问八路军的下落无果后就痛下毒手。日军把 41 名青壮年关至一间房里,放火焚烧,除 5 人逃出外,其余全被活活烧死;逃出的其中一人又被日军踩死在门槛上。17 岁的姑娘王香莲不从日军,被扔进大火烧死。日军欲强奸抱小孩的妇女傅登梅,傅宁死不从,也惨死在刺刀下。刚刚分娩的李林妮被日军一脚踢进沟里,又被大石头砸碎脑袋。日军在张家峪行凶一天,共残杀村民 68 人,烧毁房屋 400 余间,宰杀牲畜 3 头。

大西庄惨案　　1945 年 7 月 23 日凌晨 2 时许,驻牛村、河底、西南舁等据点的日伪军百余人由汉奸带队悄悄包围了大西庄(今属阳泉市郊区)。由于没有抓到抗日干部和革命群众,日军恼羞成怒,在寻找到村民们躲藏的地道口后,就喊话要村民们出来。村民们不出来,于是穷凶极恶的日军就在地道口点燃柴草,还找来扇车,对准地道口里扇烟。地道里的村民宁死不屈,没有一个人出来投降。午后,平定(路北)县七区区大队配合民兵赶走了日伪军,才发现躲藏在地道里的村民全部被熏死,一个个皮肉脱落、全身紫黑,惨不忍睹。经反复辨认、核实,死难者共 58 人,其中大西庄 48 人、邻村 10 人。

日军在盂县强征慰安妇

　　1939 年 3 月,日军的铁蹄踏进了盂县西部西烟镇,开始对西烟周围的村庄烧杀抢掠,到处寻找八路军、游击队和共产党的地方工作人员。当时,西烟地区有阎锡山反共团、曲线救国会,有封建地主和各种会

道门,也有吸毒抽大烟的地痞、流氓等。日军就利用这些反动组织和烟鬼、警备队、汉奸等做他们的耳目和爪牙,到处抓丁做苦力修碉堡。1939年初秋,盂县县委为了扩大游击根据地,在西烟镇以南一带开辟了一个新区——十一区,领导人民群众开展对敌斗争。

西烟镇周围几十里内驻有日军的据点多处,南有东郭秋据点,西有阳曲县的阳兴镇据点。这些据点相互呼应,联系密切,同时出动,互相配合,经常到十区、九区和东、西山进行合围"扫荡"。每次出动都是几十人到百余人。对于青年妇女来说,最可怕的是只要被日伪看中,就要强加以所谓"通匪"或"不是良民"罪名扣押起来,送到日军的据点里惨遭蹂躏。民间这样说:青年留须满面,妇女扮成丑样,领"良民证"时最好装成病相。1941年的9月5日,日军在进圭村内构筑了炮楼,他们不满足到乡间强行掳掠妇女发泄兽性,在据点内专门设立了慰安所,将据点周围各村的女孩子关在窑洞里,供日军官兵发泄兽欲。在西潘乡的进圭村,日军将一张姓家的院落抢占,作为慰安所之用。慰安所共占用四眼石砌的窑洞,东西长17米,南北宽15米,占地面积255平方米。就是在这里,日军先后挟持邻近村庄的10余名妇女进入据点,强迫这些妇女对

盂县进圭村日军慰安所旧址

日军官兵进行长期"慰安",一直到1944年7月13日日军撤离为止。

1942年到1943年,年仅18岁的少女侯东娥因为姿色出众被日军抓到进圭据点,遭受蹂躏达半年之久,身心受到了严重伤害,直到快要被折磨死才被放出来。15岁的刘面换是父母的独生女,被日军抢到据点强奸,生命垂危,是她的父亲用一群绵羊和100块银元才将其救出来,但因过度蹂躏,造成其终身残疾。在慰安所被奸污的少女还有侯巧良、郭喜翠、李秀梅、陈林桃、周喜香、万爱花等16名受害者,还有不少被奸污而不敢出来申冤的女性。

1992年8月7日,盂县7名受害女性通过日本驻华大使馆,向日本政府递交了申诉书。这是中国女性受害者第一次站出来向日本政府提交洗刷她们清白的申诉。

1995年,由大森典子为团长的中国人战争被害赔偿请求事件辩护团100多名律师,作为刘面换、李秀梅、周喜香、陈林桃等4人的辩护律师,首次在日本东京地方法院向日本政府提出起诉,要求日本政府向她们公开谢罪并赔偿每人2000万日元,成为中国"慰安妇"损害赔偿请求诉讼第一案。1995年8月7日,此案在日本东京地方法院开庭审理。1996年10月,盂县第二批女性受害者侯巧良、郭喜翠再次起诉日本政府。1998年10月,在爱国华侨林伯耀先生和日本冈山大学教授石田米子等发起成立了"查明山西省内侵华日军性暴力实情·与大娘共进会",为第三批中国女性受害者万爱花等10人提出起诉。这三批共16位在抗日战争期间受害的盂县女性,代表中国40多万受害女性向日本政府提出起诉索赔。由于种种原因,仍有50多位盂县受害女性及其家属受财力所限或不愿提及过去伤痛等原因,没有通过法庭申诉来控诉日军犯下的罪行。

2001年5月30日,日本东京地方法院对中国女性受害者刘面换、李秀梅、陈林桃、周喜香一案做出不当判决。理由是"时效已过,个人不得起诉国家政府"。之后日本律师大森典子在日本举办了民众会、发布会,揭露日本法庭的无理判决,并于两周内向日本东京高等法院(相当于中国的中级法院)提出了起诉。2002年3月29日,在日本东京地方法院709法庭判决侯巧良、郭喜翠一案,对事实认定,但不予赔偿。11月17日,刘面换在日本东京高等法院出庭控诉,案件到了二审阶段。

2004年6月2日，张双兵与李秀梅再次到日本东京高等法院出庭作证，并且参加了有日本国会大厅出席的十几位国会议员、日本外务省官员参加的集会，追究日本政府的态度，督促日本政府早日解决问题。12月15日下午3时，中国女性受害者第一案刘面换等4人的官司在东京高等法院开庭。法官在一分钟内宣布败诉，诉讼费由原告支付。主辩律师大森典子、受害者刘面换当场表示不服，继续上诉。2005年3月18日，郭喜翠和侯巧良一案在日本东京高等法庭败诉。3月30日，日本东京地方法院对以万爱花等10名女性为原告的官司做出判决，原告败诉。2007年3月27日下午两点，日本最高法院终审判决，承认事实，驳回索赔请求，中国的5个受害案件竟全部被判决为败诉。

在盂县受害女性状告日本政府期间，日本的中国人战争被害赔偿请求事件辩护团每年至少往来盂县两次调查取证，大森典子、板口贞彦等律师自费100多万元人民币。"查明山西省内侵华日军性暴力实情·与大娘共进会"60多批次到盂县调查与慰问，石田米子、安达洋子、川口和子、加藤修弘、何河、平川、小林千春、石井弓、池田惠理子、川见公子、上甲月子、早川、田娟、寺泽由纪、早川纪代等日本律师，帮助受害者打官司支出600多万元人民币。日本人石井弓到盂县采访调查日军性迫害事件后，写出题为"在中国战争记忆的继承"的论文。

中国旅日华侨为安排受害者在日开销，援助100多万元人民币。中国留学生班中义捐款100多万元人民币，并拍摄了《侯东娥和她的姐妹们》在日本参加展出。中央电视台《新闻调查》栏目组在羊泉村调查采访15天，播出《羊泉村记忆》。黄河电视台录制播出15集电视系列片《人证》。盂县政协委员张双兵提交了《关于慰安妇问题的几点建议》的提案，被评为"2005年感动阳泉十大人物"。2009年11月，盂县女性受害者事件及起诉专题展览在山西省武乡县太行纪念馆展出。

盂县受害妇女状告日本政府，历经12年的诉讼，虽然遭到日本法庭的不当判决，但诉讼还在以不同的方式继续。

抗日烽火燃遍阳泉

抗日战争爆发后,由于日军对正太铁路和平(平定)辽(辽县,今左权县)公路的控制,阳泉地区被分割成几个部分,以正太铁路为界,晋察冀、晋冀鲁豫两大根据地在阳泉交会,形成了正太铁路以北的盂(县)平(定)县、盂(县)阳(曲)县、平定(路北)县和正太铁路以南的平(定)东县、平(定)西县5个抗日根据地,分别归属晋察冀根据地的北岳区和晋冀鲁豫根据地的太行区。因此,阳泉成为中共领导抗日斗争的重要地带。

抗战八年,阳泉人民广泛开展群众性的游击战争,如地道战、地雷战、麻雀战、围困战、破击战、奇袭战、伏击战、联防战等,充分发挥了人

牛道岭战斗遗址

民战争的威力。地雷战在当时威力最大也最普遍。盂县龙华河的兴道、下社以及乌河中下游的高庄、李庄、王村沟等地的地雷战最为活跃,石雷、硫酸雷、瓷雷、绊线雷、踏雷、掌门雷等各种各样的地雷给了敌人很大的打击。平定(路北)县岔口村据点被围困8个多月,使日伪军吃不上粮,喝不上水,弹药得不到补给,被迫撤离,成为晋察冀边区的"抗日模范村";平(定)西县实行村与村、区与区的民兵联防作战,一方有事,八方驰援,平时为民,战时为兵,粉碎了日军的"格子网"阴谋;平(定)东县民兵用破击战和伏击战相结合的打法,多次挖断井(陉)平(定)公路,破坏正太路,炸毁桥梁,截击日军汽车、火车。据统计,抗战八年,阳泉抗日军民共出击日伪军3100次,歼灭日伪军18 000多人,缴获枪支7000余支。阳泉人民的参战,有力地牵制了日军在华北的有生力量,涌现出李还石、郝巨和、王梅成、赵亨德、李旦孩等大批战斗英雄。

抗战期间,阳泉老百姓积极参加抗日部队,到处是"父送子,妻送郎,母亲送儿打东洋"的动人情景。八年中,阳泉人民向八路军部队输送子弟兵16 000多人,有力地支援了八路军主力部队,壮大了人民军队的力量。值得一提的是,阳泉地区的妇女在抗日斗争中送子参军,做军鞋、军衣,慰问伤病员,传送情报,掩护抗日干部和军人,参加生产自救,甚至还建立妇女自卫队直接参战,为抗日斗争做出了独特的贡献。下面分述阳泉地区发生的8次典型游击战例。

牛道岭战斗　牛道岭位于盂县梁家寨乡骆驼道村。1938年9月下旬,晋察冀军区二分区十九团在这里沉重打击了日军。日军独立第四混成旅团大队长清水指挥所部从盂县城出发,意在进攻五台县东南的柏兰镇,妄图袭击八路军的总部机关,这是日军多路进攻晋察冀边区的一路。日军经过几天的行军,翻过爷王岭,沿着猫铺沟由南向北行进。9月28日,日军大队长清水从沟底望见对面那高高耸立的窑圪洞槐尖,担心山顶会有八路军埋伏,不敢贸然前进,就在御枣口河滩边停下来,用三四个小时的时间,不断向山头发射炮弹,进行火力侦察,不敢前行。后来日军派飞机在山顶上空盘旋侦察,确实没有发现八路军的埋伏,才匆匆忙忙蹚过滹沱河,经过梁家寨村,进入牛道沟。在路经梁家寨、椿树底、山羊崖、长一铺等村庄的途中,各村的民兵在要道上打游击惊扰日军,十几里的路程,日军足足走了四五个小时,直到太阳快落山时,才赶到牛道岭山脚下。

　　日军哪里知道,晋察冀军区二分区一个警卫连已经埋伏在山顶,等着日军进入包围圈。当日军准备上山,警卫连突然向日军发起了进攻,机关枪、步枪、手榴弹一齐开火。日军被这突如其来的打击吓昏了,慌忙迎战。但是山高坡陡,八路军的火力密集,日军不能前进一步,战斗进行得非常激烈。警卫连的阵地设在日军左前方的山上,将日军压在山底下一个不足30米长的干涸河沟里。东西两面的山崖陡不可攀,日军进退不得,只好缩在山下,凭借自己的山炮与山上的八路军对峙,互相射击。山炮炮弹炸起来的石块从山坡上砸下去,砸伤日军多人,日军不得不停止炮击,用机关枪扫射,战斗一直持续到天黑,双方才停止射击。晚上,日军只好蜷曲在山沟里等待天明。

　　第二天天刚亮,八路军又开始打击日军。枪声大作,战斗持续了两个小时,日军的残部慌忙逃窜。牛道岭一战,八路军晋察冀军区二分区唐延杰参谋长率领的一个警卫连,将千余名日军堵截在牛道岭的山沟里,时间长达13个小时,日军不能前进一步。特别振奋人心的是击毙了曾经气焰嚣张、扬言要占领五台山地区的大队长清水和他的多名部下,有力地打击了日军的嚣张气焰,这在当时敌我双方力量悬殊的情况下,是非常重大的胜利。牛道岭战斗,是八路军在盂县境内进行的第一次较大的对日作战,这对鼓舞当地群众的抗日积极性具有重大意义。老百姓用这样一段快板称赞唐参谋长:

　　　　唐延杰,参谋长,
　　　　带着部队上社下社来回转。
　　　　过了滹沱河,
　　　　扎根洪子店。
　　　　小米饭,棒子面,
　　　　就是咱当兵的大锅饭。
　　　　翻过牛道岭,
　　　　一天走了一百三。

　　《聂荣臻元帅回忆录》中这样记述这次战斗:"当时我和军队领导机关在耿镇、石咀附近的一条山沟里,二分区部队和军区工兵营掩护我们撤退,他们事先占据了有利地形。当敌经过牛道岭时,一个伏击,给敌军予以重大的杀伤。9月29日凌晨,唐延杰参谋长率一个警卫连,对正在集合的日军突然袭击,把清水及部下多人当场击毙。这次围攻开始时,清水嚣张得很,一再扬言要占领五台。结果刚到牛道岭就丧了命。具有讽刺意味的是,这个发誓要攻占五台的家伙,被装进棺材由他的部下抬着进入了五台城。日军画报还刊登了一幅'抬尸进五台'的照片,真是自己嘲笑自己!牛道岭的激战,唐延杰同志也受了伤。"

神泉战斗 盂县苌池镇神泉村西边距离村庄1公里处有座山叫西宋山。1938年8月11日,八路军在这里与日军有过一次较量,将日军打得狼狈不堪。

1938年8月11日,日军配合伪军数百人,星夜从盂县县城出动,向神泉、兴道一带进发。驻神泉村的盂县九大队营长张银得知消息后,带领全营300多人,分头部署在神泉的东、西、北三面的山顶上,并在敌人的来路上埋下炸药和地雷。当日伪军进入伏击圈时,张营长一声令下,大路上的地雷颗颗开花,炸得敌人晕头转向。埋伏在山头的战士利用居高临下的有利地形,从三面向日军袭击,机枪、步枪、手榴弹一齐猛烈进攻,打得日伪军抱头鼠窜。战斗进行了一天多时间,共毙伤日伪军100余名。日军因伤亡严重,再不敢继续向前,狼狈逃回盂县县城。神泉战斗开创了地方武装独立打败日军正规部队的先例,极大地鼓舞了盂县广大民兵抗日斗争的积极性。

兴道大捷 盂县苌池镇兴道村是盂县城去北部地区的必经之路,1940年9月,在著名的百团大战中,晋察冀军区第二军分区第十九团在这里沉重地打击了日军,取得了著名的兴道大捷,夺得百团大战在盂县地域的一次重大胜利。

1940年9月,晋察冀军区第二军分区第十九团完成正太铁路娘子关段的破击任务之后,奉命挥戈北上,目标是消灭盘踞在盂县境内的日军。9月4日晚,到达张城堡村。侦察员获悉:中社、北会里、下社三个据点的500余名日军和100余名伪军,带炮10余门,全部集结到上社镇,企图逃回盂县城。得知这一消息,政委黄文、团长刘桂云、副团长刘东纪分析敌情后,决定在此排兵布阵,袭击日军。

那天晚上,雨哗啦哗啦地下个不停,地面的黄泥被雨一泡,成了烂泥浆,稍不留神就要摔倒,战士们摔倒了就爬起来,按时赶到了兴道村。

这时候雨也停了,侦察员回来报告说:"日军确实在兴道村宿营,现在正做饭吃。"战士们穿着湿漉漉的衣服,又是一夜没有合眼,但是精神焕发,情绪饱满,个个兴高采烈,斗志旺盛。

9月5日早8时许,日军由兴道村向南进入十九团部署的"口袋"阵地。指挥员一声令下,全团战士一齐向日军开火。日军遭到突然袭击后,拼命往道旁的庄稼地里逃窜,妄图借庄稼作掩护进行反扑。四连战士冲进高粱地与日军展开肉搏战,四连连长在肉搏战中壮烈牺牲。全团指战员四面包围,互相配合,猛冲猛打,经过5个小时的激战,歼灭日伪军300余人,日军中队长被击毙,缴获迫击炮5门、山炮6门、轻重机枪20挺、步枪300余支;生俘日军6名,战马1匹,其他军需品甚多。这次战斗被称为兴道大捷。

鹤山沟围歼战　盂县上社镇下鹤山南村的摩天垴山上有一条鹤山沟。1939年,日军占据上社镇后,经常出发到附近各村烧、杀、抢、掠,广大群众苦不堪言。为了打击敌人的嚣张气焰,鼓舞人民群众的抗日斗志,晋察冀军区第二军分区四团决定采取调虎离山、前后夹击的办法,狠狠打击敌人。

3月20日早饭后,团部派专人通过"内线"到风坡山日军据点送了份假情报,谎称有七八十个"土八路"正在大水头村下边歇息休整。日军信以为真,当即纠集130多名日军,配备了20多名警备队队员,还有20多匹战马,气势汹汹地向大水头方向扑来。当敌军来到一片开阔地带时,早已埋伏在这里的四团一营首先与敌人接火,其余两个营从东西两山围拢,截住敌人去路。日军腹背遭到攻击,进退无据。经过近5个小时的激战,四团战士歼灭日军大部,设在老后梁上的日军指挥部军官慌忙骑马逃回风坡山。这一仗,共歼灭日军100余名,缴获步枪100余支、机枪1挺、手榴弹200余颗,以及弹药和其他胜利品。

夜袭上社伪区公所　盂县上社镇原盂县第四高小院内曾是日军设立的伪区公所。1941年7月,日军二次占领上社镇,仍把据点设在金坡山上,并在上社镇原盂县第四高小院内高筑炮楼,加固围墙,外挖壕沟,建成"城堡"。在这里驻扎了伪第四区公所、警察所、警备队、自卫队、新民会、合作社等机构。

1941年的10月25日晚,盂县县委决定组织县基干游击队及民兵

200余人,配合三十四团对伪区公所进行夜间袭击。当晚,所有部队分成六路,一路阻击凤坡山炮楼出援日军,一路部署在柴庄堵截千佛山的日伪援军,其余分东、西、南、北四面袭击伪区政府。

此前,盂县县委地下党就与伪军内部的投诚人员取得联系,要他们作为内应,配合部队作战。当内应人员悄悄打开大门,三十四团战士和基干游击队的指战员涌入大门,开枪射击,日伪人员中除个别顽固分子进行顽抗被击毙外,绝大部分缴枪投降。这次战斗部署精巧,驻扎在凤坡山的日军虽然想前来救援,但被三十四团火力阻击,只好缩在炮楼里打枪开炮。这次战斗共俘虏伪军100余人,缴获机枪3挺、步枪40余支、小炮1门以及伪合作社布匹、食盐、面粉、花椒、纸烟等物资。

后峪沟战斗 盂县孙家庄镇后峪沟村东北面有一座山叫青羊岭山,山下有一条沟叫后峪沟。1942年12月20日(农历十一月十六日),晋察冀军区二分区十九团在这里与日军作战,狠狠打击了抢劫群众粮食财物的日伪军,取得了重大胜利。

1942年12月20日,驻扎在盂县城的日伪军约500人,随带牲口170余头,妄图到设在东麻河驿村的八路军粮站抢粮。这一消息被驻张城堡一带的十九团获悉后,刘桂云团长亲临现场,查看地形,做了详尽周密的布置。八路军抢先占领了后峪沟东北通往麻河驿村、箭河村的青羊岭制高点及山神庙梁、磨子山、南梁子、长岭一线约2.5公里的险要之处,暗中布下伏兵,控制了沟底大道。

刚刚布置完毕,日军已从沟底大路扑来。当日军出现在青羊岭下和山神庙梁后的元凹背进入伏击圈后,据守在青羊梁的一连三排战士,以迅雷不及掩耳之势,突然向敌人猛烈射击。枪声、手榴弹爆炸声响成一片,打得日军晕头转向,乱成一团。日军大队长"驴头太君"气急败坏,嗷嗷怪叫,组织日军进行反扑。一气进行了17次冲锋,妄想逃脱覆灭的命运。刘团长指挥战士们顶住了日军的反扑,居高临下,用机枪、手榴弹猛扫、猛轰。战士们手榴弹打完了,就用石头砸敌人,顿时刀光闪闪,杀声四起,三排战士与日军展开了肉搏战,日军的突围企图终未得逞。"驴头太君"负了重伤,声嘶力竭,倒在地上。战斗整整打了一天,从太阳出山到夕阳西下,日军丢盔弃甲,连尸首也顾不得收拾,狼狈逃窜而去。这次战斗共歼灭日伪军140余人,缴获轻重机枪7挺、步枪六七十支、山炮

10门、战马3匹以及其他战利品。在战斗中,莲花掌、刘家庄、川干等村的民兵给八路军送水、送饭、运送弹药,配合作战,起到了重要作用。战斗次日,在箭河村召开庆功大会,附近各村群众欢天喜地赶来参加,载歌载舞,军民一片欢腾。

四垴山截击战 盂县孙家庄镇白家庄村的东北面3公里处有一座山叫四垴山。1943年6月6日,日军约五六百人到白家庄、禅房、石门子一带抢劫财物,掠夺牲畜,扰害群众。八路军晋察冀军区二分区三十四团一部在团长的指挥下,在白家庄东北的大凹掌设置了伏兵,等着日军进入包围圈后歼灭。日军在行军中发现八路军设了埋伏,派了一部分日军从小蒜沟迂回包抄到八路军的后路,一部分日军即追赶向四垴山躲避的一群绵羊,并抢占了四垴山制高点,日军以为这样就可以避开埋伏。他们哪里料到,在黄龙洞、吊胆嘴背坡,八路军十九团早已埋伏在那里,专等日军钻进布袋。

日军被十九团和三十四团包围在四垴山,战斗在上午10时打响。指挥员一声令下,号角齐鸣,杀声四起,八路军从四面八方冲向敌人。十

平定县岔口村

九团刘团长亲临指挥,战士们人人奋勇、个个争先,步枪声、机枪声、手榴弹爆炸声响成一片,把在装备上占优势的日军打得焦头烂额、落花流水。日军先后组织了多次冲锋,都被八路军猛烈的火力击退。战斗到下午5时结束,共歼敌130余人,俘虏23人,缴获武器弹药不计其数,并夺回被日军抢走的牛羊数百头,救回被抓群众10余名。

围困岔口 岔口村位于平定(路北)抗日根据地的腹心地带,距离中共平定(路北)县委、县政府驻地郝家庄、理家庄不到5公里。

1943年11月21日,日伪军占领了岔口村,在村外修筑了两个堡垒,一大一小,互相呼应,企图长期驻守,对根据地构成严重威胁。为此,县委、县政府领导民众进行了一场艰苦卓绝的岔口围困战。此战从空室清野开始。全村778人被动员迅速撤离,妥善安置在理家庄、马上固、主铺、神水泉、小岭、麦家岩等村,使岔口成了一座空村。为了不给敌人留下粮食,同时保证群众口粮,接着开展了"抢粮斗争"。每到夜晚,武装民兵就对敌堡垒进行封锁,由游击小组在堡垒到村口的路上埋设地雷;而由120人组成的"抢粮队"则在民兵的掩护下,人人口含石子(防止咳嗽出声),迅速进村,把藏在地窖里的粮食背走。共抢出粮食8.5万公斤,全村人均口粮100多公斤。第二年春天,又开展了"火线抢种斗争",在敌人眼皮子底下坚持生产,80%的大秋作物下了种。接着,在麦收时节展开了"火线抢收斗争",县委调集县大队和基干游击队封锁敌堡垒,民兵插到敌人堡垒下挥镰收麦,500多亩黄熟的小麦全部被抢收回来。岔口民兵还从黑掌沟割来"臭炭木"(一种野生植物),趁黑夜扔到井里,变黑的井水令日军不敢食用,只好到10公里外的巨城据点去驮水。在驮水、驮粮以及换防的路上,民兵又大摆地雷阵,巧打伏击战。青纱帐长起来后,民兵更加活跃,游击战、麻雀战、地雷战遍地开花。民兵采用这种断敌补给继而袭敌的战法,使堡垒里的日伪军缺粮断水,不得不于8月4日撤走。平定(路北)县这场长达8个月的岔口围困战以胜利告终。岔口村也因此受到晋察冀边区政府的嘉奖,荣获"抗日模范村"称号。2008年8月,中共平定县委、县政府立碑以记。

百团大战的主战场

1940年，日军为迅速灭亡中国，一面对国民党加紧诱降、逼降，一面对华北敌后抗日根据地加强封锁和"围剿"。他们以铁路、公路为"链"，以据点驻军为"锁"，广筑炮楼，实行"囚笼政策"，妄图将根据地军民困死、饿死。为了打破日军的封锁，同时，振奋全国人民的抗日信心，影响时局，1940年8月20日，朱德总司令、彭德怀副总司令指挥八路军105个团的英勇将士，以正太铁路为重点，同时向盘踞在华北各交通干线及两侧据点之日伪军发起猛烈进攻，震惊中外的百团大战拉开序幕。

百团大战整个战役分三个阶段，阳泉为第一阶段的中心战场。自8月20日至9月10日，晋察冀军区部队和一二九师各以15个主力团破袭阳泉至娘子关、阳泉至榆次间的正太铁路。在各县地方武装及广大民兵积极配合下，八路军各部在本境的作战取得了巨大战果，先后攻克狮脑山、赛鱼、测石、坡头、狼峪、娘子关、程家、移穰、乱流、冶西、落摩寺、桑掌、上社、下社、东会里、苌池、兴道、东关头等20余个据点，日伪军被迫龟缩在阳泉镇、平定城和盂县城等少数城镇和据点里，正太路阳泉境内100多公里的铁路线悉被破坏，致使敌人的交通运输、后勤供应全部中断。根据地的党政干部、游击队、民兵及广大群众以极大的战斗热情，在"不留一根铁轨，不留一根枕木，不留一座桥梁"的口号下，组织运输队、担架队、破交团、通信班、锄奸组等，冒着枪林弹雨，积极参战支前；妇女、儿童担负起慰问和护理伤病员的工作。据统计，在百团大战中，平定（路北）、平（定）东、平（定）西三县民兵直接参战7400多人（次），支前群众达10余万人；盂县仅随主力部队行动的担架队就有1000多人。

狮脑山鏖战，是百团大战主战场上的一次顽强抗争之作。八路军一二九师将士于8月20日夜至8月28日，在狮脑山巅坚守七昼夜，打退日军的多次进攻和飞机的轮番轰炸，成功掩护了正太路西段破袭任务

的完成。此战役在百团大战中最为著名。

狮脑山地势险要,为遏制阳泉之咽喉,八路军一二九师三八五旅七六九团和十四团指战员奉刘伯承师长、邓小平政委之命,兵发狮脑山,掩护正太路上八路军三十八个团的交通破袭战。20日晚,八路军在旅长陈锡联、政治部主任卢仁灿的亲自指挥下,狙击阳泉守敌。日军仓皇应战,被八路军击退。21日拂晓,日军开始以密集炮火攻击,后又以步兵冲锋。八路军英勇抗击,致敌二次败北。上午10时,日军攻打八路军侧翼,再次失利。日军3次受挫,恼羞成怒,午后3时,增兵150余人,采取分进合击之术,一部正面强攻,一部绕道西域迂回,妄图使八路军腹背受敌。八路军识破敌计,当即以七六九团一、三营和十四团三营出其不意,迎头痛击,陷偷袭之敌于三面夹攻之中。日军炮兵中队长中岛以下40余人毙命,其余狼狈逃窜。22日,日军200余人,利用炮火掩护,从燕子沟向八路军逼近。八路军依托有利地势,勇猛迎击,打退敌人第五次进攻。连遭惨局、气急败坏的日军,从23日起,纠集800余人倾巢而出,并在飞机、大炮掩护下,向八路军阵地发起强攻。八路军指挥若定,奋力拼杀,连续两日,多次挫敌。25日,战斗更加激烈、残酷。敌出动飞机100余架(次),又以炮兵火力配合,弹落如雨,土焦石焚。我军工事被毁,日军涌进阵地。八路军将士临危不惧,与敌白刃格斗,殊死相拼,致敌溃不成军,一败涂地。八路军七六九团和十四团指战员,血染疆场,坚守阵地,保证了一二九师对正太路西段的大破击,使敌交通线陷入瘫痪。为扩大战果,拔除铁路沿线据点,八路军奉命于26日后陆续转移。敌又采取两路进攻,占领了山头小庙。担任掩护转移任务的十四团三营,迅猛出击,冲向敌群,杀退敌军,夺回小庙,胜利完成任务后安全撤离阵地。

狮脑山激战七昼夜,阴雨连绵,给养匮乏,艰苦卓绝。八路军将士同仇敌忾,排除万难,舍生忘死,浴血奋战。先后共毙伤日伪军400余名,出色完成了掩护破袭的任务。其间,阳泉矿工、周边乡村民兵和人民群众,踊跃支前,运送粮食弹药,抢救护理伤员,提供了有力保障。此役再次证明,中国共产党领导的抗日军民不愧为时代先锋、民族精英,他们的光辉战绩与爱国精神将永远为后人敬仰与传颂。

整个百团大战中,八路军共作战2100余次,毙、伤、俘日、伪军5万

余人,消灭据点2993座,破坏铁路450多公里、公路1500多公里,破坏桥梁、车站260多处,并缴获了大批武器和军用物资。八路军伤亡17 000余人,共产党所控制的华北抗日根据地也随之大幅度扩大。百团大战的胜利,沉重地打击了敌人,粉碎了日军的"囚笼政策",拖住了日军进攻西北、西南的后腿,配合了正面战场上的友军作战,遏止了投降妥协的逆流,挽救了时局危机,极大地振奋了全国军民的斗志,坚定了全国军民抗战到底、抗战必胜的信心,成为中国抗战史上最光辉的篇章。

为了缅怀抗日英烈的丰功伟绩,中共阳泉市委、市政府于1987年6月30日建成百团大战纪念碑。纪念碑坐北朝南,从低到高,由主碑、3座副碑、1座大型园林雕塑、2座题字碑、石砌烽火台及长城组成,整个建筑群占地25亩。最高处是1个巨大的三角形平台,平台中心高耸着大理石主碑,三角形的每个角上各立1座副碑。主碑与3座副碑以及两座题字碑组成了1个巨大的箭头,直指石太铁路,寓意当年百团大战以

百团大战纪念碑

破袭正太（石太）铁路拉开序幕。主碑高40米，形如一把锋利的刺刀，寓意百团大战发生于1940年，象征着中华民族不畏强暴、威武不屈、抗击外敌的革命精神。3座副碑形如军旗，象征着参战八路军一二九师、一二〇师和晋察冀军区3支大军。3座副碑之间相距105米，寓意着参加战役的105个团。3座副碑上镶着6块巨大的锻铜浮雕，生动地反映了百团大战中军民"出击""破路""攻坚""支前""转移""胜利"的情景。由三角形平台往下，从第一座题字碑到主碑之间形成了3个阶段，寓意着百团大战经历的3个阶段。再往下沿东西两侧设有4个烽火台，由227米蜿蜒起伏的石砌长城连接，寓意着中国共产党领导的人民军队，是中华民族坚不可摧的钢铁长城。为纪念抗日战争胜利50周年，阳泉市委、市政府于1985年8月15日建成省、市级爱国主义教育基地百团大战纪念馆。1997年，百团大战纪念碑（馆）被中宣部命名为全国首批"百个爱国主义教育示范基地"。2010年12月，百团大战纪念馆新馆落成。新馆建在百团大战纪念碑主碑以西约400米处，建筑面积3232平方米，以"太行山上"为设计主题，通过馆内浮雕等元素再现伟大英雄儿女当年的战斗、生活情景。馆内收藏历史实物800余件、文物750余件、历史照片近300张，真实地记载了百团大战历史，是阳泉市重要的红色文化教育基地。

仁人志士血洒阳泉

阳泉人民是英雄的人民。在残酷的革命战争年代里，阳泉人民团结战斗，出生入死，无数仁人志士，尤其是许多党员干部为革命流尽了最后一滴血。涌现出诸如令日军胆战心惊的"锄奸能手"、抗日区长岳勇，活捉日本天皇外甥、日军少将铃木川三郎的"太行杀敌英雄"赵亨德，"一杆枪大战围岩沟"的太行区"民兵杀敌英雄"李旦孩等许许多多不畏强暴、不怕牺牲、前赴后继、英勇战斗的英雄模范人物。其中，仅盂县牺牲的抗日区干部就有 50 多名，平定三县在抗日战场或刑场捐躯、经县政府核实发证的烈士达 689 名。这些牺牲的抗日烈士中，有抗日县长烙钢，县委书记陈宜胜，军区团长刘桂云，抗日区长岳勇、江冰，敌工干部刘烈忱、李枝功，妇女干部孙林荷、高品弟，机关干部张布、王树仁，基层抗日武装干部高连星、高特，抗日绅士史梦梅、肖占良，等等。无名英雄更是无以计数。

岳勇，原名张步瀛，1902 年 3 月 11 日出生于平定县岳家庄村，1937 年 5 月参加革命，1938 年春加入中国共产党，曾任岳家庄村党支部书记、县农民抗日救国会主任、平定县政府地征科长、第四区区长等职。1941 年 12 月 3 日在辛庄村遭叛徒出卖被捕。在狱中，岳勇大义凛然，在日军的严刑拷打下坚贞不屈，不为敌人的逼供、诱降所动，表现了一个共产党员铁骨铮铮的赤胆忠心。1942 年 1 月 18 日，日军将其亲属押至行刑现场，当着亲属的面对其压杠子、扎竹签，然后用 10 个大铁钉将其双手和双脚钉在一扇门板上，但均未能使其屈服。最后敌人用铁锤向其头部砸去，将其残杀于万子足村。岳勇同志壮烈牺牲，时年仅 40 岁。岳勇烈士故居位于平定县岳家庄村玉成号 5 号院正下方，坐北朝

岳勇烈士纪念碑

南，占地面积255.75平方米。故居现存正窑窑洞三孔，正窑为岳勇纪念堂，东西配房各三间，硬山顶，大门开于南，西有侧门一座。1992年平定县公布其为县级文物保护单位。岳勇纪念碑位于平定县岳家庄村南，1990年11月立碑。

赵亨德，1922年6月6日出生在平定县姑姑寺巷的一个知识分子家庭。其父赵毓鸿，原籍山西清徐县东马峪村，少时就读于村塾，青年时就读于本县的一所教会学校，毕业后经人举荐来平定友爱教会办的新民学校工作，担任学校庶务，主管财物后勤工作。后来，在县城购置了房宅，娶妻贾玉英（西白岸村人）定居下来。生有二子，长子元德，次子亨德。赵亨德8岁随父进新民小学读书。这时，平定的思想界正在萌生着一场伟大的革命，马克思主义传入平定。就在他就读的学校，新事物不断出现，马克思主义读书会、奋进社等进步团体的建立，无疑在他幼小的心田播下了红色的种子。亨德9岁时局势开始动荡，平定驻军爆发了兵变起义。1935年夏，他从新民小学高小班毕业后考入寿阳中学读书。1937年暑假，赵亨德回平定度假，正值七七事变爆发，从此，不满15岁的赵亨德投笔从戎，于当年10月参加了八路军，1938年又加入了中国共产党，历任战士、通讯员、班长、排长、副连长、军分区侦察参谋、营长、侦察队长、团参谋长等职。在艰苦卓绝的八年抗战中，他参加大小战斗180余次，7次身负重伤。他带领战士们冲杀在日伪控制的正太铁路线上，多次炸毁敌人军车，击毙日军，活捉俘虏，使敌人闻风丧胆。1945年1月，赵亨德生擒日伪山西省政府首席顾问铃木川三郎，创下了辉煌战绩。他先后获得团级通令嘉奖、太行区侦察一等英雄、太行军区通令嘉奖等荣誉。解放战争时期，赵亨德参加了榆次长宁、太谷阳邑、平定锁簧等大小战斗100余次，为中国人民解放事业浴血奋战。1947年4月18日，在正太战役解放平定南石的战斗中光荣牺牲，年仅26岁。为国捐躯，风范长存。他的骨灰安放在河北邯郸烈士陵园，平定县人民政府在他的牺牲地建起了烈士陵园。赵亨德烈士故居位于山西省阳泉市平定县冠山镇娘娘庙26号。故居坐北朝南，为四合院布局，现由董姓人家居住。1985年8月定为县级文物保护单位。

李旦孩，1924年出生于平定县娘娘庙村。七七事变后，全家三口人，母亲董三为是村妇联主任，姐姐李海籽是劳动英雄。他先后担任村青年抗日先锋队队长、青救会主席、农会主席。1942年加入中国共产党。在担任武委会主任、民兵联防指导员期间,他所在娘娘庙村的民兵由10人发展到40多人,枪由15支增加到42支,外加1门小炮,这支武装为保卫抗日村政权起了很大作用。1943年初春,驻东冶头镇之敌不断换防,游击队不能及时得到准确情报。他趁七月初七东冶头赶庙会,男扮女装,骗过敌人6道岗哨进了镇子,实施火力侦察,摸清了敌人的兵力和武器装备。敌人全镇戒严进行抓捕,但他安全脱险。1943年中秋节,驻东冶头日军10天时间就向娘娘庙村进袭7次,但每次都遭到他率领的民兵迎头痛击。第10天他命令设防在围沟岩的民兵退出阵地,回村帮助群众转移,只留他一人坚守阵地,阻击敌人,用一杆枪打退敌人6次进攻,留下了"一杆枪大战围沟岩"的佳话。由于他战斗勇敢,工作积极,善于团结同志,关心群众,两次出席边区群英会,获"民兵杀敌英雄"的称号。抗战胜利后,他被调到五区工作,任区武委会副主任、武工队队长。1946年为掩护全连战士撤退,不幸被捕,受尽监狱生活折磨,1947年壮烈牺牲。

八路军药岭山利华制药厂

八路军药岭山利华制药厂,是由国民革命军第十八集团军前总卫生部制药所和八路军一二九师卫生部制药厂合并而成的,成立于1939年2月。制药厂先后转战于潞城、黎城、武乡、左权、平定、昔阳等地。1946年底,由左权县石佛寺迁至平定药岭山。毛泽东曾为制药厂题词:"制药疗伤,不怕封锁,是战胜敌人的条件之一。"

制药厂位于平定县张庄镇南后峪村西约1公里外的药岭山上,由清凉寺后院改造扩建而成。该处坐北朝南,占地面积1960平方米。现存大小房间、石窑54间。从东往西依次建有制药车间、库房和化验室等。

建厂期间,得到药岭寺周围各村干部的大力支援,1947年春完成

平定八路军药岭山利华制药厂旧址

了厂房基建工程,投产制药。由于解放战争的需要,配备了简单的器材,因陋就简,土法上马,采药制药,供应前方部队急需。制药厂在当地招收了一批学生和青年农民,人员增加到60余人,并进行了3个月的军事和专业训练,生产规模不断扩大。随着解放战争的胜利推进,前方部队的药品需求量不断增加,利华制药厂除在药岭山采药外,还派出人员到昔阳县、寿阳县、和顺县等地收购中草药,回厂加工制作。每年都有大批的中成药源源不断地运往前线部队和解放区医院,为支援全国解放做出了重大贡献。

当年制药厂用的石磨、石碾及其他部分器材,至今保存完好。坐西朝东的建筑是5孔石碹窑洞,东面和南面均为平房。据当地人说,当时在药厂院中,分类堆放着各种药材,窑顶和房顶上也晾满了各种药材。有时生产任务紧,晚上还要点上马灯加班加点。制药厂的管理骨干有:厂长韩刚、副厂长窦心愚、管理员杨德胜、会计郝如伦、保管员李丙正等。

新中国成立后,利华制药厂迁往北京,更名为北京制药厂。改革开放后,改制为北京双鹤药业,发展成了全国著名的制药大厂。药岭山利华制药厂旧址,1986年被平定县人民政府公布为县级文物保护单位。2004年8月,建成了药岭山八路军利华制药厂陈列馆,由山西省委原书记赵雨亭题写馆名,内有近130幅历史图片及文字说明,那段鲜为人知的历史展现在世人面前。

正太战役与阳泉解放

1947年4月初，为配合陕北、山东解放区军民反击国民党军队的进攻，晋察冀野战军由杨得志、李志民率领二纵队，由杨成武率领三纵队，由陈正湘、胡耀邦率领四纵队，以及冀晋、冀中部队五万余人，在晋察冀野战军司令员聂荣臻、前线指挥萧克、政委罗瑞卿的统一指挥下，向盘踞在正太铁路沿线的阎锡山军队发起进攻。

4月8日，正太战役打响，晋察冀野战部队向石家庄外围及正太线东段出击，16日攻克栾城，扫清了石家庄外围据点90余处。4月20日，晋察冀野战军第三纵队沿正太线东段向平定进军，扫除了平定城外围据点。24日攻克南峪、地都，占领了娘子关东面屏障，娘子关阎军被围。25日，野战军三纵七旅炮轰娘子关，向聚集于绵山的阎军发起攻击，经过激战，阎军阵地被攻克，阎军被击毙100余人，被俘1000余人，一小队24人投诚。27日，《晋察冀日报》头版以"我解放天险娘子关"为题报道了这一胜利。

与此同时，4月22日，晋察冀部队另一部完全扫清了正太路以北、盂县以南的敌据点碉堡，攻克荫营、白泉等大小据点40余处，仅白泉即俘敌139名，阎"奋斗团"团长朱礼信及分队长、一大队正副队长和"进步

人民解放军占领阳泉火车站

社"主任以下无一人漏网。24日到25日,晋察冀部队扫清正太路中段桑掌以南及平定至阳泉间大小堡垒60余座,阎"堡垒政策"惨败。25日,野战军攻克白羊墅车站,全歼守敌。从24日到26日,娘子关至阳泉间所有车站均获解放,共毙伤敌人541名,生俘2173名,缴获大小炮11门、轻重机枪104挺、掷弹筒108个、步马枪1370支、电台1部、火车1列、装备完整的装甲车1辆。28日,阎军最大装甲车"飞龙号"被击毁,歼敌52人,俘22人,10余人投降,缴获各种炮4门、重机枪6挺、轻机枪12挺、掷弹筒11个、步枪20余支。29日到30日,野战军攻克测石、桑掌、芹泉等车站据点,控制了阳泉、寿阳间铁路。

4月24日,参加正太战役的晋察冀野战军二纵四、五两个旅由东会里、牛村和土塔、沟西分两路进攻盂县县城,26日,盂县重获解放。

晋察冀野战军第三纵队配合太行军区四十一团分别从娘子关由东向西、从平定由南向北乘胜进击,造成东、南、北三面围攻阳泉之势,在扫除了平定城外围60多个阎军碉堡后,于25日下午5时半总攻开始,阎军被俘1000余人,退守上城。到5月1日,二纵、四纵对阳泉阎军形成包抄之势,对平定城发起总攻,到5月2日晨4时,平定城被攻克,至此,平定全境得到解放。

5月2日,阎军十总队保安第五大队以固守狮脑山作掩护,会同蒋阎阳泉行署党、政机关一起弃城逃跑。5月2日下午6时,晋察冀三纵队八旅进入阳泉,阳泉市区解放。八旅二十三团奉命围歼狮脑山之敌,二十三团党委对保安第五大队和地形做了全面分析后,决定军事进攻和政治瓦解相结合,迫敌投降。保安第五大队,全系阎军收留改编的日军,二十三团三营将狮脑山团团围住后,一面向日军送劝降信,一面对狮脑山外围之敌展开进攻,占领发电厂、切断水泵房电源,断绝狮脑山供水,同时展开强大的军事攻势。经过一天围攻,保安第五大队全体官

晋察冀野战军在正太战役胜利后,通过阳泉大桥

兵240余名、家属150余人,由大队长苏田信雄率领,被迫于5月4日清晨放下武器,向人民解放军投降,红旗插上了狮脑山。至此,华北重要城镇阳泉终于全部回到人民的手中。

阳泉新区土改

1946年,中共中央下发"五四指示"后,阳泉各新老解放区相继展开了轰轰烈烈的土改运动。其中尤以华北工作大队的"王元寿访瞎牛"的经验最为典型。

1947年5月中旬,晋察冀中央局组建华北工作大队,简称"华大",由中央局社会部部长许建国为团长,中央局秘书长、党校副校长杨献珍为副团长的300余名学校干部,进驻平定(路北)县,协助进行新区土地改革。

为了取得新区土改工作的经验,指导全面工作,平定(路北)县委抽调县级党、政、群众团体党员干部组成两个土改工作组,在新解放的上白泉、移穰两村进行试点。1947年6月上旬,上白泉工作组由县委组织部长韩瑞义任组长,成员有石文臣、程玉珍、甄国琇、李四妮、王双荷、王子平、王元寿、刘忠堂、刘华民、赵五科、杨怀瑞等15人进驻上白泉村,开展土地改革运动。他们脚踏实地深入基层,访贫问苦,发动贫下中农,及时总结工作中的经验教训,指导全面工作。

上白泉村一直是敌占据点,受日、伪、阎统治时间较长,旧的封建传统观念紧紧束缚着人们的思想,群众对共产党的政策不够了解,发动群众的工作难度很大。所以,耐心细致地启发苦大仇深的贫雇农群众的思想觉悟,便是新区进行土改的关键所在。在将近一个月时间的访贫问苦、发动群众中,上白泉工作组"王元寿访瞎牛"的实例,具有鲜明的群众观点和坚定的阶级立场。

王元寿,平定(路北)县郝家庄村人。9岁起给地主家放牛,15岁开

始扛长工。1939年任郝家庄村工会主席,同年加入中国共产党,后任村抗联主任。1945年任区工会副主席,1946年调平定(路北)县工会工作。在新区土改中,王元寿是上白泉土改工作组成员之一。他以艰苦朴素的作风、全心全意为人民服务的精神,和50多岁的老贫农王瞎牛同吃、同住、同劳动,与其建立了深厚的阶级感情,成了穷人的"知心人"。

王瞎牛要了两辈子的饭,全家8人,其中有6人是要饭的,是上白泉村最穷的一家。他们住着一孔破烂不堪的窑洞,走进去一抬头就可碰到窑顶。瞎牛破衣烂衫、脏手脏脚,样子实在难看。可是王元寿偏爱这样的人,他常说:"富人吃好穿好,漂漂亮亮,样子确实不赖,内里的心是黑的;穷人外表不好看,内里的心是红的,是我们依靠的对象。"

王瞎牛起初知道老王是干部,一时摸不着头脑,心里着实不安。但对老王仔细打量,看他穿着打扮和老百姓一模一样,像个受苦出身的庄稼人,脚下穿着一双破鞋,大拇指都露在外面,觉得他没什么可怕。

为了启发瞎牛的阶级觉悟,让瞎牛能倒出压在心头受剥削、受压迫的苦水,王元寿在瞎牛家的破窑洞里,同瞎牛一样吃糠菜饭、睡破席炕,把自己半生扛长工的苦水倒给瞎牛。瞎牛下地干活,王元寿也下地干活,在地里边锄草边拉家常。他和瞎牛谈了穷人的苦处、富人的罪恶,也谈到了人民翻身后过上好光景的光明前景。他讲什么,瞎牛也爱听什么,他和瞎牛的友谊越来越紧密。

王元寿和瞎牛共同生活、促膝谈心,逐渐启发了瞎牛的阶级觉悟,瞎牛终于相信老王是他的知心人,倒出了自己心里的苦水,积极参加翻身斗争。他在诉苦会上比谁都积极,理直气壮地

平定白泉土地改革工作组合影

说:"你们算不算我不管,咱是一定要算的,咱的收获是凭苦挣下的,这理走遍天下也能说得通。"

平定(路北)县委及时帮助上白泉工作组总结了王元寿访瞎牛的先进典型经验,县委副书记张布克亲自撰写王元寿访瞎牛的文章,首先登载在《翻身导报》上,并帮助工农干部王元寿、石文臣根据自己的体会,用群众化的语言写出了通俗易懂的《访苦歌》。歌中唱道:"下乡先往穷人家钻,首先做到'四不嫌'(不嫌糠菜饭、不嫌破席片、不嫌跳蚤臭虫咬、不嫌圪巴碗)。"1947年7月14日,《晋察冀日报》刊登了王元寿访瞎牛的文章。平定(路北)县的土改运动,在王元寿访瞎牛的模范行动推进下,很快打开了发动群众的局面。

但是,各县在当时的土改过程中,由于情况复杂、经验不足以及一些县区干部和工作队员受极左思想影响,具体方式、方法上也发生了一些偏差。好在中共中央及时发现了土改中的极左倾向,指导各根据地修正了偏差。

华北人民政府移驻阳泉

1948年5月,中共中央决定将晋察冀和晋冀鲁豫两大边区合并,组成中共中央华北局、华北联合行政委员会。8月,中共中央华北局和华北联合行政委员会在石家庄市召开华北人民代表大会,会议历时12天。8月19日,华北人民政府宣告正式成立,大会选举董必武为华北人民政府主席。1948年秋,解放战争进入夺取全国胜利的决定性阶段,国民党统治濒于崩溃。10月,被人民解放军分割在华北战场的国民党傅作义部,从北平、保定奔袭石家庄,进行战略突破,以求挽回其覆灭的命运。为此,华北人民政府于10月下旬西迁至平定县城,领导解放区人民支援全国解放战争。10月底,华北人民政府副秘书长陶希晋等人先到平定联系安排食宿。当时,平定县委在姑姑寺(基督教堂)办公。

10月31日至11月1日,由董必武主席率领的华北人民政府领导干部和工作人员进驻平定县城,随之而来的还有谢觉哉、蓝公武(副主席)、杨秀峰(副主席)、陈瑾琨(教授)、邢肇堂(起义将军)等,分别在此办公。华北人民政府领导和工作人员及大队人马在平定临时居住一个星期后,又返回了石家庄。

1949年2月,华北人民政府迁驻北平。同年10月31日,华北人民政府正式撤销,历时一年零一个月。华北人民政府是新中国中央人民政府的雏形,它不仅为新中国中央人民政府创建奠定了组织基础,而且为新中国开创了一整套重大的政治制度。中央人民政府的许多机构,就是

华北人民政府路居平定旧址

在华北人民政府所属相关机构的基础上建立起来的。

华北人民政府旧址为原基督教堂,2002年旧城改造中被拆。

延安第二保育院迁入阳泉

1948年12月,原延安第二保育院、干部疗养院和兵工厂均迁入阳泉。

1945年,抗日战争进入大反攻阶段,延安大批干部奔赴前线,其留在延安的子女和从敌后转到延安的烈士遗孤需要抚养,因此,中共中央在同年6月1日建起延安第二保育院。解放战争时期,保育院迁至山西省襄垣县南里信村,后随中央机关迁到河北省平山县刘家会村。1948年10月下旬,傅作义部队偷袭石家庄,保育院干部职工背着、担着和借农民的牲口驮着136个两岁到七岁的孩子,向已经解放了的山西阳泉转移。他们从刘家会村走到井陉县岩峰火车站,躲过敌机轰炸,乘火车转移至阳泉,在义东沟村小住一段时间后,于同年12月1日迁驻平定县城,其间更名为"华北实验保育院"。

保育院迁到平定后,平定县委书记葛宜生、县长王元寿亲自接待,将他们安置在闲置的友爱医院(今县中医院),派人清理卫生,送去床、桌、凳等用具和粮食、蔬菜,首先解决了他们的食宿困难。为解决保育员短缺的问题,平定县委组织部通知各区选派优秀女青年参加保育工作。条件是:青年妇女,年龄18岁以上25岁以下,大脚,政治清白,成分是中、贫农;在文化上尽可能粗通文字,没有小孩,无怀孕者;最好是让南征干部家属来,一面学习,一面解决其家庭问题。

通知下达后,各区女青年积极报名应选,如十一区妇联主任李喜华带头报名。经组织批准后,李喜华第二天就从黄统岭走到平定县委组织部报到,起到了模范带头作用。全县3天内就完成了选调任务,共有22名女青年参加了保育院工作,成为保育院的骨干力量。王元寿县长亲自和各区选派来的保育员谈话,鼓励她们好好学习,努力工作,为中国革

命和建设做贡献。

保育院从刘家会村紧急转移前,小班有的孩子得了"百日咳"。到平定以后,他们立即把患儿安置到病房治疗,专人护理。每天对食具、用具进行消毒。保育员们不怕脏、不嫌麻烦护理患儿,及时给孩子拆洗衣服被褥。没有钟表,他们就点着香计算时间,按时给孩子服药。药品短缺,他们就熬萝卜水、姜汤喂孩子,以解决缺药困难。经过3个星期的精心护理,患儿全部恢复了健康。

保育院所住的友爱医院,属于砖木结构楼房,地板、间壁、顶棚都是松木。时值寒冬季节,为防室内失火,院部开展了防火教育。保育员教育孩子不在室内玩火,全院每周进行一次评比,对不玩火的孩子给予奖励。

儿童好奇心强,想看看火到底是怎么回事。保育员采取积极组织引导的办法,每星期四下午集体活动,带孩子到院子空地上拾柴烧火。孩子们围在火边,听保育员讲解防火知识,既满足了孩子们的好奇心,又增长了知识,整个冬天,全院没有发生火警火灾。

当年的友爱医院,地处一片空旷的野地中,四周没有居民,加之平定县刚解放不久,潜伏的特务时有破坏活动。为了保障儿童安全,全院加强了治安措施,每天晚上派出男同志在医院周围值班巡逻,女同志不离孩子寝室。保育员发扬"一切为了革命、一切为了前线、一切为了孩子"的高尚风格,确保全院在平定的9个月中没有发生任何治安问题。

延安第二保育院平定旧址

1949年春天，全院大搞个人卫生和环境卫生，保育员们把孩子的被褥都拆洗了一遍，把寝室打扫得窗明几净，一尘不染。总务科的同志把地下室彻底清扫干净，清除出50多车垃圾。虽院内有一口水井，据说以前往井里排放过脏水，院领导决定不吃这井里的水，每天从三里地外拉水。他们心甘情愿当孩子的好保姆，为孩子的健康成长做了大量工作。

为培养孩子们的劳动观念，让他们从小养成爱劳动的好习惯，保育员教大班的孩子做一些力所能及的事情，如擦玻璃、擦桌子、扫地等，使孩子掌握一些劳动本领，提高独立生活的能力。他们结合孩子喜爱游戏和竞赛的特点，开展了生活技能表演和竞赛活动，组织孩子们表演刷牙、洗脸、洗手绢，还组织他们比赛穿鞋、穿衣服、叠被子，看谁穿得快、叠得整齐。通过这样的比赛和表演，提高了孩子们学习生活技能的兴趣，养成了爱劳动的好习惯。

1949年4月太原解放后，院长张炽昌到太原见到了第十八兵团司令员徐向前。徐向前询问了职工和孩子们的情况，对保育工作给予了充分的肯定和赞扬。在徐向前的关怀下，解放军后勤某部支援保育院一辆马车、一头乳牛、两架座钟、一架显微镜、一架钢琴，每个孩子两身衣料，还有奶粉、罐头等，为保育院解决了很多困难和问题。部队首长对革命后代及保育工作的关怀，给予保育院全体工作人员很大的鼓舞和鞭策。1949年9月，华北实验保育院（原延安第二保育院）整体离开平定迁回北京。

人民日报阳泉造纸厂

解放战争时期，阳泉成为人民解放军东进西击、南下北上的战略支点。随着全国革命形势的变化，华北人民政府及一批军工、造纸、印刷等重要机关单位曾先后迁至阳泉。1948年6月，人民日报阳泉造纸厂就是从河北阜平县田子口村迁到阳泉市东营盘的。

人民日报阳泉造纸厂的前身，就是晋察冀边区的晋察冀日报造纸厂。1948年5月，晋冀鲁豫解放区与晋察冀解放区合并，成立了中共中央华北局。遵照中共华北局决定，并经中央批准，晋察鲁豫中央局《人民日报》与晋察冀中央局机关报《晋察冀日报》合并。1948年6月15日，在河北平山县里庄创办中共华北局机关报《人民日报》，它同时担负中共中央机关报的职责。从1949年8月1日起，《人民日报》改为中共中央机关报。

人民日报阳泉造纸厂原有职工110人，后在阳泉招收60人，共170多人。厂长叫杜庆云，河北平山县人，新中国成立后，曾任北京市邮政局书记兼局长；副厂长冷冰，新中国成立后，曾任中央宣传部副部长；作业组长卢瑞，河北平山县人，1948年6月随厂来到阳泉，1949年4月厂子迁入北京时，他由组织决定留在阳泉，曾先后担任阳泉四矿党总支干事、党支部书记，三矿副矿长，阳泉煤管局局长，离休后享受副地市级待遇。

造纸厂迁至阳泉后，由于面临规模扩大、人手不足的实际情况，即招收了一批新工人。当时招工的条件很严格，年龄必须满18周岁以上，文化程度在高小以上，贫下中农出身，主要社会关系中没有任何政治历史问题，经严格审查后方可就业。1948年6月，常逢俨当时刚满18岁，出身贫农，有高小文化，个子又高，经审查合格被录用。赵银海和姚贵来两人是1948年7月由平定县政府介绍进厂的。当时为了保守秘密，造纸厂对外挂的是"阳泉市人民造纸厂"的牌子（实为人民日报社的造纸厂），一边造纸，一边印报，厂里的几位领导都随身佩带护身手枪，警卫员带的是木把盒子枪。该厂工人工资实行供给制，一年两双鞋、两套服装，集体宿舍，管吃管住，还发零用钱。

当时，造纸厂的设备主要是几个水泥池子和大缸，原料是稻草、马莲草和回收的书报、纸箱、麻绳等，经水浸泡，放入马拉碾子的碾砣，由几匹马轮流作业碾压成浆，后经水洗，加化学材料漂白，制成麻纸，质量不是很高，但当时就是用这些纸来印报。印报的机器设备也很简陋，是手摇式印刷机，摇一下出一张报纸，油墨深浅全靠工人掌握。报纸印好后，由马拉着4个铁轮的车子，将报纸拉到火车站附近的邮局，再分送至各地。

当时生活条件比较艰苦，厂里的干部与职工同吃一锅饭，从不搞特殊。逢年过节，无论领导干部，还是工人兄弟，大家围在一个桌上吃饭。平常有的工人病了，领导都会及时探望，问长问短，干群关系非常融洽。

那时候，太原、北京都没有解放，经常有阎军的飞机来阳泉轰炸。敌机轰炸时，厂里警笛一响，工人们就会赶紧翻越围墙，跑在桃河的河滩上，躲避袭击。

1949年4月，造纸厂及报社一起迁往北京，随厂迁来的老工人也都一起到了北京，剩下阳泉招进的60多名新工人，交由阳泉市劳动调配所重新安排再就业。原在厂里时的组长卢瑞被安排到四矿，常逢俨也一同去了四矿。赵银海、姚贵来后来到了太原矿山机械厂。

人民日报阳泉造纸厂旧址之门楼，位于阳泉市城区新建路北侧东营盘社区，是东营盘社区居民的进出要道，现已成为阳泉红色历史上的又一亮点。

"阳泉支援解放战争贡献不小！"

阳泉，不仅在抗日战争中担当了华北敌后战场战略支点的前哨阵地，而且以极大的人力、物力、财力支援了全国的解放战争，而且成为支援全国解放战争的后勤保障基地、兵员补充基地和干部输出基地。

从1946年6月至1947年10月，阳泉境内先后有4次新的扩兵，共有11 192名青壮年光荣参军，直接参加了中国人民伟大的解放事业。阳泉不仅是兵员补充基地，还成为后勤保障基地，境内各县在组织支援晋中战役和解放太原战役中，共有8800多名民兵、民工，1470多副担架，3100多辆大小车参战支前。

阳泉还把盛产的煤、铁、硫黄及火药、手榴弹、地雷、炮弹壳等军用品，源源不断运往晋察冀和晋冀鲁豫两大解放区。如阳泉郊区的500多座铁炉生产的手榴弹壳约1000万个，82毫米迫击炮弹壳380万个，地

雷约350万个,炮弹约450吨。这些战略物资,源源不断地运往前线,补充了我军的消耗与力量,对打击敌人、消灭敌人、赢得胜利,起了巨大支持和促进作用。

1948年5月,中共中央领导机关由陕西延安迁至河北省平山县西柏坡村,组织和指挥三大战役。根据上级党委指示,平定(路北)县委发动群众,以岔口乡理家庄村为中心,连同附近村成立了一支后方运输队,靠人力、畜力翻山越岭向西柏坡送炭,结束了党中央领导机关自延安以来靠柴、牛粪和木炭做饭、取暖的历史,受到毛泽东和周恩来等中央领导的称赞。这充分体现了老区人民胸怀全局、无私奉献的崇高境界,这是英雄的阳泉儿女为祖国解放和建设做出的一份特殊贡献。

1948年10月28日,中共中央做出了《关于准备夺取全国政权所需要的全部干部的决议》,决定从华北、华东、东北、西北和中原解放区抽调5万名干部,随时开赴即将解放的南方国民党统治区建立政权。1949年2月3日,中共中央发出了《关于调度准备随军南进干部的指示》。指示中明确规定了南下干部分批集中人数、集结地点和时间,如对

部分南下干部合影

华北局的指示是:"华北局所担任的一万七千名干部,应于二月底集中八千人于石家庄,加以训练待命,交华东局随华野、中野向江南进发……华北局除八千干部外……其余所担任抽调之全部干部,均应准备随林彪、罗荣桓南下,使用于湘、鄂、赣三省及两广方面……须于三月底集中,并训练完毕。"按照党中央的指示,华北局多次抽调大批干部成建制北上南下。

由于阳泉解放较早,积累了丰富的城市经验,也培养了一批优秀干部,为了支援全国解放和大中城市的建设,从1948年4月至1949年8月,阳泉先后分5批共有511名优秀干部听从党的召唤,远离故土,北上南下,成建制地到绥远、湖北、福建、陕西、河南、四川、广西、江西等地,出色地完成了接管政权、剿匪除霸、土地改革、民主建政、整党建党等工作任务,有力地支援了新解放区各项工作。这些北上南下干部,很多成为当地党政领导,更多的同志把自己的一生都献给了当地的革命和建设事业。在他们当中,有的血洒他乡,正当英年即献出了宝贵生命;有的全国解放后,被调到中央人民政府所属各部、委工作。如程宏毅(原中共阳泉市委书记兼市长,随彭真接管北平后任北京市委常委、副市长,全国供销合作总社副主任)、任朴斋(原中共阳泉市委书记兼市长,后任国家建材部副部长)、李开信(原中共阳泉市委副书记,后任国家计委副主任)、蒋若鲁(原阳泉工矿区主任,后任《人民建材》杂志总编委主任)、刘其恒(原阳泉矿务局书记,后任国家统计局顾问)等等,他们为解放全中国和新中国建设事业,都做出了重要贡献。时任华北人民政府主席董必武曾赞扬说:"阳泉市虽然不大,但支援解放战争的贡献不小!"

中共创建的第一座人民城市

阳泉,1900年前还是一片名为"沙江口"的荒滩。1907年正太铁路通车后,随着采矿业的兴起和产业工人的集聚,到1936年形成了有3

万余人的小镇,属平定县。

阳泉,地处晋冀咽喉,重要的地理位置和丰富的煤、铁等战略资源,决定了阳泉地区必然成为中共党组织进行革命斗争的重要地区。

阳泉战略地位的重要性,很早就为我党所重视。早在1928年2月,中共山西特委就曾筹建并成立过中共阳泉市委,但因任命后的市委书记邓国栋不幸被捕牺牲,市委就此夭折。抗战胜利后,中共在阳泉建市的想法再次为蒋介石发动的全面内战所搁置。

1947年,人民解放战争即将转入战略进攻的前夕,晋察冀中央局和晋察冀边区政府从支援全国解放战争的全局出发,决定一旦阳泉解放,即从平定县划出独立设市。5月2日,阳泉在正太战役中获得解放;4日,中共阳泉市委、阳泉市人民政府正式组建,市委书记、市长由中共冀晋区二地委副书记智生元担任,市委机关设在桥北街,下设市委组织部、宣传部、秘书室、社会部、城工部等。全市划为一、二、三区及平潭垴、平潭街和小阳泉村3个行政村。当时阳泉市市界为:东至东营盘,西至平潭街,南至南山,北至平潭垴,面积约1平方公里,人口10 562人。

中共第一城

从中共历史上考察,阳泉建市,在一个山区集镇有计划、成建制地组建一个崭新的市委、市人民政府,并能延续至今,这是第一次。土地革命时期,我们党遵行农村包围城市的道路,主要在农村建立革命根据地。其间,虽占领过一些中小城市,但从未自主创建城市;八年抗战时期,我们党先后创建过19块敌后抗日根据地,到抗战胜利共占据近300座城市,但没有在乡镇成功地创建城市;解放战争初期,毛泽东在《抗日战争后的时局和我们的方针》中,虽然提出了"中小城市是必争的",我军占领了一批中小城市,但总的军事方针仍是"不在一城一地之得失,重在歼灭敌人的有生力量"。所以,当时没有精力创建城市。因此,阳泉成为中国共产党在全国胜利前创建的一座重要城市。

阳泉解放后,由于存在着敌人从石家庄、太原东西夹击卷土重来的可能性,为了发动群众清理残敌和物资、维护社会治安、安定人民生活,阳泉市委、市政府在战胜灾荒、恢复工商业、发展经济、扫除敌特、稳定秩序,以及发展文化、教育、卫生等各项事业方面均取得可喜成就,积累了丰富经验。这些不但为全国夺取解放战争的全面胜利提供了物质支持,同时也为革命胜利后的经济建设和城市管理开拓了一条新路。1948年2月19日,在由刘少奇亲自起草的《中央工委关于恢复石家庄的城市工作经验》中就对阳泉解放设市后的工作经验进行了总结,并在其后中央的发文中特别强调"必须引起全党注意"。

1948年7月28日,阳泉市与石家庄市一起成为华北联合行政委员会(9月26日改称华北人民政府)的2个直辖市。1949年1月,中共中央华北局和华北人民政府迁往北平。受中央华北局委托,阳泉市由石家庄市代管。1949年8月,阳泉划归山西省管辖。阳泉建市的成功经验,有力地积聚了太行山中段的财力、物力、人力,支援了全国解放战争,并为我党接管工矿区、管理城镇和领导郊区,积累了丰富的经验。由此,阳泉就成为党执政后工作重心由农村转向城市的实践之地。时任石家庄市委书记刘秀峰、市长柯庆施对阳泉的工作给予了较高评价,认为"阳泉市在管理城市、保护工商业、变消费城市为生产城市、郊区农村土地改革等方面都积累了很好的经验,值得新解放城市借鉴"。

阳泉建市69年来,发展是惊人的,由1947年的山区小镇发展到至今拥有人口137余万人,面积达4553平方公里,辖三区两县,工业门类

齐全,城市功能完善的新型现代城市。阳泉建市历史表明,晋察冀中央局和边区政府在阳泉建立市委、市人民政府的决策,是非常正确而必要的。阳泉犹如一颗璀璨的明珠,镶嵌在太行山中部,熠熠生辉,普惠于民。

珍贵的革命遗址

阳泉作为一个革命老区,是中国共产党亲手创建的第一座人民城市。在中国共产党领导人民进行革命的长期斗争中,留下了许多珍贵的革命遗址和遗迹。2010年,阳泉市按照全国、全省革命遗址普查部署,进行了一次大规模、全方位的革命遗址普查工作。经过认真的梳理和统计,确定了阳泉市革命遗址共137处,其中平定县42处、盂县48处、郊区36处、矿区1处、城区10处;其他遗址共49处,其中平定县9处、盂县31处、郊区7处、矿区1处、城区1处。

这些革命遗址和遗迹,是中国革命斗争历史的缩影,是阳泉红色历史的见证。在这片沃土上,洒满了革命先烈的鲜血,留下了革命先辈的足迹,培养了我们伟大民族的优良传统和崇高精神。这既是教育我们及子孙后代的宝贵精神财富,同时又是发展地方经济的红色资源,更是不可再生的资源。因此,做好这些革命遗址的保护、开发和利用工作,是加强党的建设的需要,是把政治优势转化为经济优势和发展优势的需要,是加快实现阳泉经济社会发展、推动阳泉市红色旅游事业、繁荣地方文化、促进社会主义精神文明建设的需要。

通过这次普查,我们发现阳泉的红色资源不但非常丰富,而且大有研究、挖掘和开发、利用的价值。这些红色资源,大致可以分为以下五类:

一是革命老区及革命活动旧址。由于中共在阳泉地区创建早、活动范围大早、人员参与较多,因而留下许多珍贵的革命旧址,如中共平定特别支部旧址、平定兵变集结地、红二十四军成立大会旧址、牺盟会平定中心区旧址、平定(路北)县抗日政府旧址、平(定)东县抗日政府旧址、盂县抗日民主政府旧址、中共正太特委秘密联络点、晋察冀二纵队司令部旧址、利华制药厂旧址、延安第二保育院旧址、人民日报华北造纸厂旧址等许多有着丰富历史的红色革命资源。这些革命遗址和遗迹，是党的历史的活化石，是开展革命传统教育的活教材，具有巨大的开发利用前景。

二是重大战役、战斗遗址。抗日战争时期和全国解放战争时期，发生在阳泉境内的许多主要战斗遗址，如娘子关保卫战、七亘大捷、百团大战狮脑山阻击战、冶西攻坚战、兴道大捷以及正太路破袭战等著名战事旧址，展现了艰苦卓绝的烽火岁月，是进行革命传统教育、爱国主义教育的重要场所。

三是名人活动场所及故居。阳泉具有便捷的交通条件、重要的地理位置和深厚的人文资源，在这块神圣的土地上，曾留下周恩来、朱德、董必武、彭真、刘伯承、邓小平、贺龙、薄一波等许多老一辈革命家和爱国人士奋斗的足迹，以及为之付出生命和鲜血的革命先烈们的牺牲地和故居，诸如太行杀敌英雄赵亨德烈士故居、岳勇烈士故居，著名作家高长虹、参加过南昌起义的高远征以及青春才女石评梅的故居等。这些伟人足迹和烈士、名人故居，是一种载体、一种精神、一种智慧，承载着许多历史文化信息。他们的活动和事迹，串起了历史发展的脉络，是我们后人引以为豪的精神财富。

四是为纪念革命烈士而建造的建筑或陵园。这些建筑，大部分位于阳泉市的近郊或周边外延。园内基本包含有纪念馆和墓碑等。如平定县烈士陵园、观沟烈士陵园、牛村革命烈士纪念堂、山底村烈士堂、南坟口烈士陵园等。这些陵园，作为爱国主义教育基地，集瞻仰、思念、教育、旅游于一体，有着重要的历史意义和现实意义。

五是为了纪念革命先辈和重大历史事件而专门修建的纪念馆或纪念碑，例如百团大战纪念馆及纪念碑、阳泉市革命烈士纪念馆及纪念碑等。这些纪念馆内陈列的革命先辈们所用物品、文稿、领导人题词等珍贵文物，能够让参观者和瞻仰者，滋生对革命先辈的社会实践、文化生活和思想发展有一个深刻的认识启迪，可以让后人在缅怀前人的同时，心灵得到净化和洗礼。

参考文献

杨善群、郑嘉融:《话说中国:创世在东方》,上海文艺出版社2003年版。
郭伯南、刘福元:《新编中国史话》,上海人民出版社1984年版。
陈霈、孟宏儒:《阳泉市志》,当代中国出版社1998年版。
李天太、高喜存:《中国共产党阳泉历史》,红旗出版社2004年版。
樊盛武、武建功:《太行明珠·阳泉》,中共党史出版社2007年版。
孟宏儒:《阳泉史话》,中共党史出版社2007年版。
马玉隆、任佟苏:《阳泉概览》,方志出版社2008年版。
罗巍:《平定天宁寺双塔》,三晋出版社2012年版。
魏德卿:《山西保矿运动历史研究》,中国时代经济出版社2010年版。
曹慧明:《保晋档案》,山西人民出版社2008年版。
侯讵望、李银苟:《阳泉文化研究文集》,2009年。
阳泉市广播电视局:《阳泉人民广播电台:阳泉风貌(第一辑)》,1986年。
李秀生:《阳泉文物录》,《阳泉图书馆共享文丛》,2012年。
高喜存:《山西革命遗址通览·阳泉卷》,中共党史出版社2012年版。
张云翔:《金山史料全览·阳泉卷》,山西人民出版社2006年版。

后 记

编写《三晋史话·阳泉卷》是山西省委宣传部的一项重要工作安排。接到省委宣传部文件后,我们立即成立编委会,由市委常委、宣传部部长杨永生同志亲任编委会主任。编委会审定了工作方案,迅即开展工作。随着工作的推进,我们编撰人员的思想认识也在发生着变化。山西是中华文明的重要发祥地,有着光辉灿烂的文明传承,有着丰富深厚的历史积淀,即使我们阳泉这一小市、新市,其灿若繁星的史料、浩如烟海的古籍、观似蜃楼的传说,依然荣光多彩。然则,这些不可再生的资源随着时间的流逝正在悄悄淹没于无形,随着时代的发展正在渐渐碾碎而不复。作为历史长河中的一个站点,我们这些当代人,因此而愧对祖先,抱憾后世。我们感到肩上担子的沉重,这已不仅仅是完成本书编撰任务的责任,而是对历史的担当。

市委、市政府首先负起了这个担当。主要领导亲自过问这项工作,不仅是听听汇报,而是认真地解决问题,财政资金充分支持,人力配备全局调配,重大问题组织攻关。就这样,一项部门工作上升到了市委、市政府的议事日程。

遍访是编撰过程的一项重要工作。阳泉市的许多史实史料散落于民间,每当发现一条线索,我们总要去追寻、去把握,即使是最后一无所获。一些为阳泉的某一个史实终其毕生精力研究的人,有的隐居于偏远山村,有的移居到天南海北,我们都尽全力见到本人,见到他手中留存的史证。因为这些宝贵的史料很可能因为一个人的离去而永远离开我们。

求证是编撰过程的一个重要环节。尊重历史就要还历史以本来面目。由于历史延续过程中一些轻率的行为，使阳泉的很多史实有疑有妄。我们从考古学和现有史料的印证两个方面入手，找过硬史证，找权威专家，通过实地考证、专家研讨、权威典籍甄别等多种手段，证者入书、疑者搁置，不给后人留下伪史。

阳泉人是热爱阳泉的，这从编撰本书过程中人们的热情就可见证。由于我们向社会广泛发布了征集史实史料的公告，许多闻讯者来人来电，或提供线索，或提供史料，无一人谈及物质回报。有位80岁的老翁由儿子陪同而来，只是告诉我们他小时候听闻的一段传说。原阳泉市地方志办公室主任孟宏儒先生已七十有余，因当年专于修志，连续多日没有很好地睡眠，落下了严重的眼疾，但他主动请缨，把他平时交往的史实研究者召集起来，多次召开研讨会，为本书编写纲要、重要史实脉络、重大历史存疑出谋划策，贡献智慧。市委党史研究室主任郭玉珠同志作统稿工作时，在图书馆等处借阅图书查证解疑，以严谨的治学精神和勤勉的敬业作风，为本书增色添彩。阳泉摄影家协会副主席张福贵把自己珍藏的历史照片悉数奉献出来，任由编委会选用而不计报酬。应当说，本书的集成是市委、市政府支持的结果，是编委会积极努力的成果，更是全市人民热爱阳泉的精神结晶。当然，本书能够成书、出版，最根本的原因是省委宣传部的正确指导。本书四易其稿，从编制提纲到史实认定、从体例形式到史实真伪、从语言风格到叙述方式，省委宣传部组织专家组不弃我们阳泉市的粗浅，耐心指导，科学把关，严谨要求，才使我们阳泉的编撰工作找到了方向和依据。我们十分感谢和敬佩为本书不吝教诲的各位专家和领导。同时，对在编纂过程中，参阅一些书籍或刊物的作品作者也表示深深的谢意。

在全省诸卷中，阳泉卷文字最少、内容最简。客观上讲是阳泉地域小、历史短，但根本原因还是我们阳泉的史志工作有差距，这次参加编撰的工作人员水平、能力有限。这次编撰史话工作对我们阳泉是一个动力，必将推动我市历史研究工作进入一个新阶段。

《三晋史话·阳泉卷》编写组

编后记

2014年初,中共山西省委宣传部决定编撰《三晋史话》丛书,系统梳理山西地区及所辖各市的历史文化,从历史的、文化的、哲学的层面对山西的历史文化以及文明贡献进行回顾总结。为此,山西省委宣传部组织动员各市委宣传部及各地历史文化学者组成了百数十人的工作团队,力求在较短的时间内高质量地完成这套丛书。

为与已出版的通史类著作、地方志类著作有所区别、互不雷同,我们首先在编撰思路上进行了较大的调整。特别强调在基本勾勒出山西地区及各地历史文化发展基本脉络的同时,突出其在文明发展进程中的重大贡献。思考研究问题的视野不能满足于仅仅说清一时一地一事,还要联系文明发展的大历史进行分析对比,以突出其重要价值与意义。在文体上,既强调可读性,更注重严谨性;既要满足一般读者的阅读需求,做到通俗好看,又要具备历史学科的学术品格,言出有据,并使二者较好地结合起来。为此,特别聘请我省的专家担任学术顾问,全面参与到撰写工作之中。各地也高度重视,组织了本地具有较高学术水平的学者专家承担本地史话的撰写任务。

这套丛书的编撰,从提纲的设定开始就进行了反复研究讨论。首先由各卷的编撰者提出初步纲目,再组织丛书的学术顾问与大家一起讨论,提出修改意见,反复数次才基本确定编撰纲目。仅《三晋史话·综合卷》一书的提纲就修改了九次之多。编撰纲目基本确定后,各卷分头撰写。初稿出来后,由学术顾问组的专家进行审阅,提出修改意见,大部分书稿进行了三次以上修改。编撰工作完成后,再次请学术顾问组的专家进行审读。同时出版社进入审稿程序，以期能够最大可能地消灭不准确、不正确、不严谨的问题。

尽管我们付出了极大的努力，但是这套丛书仍然存在一些问题。首先是撰写风格不够统一。其次是由于同一事件涉及不同地区，各地在编撰中均有涉及，难免有重复叙述的现象。三是限于我们的水平、能力，还有许多地方分析得不够、不准。所以，希望读者能够提出批评指导意见，以期在日后进行修改调整。

胡苏平同志主持了丛书的编撰工作。杜学文同志具体负责丛书的组织工作。王灵善、高春平同志具体负责丛书的审读、出版协调事务。渠传福、李书吉、赵瑞民、王灵善、降大任、高春平、巨文辉同志为学术顾问，负责各卷纲目与书稿的审读研讨。崔力、武献民、谢振中、高小勇同志参与了纲目与书稿的审读，负责组织协调工作。各市委宣传部组织协调了本市分卷的编撰工作与图片提供工作。

《三晋史话》丛书编委会

图书在版编目（CIP）数据

三晋史话丛书.阳泉卷／杨永生主编.--太原：山西人民出版社，2015.8
ISBN 978-7-203-09229-2

Ⅰ.①三… Ⅱ.①杨… Ⅲ.①阳泉市—地方史 Ⅳ.①K292.5

中国版本图书馆CIP数据核字（2015）第202078号

三晋史话丛书·阳泉卷

主　　编：	杨永生
责任编辑：	蔡咏卉
印装监制：	赵宏生　李佳音
出 版 者：	山西出版传媒集团·山西人民出版社
地　　址：	太原市建设南路21号
邮　　编：	030012
发行营销：	0351-4922220　4955996　4956039　4922127（传真）
天猫官网：	http://sxrmcbs.tmall.com　电话：0351-4922159
E—mail：	sxskcb@163.com　发行部
	sxskcb@126.com　总编室
网　　址：	www.sxskcb.com
经 销 者：	山西出版传媒集团·山西人民出版社
承 印 厂：	山西臣功印刷包装有限公司
开　　本：	787mm×1092mm　1／16
印　　张：	20
字　　数：	300千字
印　　数：	1-11000册
版　　次：	2016年5月　第1版
印　　次：	2016年5月　第1次印刷
书　　号：	ISBN 978-7-203-09229-2
定　　价：	86.00元

版权所有　翻印必究

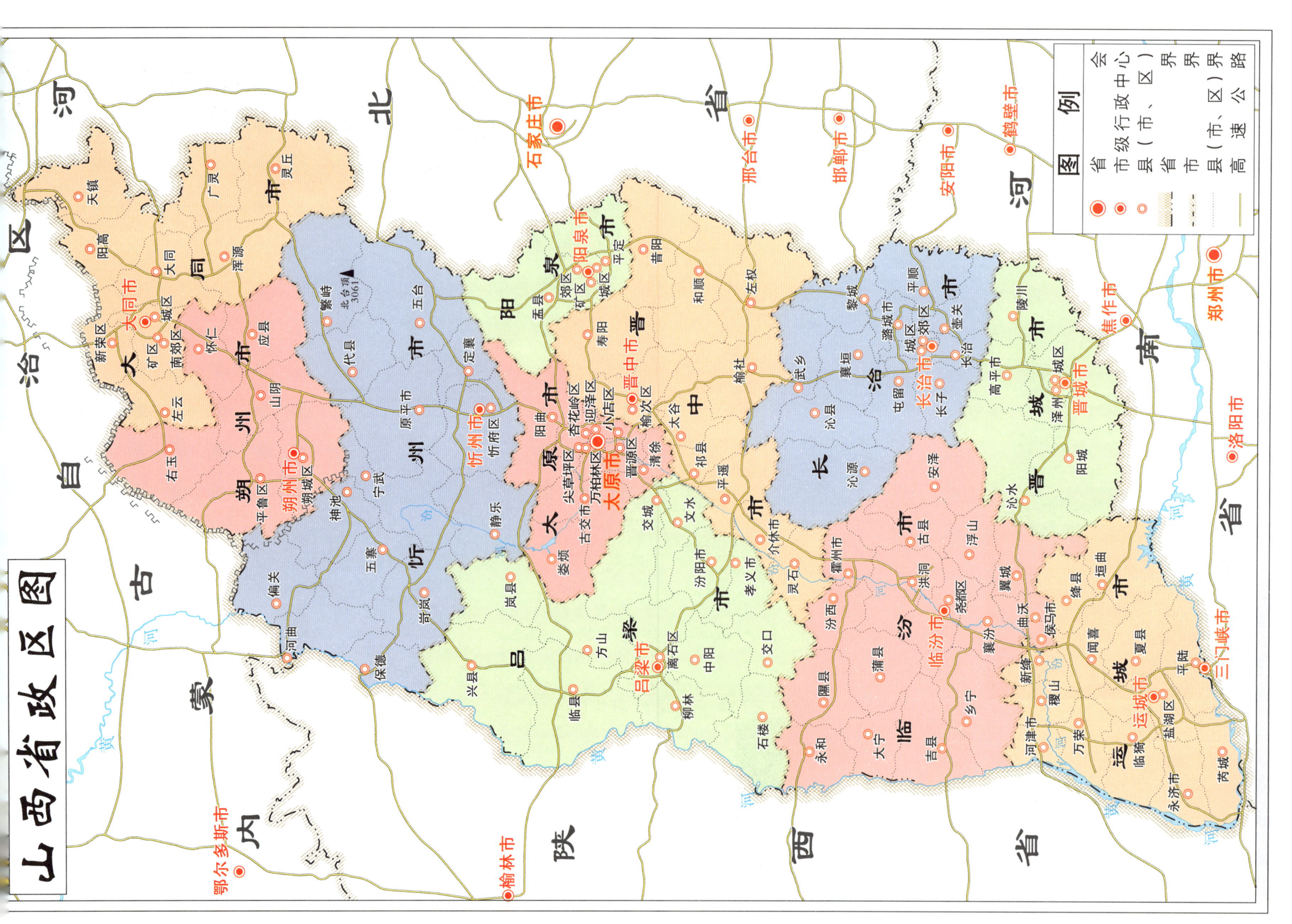